꼬마빌딩 재테크

무작정따라하기

꼬마빌딩 재테크 무작정 따라하기

The Cakewalk Series – Profitable Real Estate

초판 1쇄 발행 · 2020년 12월 15일
초판 3쇄 발행 · 2023년 12월 30일

지은이 · 허윤경 · 신동원
발행인 · 이종원
발행처 · (주)도서출판 길벗
출판사 등록일 · 1990년 12월 24일
주소 · 서울시 마포구 월드컵로 10길 56(서교동)
대표 전화 · 02) 332–0931 | **팩스** · 02) 323–0586
홈페이지 · www.gilbut.co.kr | **이메일** · gilbut@gilbut.co.kr

담당 · 박윤경(yoon@gilbut.co.kr) | **본문 디자인** · 최주연
마케팅 · 정경원, 김진영, 김선영, 최명주, 이지현, 류효정 | **유통혁신팀** · 한준희
제작 · 이준호, 손일순, 이진혁, 김우식 | **영업관리** · 김명자, 심선숙, 정경화 | **독자지원** · 윤정아

일러스트 · 정민영 | **교정교열** · 김혜영 | **전산편집** · 예다움
CTP 출력 및 인쇄 · 북토리 | **제본** · 신정문화사

ISBN   979-11-6521-361-9 13320
(길벗도서번호 070447)

정가 17,000원

독자의 1초를 아껴주는 정성 길벗출판사

(주)도서출판 길벗 | IT교육서, IT단행본, 경제경영서, 어학&실용서, 인문교양서, 자녀교육서 **www.gilbut.co.kr**
길벗스쿨 | 국어학습, 수학학습, 어린이교양, 주니어 어학학습, 학습단행본 **www.gilbutschool.co.kr**

꼬마빌딩 재테크

무작정 따라하기

허윤경 · 신동원

지음

길벗

"인간은 실패했을 때 끝나는 것이 아니라, 포기했을 때 끝나는 것이다."

미국 제37대 대통령 리차드 닉슨(Richard Milhous Nixon)이 한 말입니다. 제가 힘들 때 마음속으로 되뇌이는 말이죠. 어릴 때 집안 형편이 갑자기 어려워지면서 20대 초반이었던 저는 일과 공부를 병행하느라 어깨를 펼 날이 없었습니다. 답이 보이지 않는 현실에 짓눌리며 나날이 지쳐갔습니다. 고단한 현실을 벗어나 부자가 되고 싶다는 막연한 목마름에 저는 공인중개사 자격증을 취득하여 부동산을 배워야겠다고 결심하게 되었습니다. 어린 나이에도 부동산 투자를 배워야 부자가 될 수 있을 거라고 생각했던 것 같습니다.

제가 강남에서 부동산을 시작한 2005년 즈음만 해도 건물주가 지금처럼 누구나 부러워하고 선망하는 대상은 아니었습니다. 부동산 중개를 하면서 대로변이나 상업지역이 아닌, 이면에 즐비하게 늘어선 건물들의 주인들을 만나 보면, 그야말로 생활에 보탬이 되는 임대 사업으로 접근하는 임대인들이 대부분이었지요. 당시 제 주변 사람들은 한창 재건축 재개발 투자와 아파트 매입을 위해 공부에 열심이었습니다. 반면에 저는 생계와 주거를 위해 1층에 작은 부동산과 카페를 직접 운영하면서 임대료를 조금 받고, 거주도 할 수 있는 건물을 한 채 갖는 것이 제 수준에서 꿈꿀 수 있는 가장 큰 성공이자 목표였던 것 같습니다. 그때는 아파트 한 채가 20대인 제 삶에 아무런 활용가치가 없다는 생각이 지배적이었던 것 같습니다.

불안정한 삶 속에서 생계를 위해 살아왔던 저로서는 적어도 제가 투자한 부동산이 오르락내리락하는 스트레스를 받고 싶지 않았습니다. 부동산중개도 영업이다 보니 수입이 불안정한 데다, 일요일도 휴뮤일도 없이 열심히 번 돈을 단지 주거를 위한 아파트에 투자한다는 것이 내심 두려웠던 것 같습니다. 저는 주거의 안정보다 사업소득과 급여소득 이외의 임대수입을 원했고, 사거나 팔기 위해 매입·매도 타이밍과 투자 흐름을 분석하는 피곤함도 원치 않았습니다. 결과적으로 지금은 강남에 임대료를 받을 수 있는 건물 한 채와 임대료 걱정 안 하고 자유롭게 사업을 운영할 수 있는 사업장을 보유하게 되었습니다. 같은 돈으로 아파트에 투자했다면 어떻게 되었을까 생각해 보니, 더 많은 돈을 벌 수도 있었을 것 같습니다. 하지만 열심히 일해서 번 자금을 안전하게 지키는 것이 제게는 무엇보다 최우선이었기에 결과적으로 잘한 선택이라고 생각합니다.

이 책을 완성하기까지 2년 가까운 시간을 투자했습니다. 많이 부족하고, 현장 업무를 글로서 생생하게 표현하기에는 다소 역부족일 수도 있을 듯합니다. 다만, 꼭 한 가지 말씀 드리고 싶은 것은 오랜 기간 쌓아온 실무 경험을 바탕으로 꼬마빌딩 자산관리의 전반적인 메커니즘을 쉽게 이해할 수 있도록 알려주고자 하는 데 이 책의 목적이 있다는 것입니다. 이는 2005년부터 수익형 부동산 자산관리에 집중해 온 모든 것들을 이 책 한 권에 압축했다는 뜻이기도 합니다.

이 책을 읽는 독자들에게 꼭 알려드리고 싶은 한 가지가 있습니다. 저처럼 불안정한 삶에서 조금이라도 안전한 자산으로 안정적인 현금흐름을 창출하기 위해 꼬마빌딩에 투자하는 거라면, 꼬마빌딩 사업을 이해하고 접근하길 바랍니다. 건물주가 된다는 것은 자본이득 뿐 아니라 임대소득을 통한 현금흐름 창출에 목적이 있습니다. 즉, 수익형 부동산 임대사업입니다.

꼬마 빌딩에 투자해서 건물주가 되면 무조건 부자가 되는 것이 아닙니다. 각자 주어진 삶에서 원하는 생각과 목표를 이루기 위해 정도(正道)를 걷고자 하는 분들에게 조금이나마 도움이 되었으면 하는 바람입니다. 지름길로 가지 않고 정도를 차근차근 걸어갈 때 비로소 제대로 된 방향의 종착지에 도착할 수 있고, 그 이점을 오랜 시간 제대로 누릴 수 있습니다. 꼬마빌딩 자산관리는 처음부터 끝까지 제대로 방향을 잡고 묵묵히 장기간 걸어갈 수 있도록 투자자의 준비와 실행능력이 필요한 부동산 임대사업입니다.

저는 25세에 무작정 강남지역의 공인중개사 사무소의 중개업무를 시작으로 9개층 이하의 꼬마빌딩 임대사업을 위한 기획, 개발, 임대, 중개업무 등 종합부동산 자산관리 업무를 하게 되었습니다. 이후 거칠고 다듬어지지 않은 현장 실무경험을 이론적으로 정리하기 위해 부동산대학원에서 석사학위를 취득했고, 이번에 꼬마빌딩 자산관리와 관련한 책을 집필하게 되었습니다. 이 책을 완성하는 과정에서 포기와 실패 없이 모든 것을 이룰 수 있게 해 준 신랑이자, 공저자인 우리 회사 ㈜알이디자산관리의 신동원 대표이사에게 감사드리며, 특히 회사 동료인 박광민 팀장에게도 감사의 마음을 전합니다.

어린 나이부터 쉼 없이 일과 학업을 병행해 온 저는 부자가 되고 싶다는 막연한 꿈을 이루기 위해 25살에 부동산 중개업무를 하면서 우여곡절도 많았습니다. 수없이 울고 넘어졌으며, 아파야 했습니다. 그 과정을 견디고 끊임없이 성장할 수 있었던 이유는 많은 분들이 도와주고, 믿어주신 덕분입니다.

강남의 건물주분들은 저에게 배움과 성장을 아낌없이 베풀어 주셨습니다. 과연 내가 이 일을 잘 하고 있는 것인가를 고민하며 슬럼프에 빠지려던 순간에는 한양HYCU 부동산대학원 김지현 교수님이 학업으로 슬럼프를 이겨내도록 도와주셨습니다, 쉽지 않은 현장들을 끝까지 책임지고 개발해 주신 김재철 건축사님을 비롯해 스페이스워크의 조성현 대표와 문주호 건축사 등 생각하면 정말 능력 있는 많은 분들이 도움을 주셨습니다. 이외도 청소업체와 설비업체분들, 관리건물에 문제가 발생하면 밤이고 휴일이고 달려와 도와주신 한재현 사장님 등 각 분야에 최고의 능력과 열정을 나누어주신 덕분에 부족했던 제가 성장하고, 발전할 수 있었습니다. 진심으로 감사드립니다. 제가 받은 도움과 고마움을 어떻게 해서든지 나눌 수 있는 사람이 될 수 있도록 하겠습니다. 이 책을 통해 많은 분들과 소통하고, 공유하고자 합니다. 무엇보다 어릴 때부터 마음 깊숙이 숨겨놓은 생각만 해도 설레던 작가의 꿈을 이룰 수 있게 해준 길벗출판사의 이지현 과장님에게도 깊은 감사의 마음을 전합니다.

마지막으로 지금은 고인이 되신 내 아버지 허기영 님에게 이 책을 바칩니다. 2019년 아버지가 돌아가시고 난 후 직접 쓰신 수십 권의 에세이를 읽어 보지 않았다면, 아마 지금도 막연하게 책을 써야겠다고 생각하며 실천을 미루고 있었을 겁니다. 아버지, 고맙습니다.

저자 허윤경

건물주가 되고 싶은
당신에게 건넵니다

2018년 통계청에서 발표한 한국인의 평균 기대수명을 보면 남녀 평균 82.7세라고 합니다. 말로만 듣던 100세 시대가 그야말로 성큼 다가오고 있음을 느낄 수 있습니다. 평균 수명이 길어지면서 은퇴 후의 삶을 설계하는 것이 더욱 중요해짐에 따라, 요즘 은퇴를 앞둔 사람들 사이에서 자식들에게 손 벌리는 일이 없게 해야겠다며 열심히 준비하는 경향이 특히 두드러집니다.

평균 수명의 연장으로 인해 경제활동을 멈춘 뒤에도 긴 시간을 생활해야 하다 보니 삶의 리스크가 커졌다고 볼 수도 있을 겁니다. 생활에 불편함이 없는 정도로 매달 충분한 연금을 받는다면 전혀 걱정할 필요가 없겠지요. 우리 모두가 희망하는 바입니다. 하지만 현실은 그렇지 못하니 누구나, 반복되는 일상에서 새로운 시도와 도전을 하기보다는 막연한 불안감으로 살아가는 분들이 대부분일 듯합니다.

필자와 공저자는 2008년부터 수도권 중 강남 지역을 중심으로 임대사업을 위한 9개 층 이하의 꼬마빌딩 개발 및 임대관리를 해오고 있습니다. 오래도록 이 일을 하는 동안 운 좋게도 대부분이 성공적이었습니다.

책을 집필할 당시 30여 채의 꼬마빌딩 신축개발 및 리모델링 공사에 참여하면서 축적한 신축개발 및 임대운영 및 관리 프로세스를 집약하여 한 권의 책으로 정리하였습니다. 시행착오를 줄여 꼬마빌딩의 자산관리를 성공적으로 운영하는 노하우를 지금부터 독자 여러분과 공유하고자 합니다.

이 책은 미래에 부동산 임대사업을 시작하고 싶어 하는 예비 건물주, 현재 꼬마빌딩의 임대사업을 운영하고 있거나 노후된 부동산을 보유한 건물주들에게 큰 도움이 될 것입니다. 사업부지 기획, 신축 또는 리모델링 개발 그리고 이 사업의 목적인 임대사업을 위한 꼬마빌딩을 장기간 안정적으로 운영 및 관리하려면, 앞으로는 전문적인 시스템과 체계를 갖추고 부동산 임대사업에 접근해야 합니다.

임대사업도 하나의 사업이기 때문에 임대사업을 위한 꼬마빌딩의 전체적인 메커니즘을 이해하고 운영해야 합니다. 꼬마빌딩 소유자라면 보유한 부동산의 입지와 건물의 장단점을 이해해야 하며, 꼬마빌딩 매입을 희망하는 투자자 또한 입지를 이해한 뒤 임대사업을 위한 투자에 접근해야 합니다. 꼬마빌딩 매입은 자본이득만을 또는 월 임대소득만을 보고 실행하는 부동산 투자가 아닙니다. 장기적인 관점으로 꾸준히 임대수입을 창출함과 동시에 임대운영 및 관리를 안정적으로 유지함으로써, 불안정한 미래를 대비하기 위한 현금흐름 창출 수단과 인플레이션 헷지를 위해 자산을 안전하게 보유하는 방안으로 수익형 부동산에 접근해야 합니다.

실제로 9개층 건물 한 채를 개발 공급하는 데는 통상 12~15개월 정도의 기간이 필요하며, 때로는 그 이상 걸리기도 합니다. 우리가 그간 개발한 수십여 채의 부동산은 저마다 사업부지의 입지가 다르고, 개발 환경이 다릅니다. 임대사업을 위한 꼬마빌딩의 건물주가 되려면 사업부지의 특성에 맞는 개발방법과 개발기획, 임대방법을 분석할 준비가 되어 있어야 합니다.

우리는 2005년부터 쉴 새 없이 생생한 현장을 오가며 터득한 실무경험을 바탕으로 다양한 꼬마빌딩의 개발 후 임대운영 및 관리 사례를 소개함으로써, 꼬마빌딩 투자에 관심 있는 독자들에게 도움이 될 수 있기를 바라는 마음으로 이 책을 집필하였습니다. 시중에 있는 부동산 관련 도서들의 핵심은 그때그때 이슈화되는 부동산 투자를 대상으로 하며, 부자가 되기 위한 정보가 방대하게 넘쳐납니다. 그런 책들을 읽을 때마다 부동산 투자에 접근하는 데 필요한 정보를 구체적으로나 실무적으로 정리한 측면이 부족해 보여 아쉬웠습니다. 이는 지속적으로 유지 가능한 부동산 임대사업으로서 꼬마빌딩 투자에 접근하는 방법을 다룬 책들에서도 마찬가지였습니다.

이 책은 가치가 저평가된 토지를 매입하여 새로운 건물을 짓고 팔아서 누구나 부자가 될 수 있다는 이야기를 하는 것이 아닙니다. 지속 가능하고도 안정적인 임대사업을 운영 및 유지하기 위한 꼬마빌딩의 개발과 임대관리 방법을 알려줍니다. 아직 우리나라에서는 9개 층 이하인 꼬마빌딩 신축 개발 및 임대관리의 전반적인 프로세스를 일괄적으로 실행해 주는 회사가 없습니다. 우리는 건축기획과 개발, 건물 임대사업을 위한 정보가 매우 부족했던 시절에 일본과 미국에서 판매되는 관련 도서와 해외자료를 토대로 공부하며 최초로 이 분야에 발을 내디뎠고, 예비 꼬마빌딩 건물주들을 실제 건물주로 변화시키며 함께 성장해 왔습니다.

이 책의 목적은 부동산에 투자해서 큰돈을 벌 수 있다는 매매차익(자본이득)을 위한 기술과 방법론을 다루는 데 있지 않습니다. 불안정한 일자리와 저성장 시대에 살아남기 위해 임대사업을 위한 꼬마빌딩 매입을 원하는 투자자들에게 꼬마빌딩의 전반적인 개발 및 임대 운영 관리 메커니즘(mechanism)을 실무를 중심으로 알려주는 것이 이 책의 목적입니다. 이 책은 지금 이 책을 읽고 있는 독자라면 누구나 소망하는 건물주, 즉 임대사업을 위한 꼬마빌딩의 건물주가 되는 것을 도와줄 필독도서가 될 것입니다.

돈과 지식, 의욕만 있다고 누구나 꼬마빌딩 개발에 성공할 수 있는 것은 아닙니다. 또한, 누구나 건물주가 되어 임대수입을 얻고 싶어 하지만, 막상 해 보면 꼬마빌딩 임대사업에 적합한 적임자가 아닐 수도 있습니다. 많은 사람들에게 인기가 있다고 해서, 쉽게 큰돈을 벌 수 있다고 해서 무작정 뛰어들기 전에 이 책이 독자 여러분에게 한 번 더 생각해볼 수 있는 계기가 된다면 우리에게는 큰 기쁨일 것입니다. 잘못된 방향인 줄 모르고 열심히 달려가는 일이 없었으면 하는 마음입니다. 독자 여러분 각자에게 부동산 투자와 관련하여 본인의 성향이 어떤지 알게 해주고, 앞으로 본인에게 좀 더 잘 맞는 부동산 투자의 길을 찾는 데 조금이나마 도움이 된다면 그보다 더 큰 영광은 없으리라 감히 생각합니다.

저자 허윤경·신동원

차례

4부　스트레스 없는 임대관리 시스템 만들기

5부 서울·수도권 꼬마빌딩 개발 사례

6부 마음이 편해지는 건물주 팁

기회를 잡아라,
월세시대가 온다!

강남 부자에게 배운
부동산의 가치

부자였던 고모님, 부자였던 내 친구…

나는 젊을 때부터 다양한 사업을 시도했다. 두 가지만 예로 들면 20대에 커피숍에서 아르바이트한 경험을 바탕으로 무턱대고 커피숍을 운영한 경험이 있다. 1년간은 야무지게 열심히 운영하면서 꾸준히 매출을 올려 수입도 안정적이었다. 하지만 1년쯤 지나니 너무 무료하고, 제한된 공간에서 같은 일을 반복하며 불안정한 수입을 얻는 것이 지겨워졌다. 그러면서 매출도 동반 하락했다.

두 번째로 시작한 사업은 옷가게였다. 지인이 의류 도매업을 했기 때문에 원가 경쟁에서는 자신이 있었다. 내가 20대 때만 해도 옷가게의 매출이 굉장히 좋았다. 이태원에서 가게를 운영했는데, 유행에 민감한 수요자들을 대상으로 적절하게 옷만 잘 구비하면 수입이 꽤 짭짤했다. 하지만 다달이 버는 소득에 한계가 있고, 매월 고정적으로 지출되는 비용을 벌기 위해 휴무일도 없이 일해야 하는 사실이 또다시 지겨워졌다. 장사가 잘되든 안 되든 임대료는 매월 꼬박꼬박 지출해야 하고 인건비도 고정으로 나가는 반면, 소득은 경기에 민감하고 월평균 매출도 들쑥날쑥 변동폭이 컸다. 언제 수입이 줄어들지 모르는 불안감에 매일이 스트레스였다. 공과금이나 임대료 납부일이 매월 너무나 빠르게 돌아왔다.

가만히 생각했다. 내가 회사에 입사해서 조직에 속해서 일할 성격이 아니라는 것은 잘 알고 있었다. 24세의 어린 나이였지만 무조건 내 힘으로 성공하고 싶었다. 성공하기 위해서는 어떤 방법이 있을지 아직 다듬어지지 않은 두뇌로 고민을 거듭했다. 우선 부자로 살아가는 주변의 지인부터 천천히 돌이켜보았다.

고모님 중 한 분이 내가 어릴 때 강남에서 직접 집을 짓고 팔면서 부자가 되었다. 할머님 말씀에 의하면 네 분의 고모님 중 가장 가난한 집으로 시집간 분이었는데, 부동산을 사고팔고 하면서 부자가 되었다고 한다. 어릴 때 그 고모님 댁에 놀러 가면 매번 거주하는 집이 달랐던 기억이 난다.

그다음으로 내 친구의 부모님이 떠올랐다. 할머님 대부터 시장에서 열심히 일해서 시장 일대의 건물을 거의 전부 매입하셨다고 한다. 그들은 할머님의 노력으로 일군 부동산 자산을 물려받아 임대관리만 하면서 편하게 여생을 보내고 있었다. 친구 집에 놀러갈 때마다 시장 입구에서 걸어 들어가야 했는데, 친구와 함께 집에 도착할 때까지 시장 아주머님들에게 과일이며 꽈배기며 얻어 먹었던 기억이 생생하다.

부자였던 내 친구 부모님이 또 계셨는데, 친구는 그 당시 영국에서 유학 중이었다. 친구의 부모님은 강남 아파트를 처분하면 강북에 더 넓은 아파트를 사서 이사해도 현금이 1억 5,000만원이 남는다고 처분했다. 그런데 승승장구할 줄 알았던 사업이 망하면서 강북의 아파트 한 채만 덩그러니 남았고, 그마저도 압류되면서 친구도 학업을 계속하지 못하고 한국으로 돌아와야 했다.

아, 부자들은 모두 강남에 집이 있구나!

부동산에 투자하려면 어떻게 해야 할까 고민하다가 먼저 공인중개사 자격증을 취득했다. 그런데 막상 자격증을 취득하고 나니 막막했다. 무엇을 어디서부터 시작해야 할지 알 수 없었다. 부자가 되고 싶다는 막연한 생각을 어디서부터 어떻게 실행으로 옮겨야 할지 몰랐던 내가 그때 아는 거라곤 부자들은 강남에 집이 있다는 것이었다. 무작정 강남으로 넘어와 공인중개사 사무소에 취직했다. 공인중개사는 내 적성에 너무 잘 맞는 직업이었다. 매월 월급을 받기 위해 상사의 눈치를 보거나 동료들에게 시달릴 필요가 없어서 마음에 들었고, 내가 노력하는 만큼 수입으로 보상해 주니 재미있었다.

그중에서도 무엇보다 좋았던 것은 강남의 건물들을 중개하면서 자연스럽게 부자들과 만나서 이야기를 나눌 수 있었다는 것이다. 강남에서 일하는 공인중개사라는 특성 덕분에 25세의 나이에 경험 많은 강남 수익형 부동산의 건물주들의 생생한 경험담을 들을 수 있었다. 나에게는 돈을 버는 것보다 훨씬 재미있고 유익한 일이었다. 내가 아는 건물주들은 매우 부지런했다. 항상 건물 청결과 임대관리를 위해 신경을 썼다. 임대차계약을 위해 건물에 방문하면 맛있는 것도 많이 챙겨 주시고, 예뻐해 주셨는데, 돌이켜 생각해 보니 자신의 건물에 임대를 잘 맞추기 위해서였던 것 같다.

10년 이상 한곳에서 일을 하다 보니 내 나이 35세가 넘어가면서부터 건물주들이 나에게 자신들의 부동산 자산에 대한 자문을 구하는 일이 점차 많아졌다. 건물이 노후되어 매각에 나서는 건물주도 있었고, 신축이나 리모델링을 위한 자문도 이어졌다.

건물주는 그냥 되는 것이 아니다. 그중에서도 가장 인상 깊은 건물주가 있다. 냉장고 바지를 즐겨 입던 이 건물주는 내가 생각한 이상으로 엄청난 부동산 자산가였다. 2008년 일시적으로 강남의 아파트 가격이 폭락한 그 시점에도 냉장고 바지 건물주는 우리를 찾아왔다. 강남의 꼬마빌딩 추가 매입을 위한 공매물건 투자분석을 위해서였다. 공매분석이 끝나고 과감하게 매입을 실행한 결과, 그 건물주는 현재 강남 논현동 9호선 초역세권의 토지를 보유하고 있다. 오늘도 여전히 냉장고 바지를 입고 묵묵히 건물에 붙은 전단지와 쓰레기를 열심히 제거하는 이 건물주는 아직도 우리와 좋은 인연으로 부동산 자산관리 자문 관계를 이어오고 있다.

재매각은 하지 말고 시세차익도 생각하지 말자

2008년에 찾아온 세계경제위기와 2019년에 닥친 코로나19 그리고 고물가, 고금리 시대로 접어든 지금까지도 우리가 운영 및 관리하는 강남의 꼬마빌딩 임대관리는 흔들리지 않고 존속, 유지 중이다. 그중에서도 주거용 임대사업은 좀 더 안정적인 현금흐름을 유지하고 있다. 입지가 인정된 수도권 중에서도 수요가 풍부한 역세권에 위치한 꼬마빌딩의 경우 임대사업만 잘하면 된다.

재매각은 생각하지 말고, 시세차익으로 접근하지 말자. 수도권의 지가는 앞으로도 꾸준하게 유지 또는 상승할 것이다. 대대손손 물려줄 수 있도록 임대수입을 유지하면서 자녀에게 안정적인 임대사업의 경영을 물려주자. 겸손과 끈기, 묵묵한 실행을 통해 꼬마빌딩을 운영 및 관리한다면, 꾸준한 임대수입으로 부동산 자산가치 증식과 더불어 삶의 안정을 얻을 수 있을 것이다.

꼬마빌딩,
이래서 매력적이다!

2008년 금융위기, 2019년 코로나19 팬데믹, 저성장과 저금리 시장을 지나 고금리, 고물가 시대가 되었다. 빠르게 변화는 시대에 하루하루 최선을 다해 열심히 살아가고 있지만 길어진 은퇴 후의 삶에 대한 불안감도 깊어졌다. 불안정한 경제시장과 길어진 노후를 대비하기 위해 부동산 투자유형이 변화하고 있다. 임대수입을 얻기 위한 실속 있는 꼬마빌딩의 시대가 본격적으로 시작된 것이다.

강남 부자들의 자산 포트폴리오

내가 가진 자산의 가치가 매일 바뀐다는 것은 사실 굉장한 스트레스다. 금, 외환, 채권, 주식, 파생상품, 기타 금융상품 등 대부분 매일 크고 작게 자산가치가 변동한다. 부동산 또한 주식처럼 매일 시세를 지켜보면서 확인한다고 생각해 보자. 가격이 올라도 스트레스, 떨어져도 스트레스다. 가격이 오르는데 왜 스트레스일까?

　무엇보다도 언제 팔아야 할지 고민스럽다. 지금 팔았다가 더 오르면 어쩌나 걱정되기도 하고, 지금이 마치 꼭지에 다다른 것 같고 금방이라도 내리막길을 걸어갈 것 같다. 결국, 내가 투자하는 자산가치의 변동이 주는 위험에 따른 대가를 치른다고 해도 무방하다. 하지만 사실 부동산은 매일 시세가 크게 변동하는 경우가 극히 드물어서 비교적 다른 투자상품에 비해 스트레스가 덜하다. 이는 우리가 자기 직업에 충실하면서 부동산 투자를 지속할 수 있는 이유이기도 하다.

2005년부터 강남에서 일하면서 많은 부자들을 만나 성향을 파악한 바에 따르면, 부자들은 절대 일확천금을 노리지 않는다. 욕심과 투자를 명확히 구분할 줄 안다. 강남의 부자들 대부분은 원래부터 큰돈을 상속 또는 증여받아서 부자가 된 것처럼 보이나, 사실 그렇지 않은 경우가 더 많다. 물론 상속자들도 더러 있지만 스스로 열심히 일해서 부를 일군 부자들이 더 많았다.

그들의 전략은 간단했다. 제일 잘하는 일을 한다. 본업에 충실하다가 여유자금이 생기면 주식이나 부동산에 투자한다. 우리가 만난 부자들은 주식 0~20%, 부동산 60~70%, 연금 등 저축성 금융상품 10~20%의 구성으로 자산을 운용하고 있었다. 부자들도 자산 구성에서 부동산 비중이 높음을 알 수 있는 대목이다.

금융위기가 일깨워준 꼬마빌딩의 매력

2008년 글로벌 금융위기 이후 매매차익(자본이득)을 주로 추구하던 부동산 투자자들은 금융시스템이 불안정하다는 사실을 알게 되었다. 전문가들은 매월 안정적으로 현금을 창출하는 꼬마빌딩, 즉 수익형 부동산이라는 새로운 패러다임이 본격적으로 시작된 것을 이 시기로 보고 있다. 매매차익뿐만 아니라 매월 안정적인 임대소득을 얻기 위한 수단으로서 꼬마빌딩 수요가 증가한 것이다.

실제로 2008년 금융위기 직전에 강남의 중형 평수 이상 아파트의 매도량이 증가한 반면에, 임대료를 받을 수 있는 꼬마빌딩의 매입수요가 폭발적으로 증가하는 것을 우리는 현장에서 체험한 바 있다.

이후 지속되는 저성장과 저금리에 이어 2020년 미국발 제로금리 시대가 지나가고 고금리, 고물가 시대에 접어들었다. 2008년부터 꼬마빌딩 투자는 안정적인 현금흐름을 위한 수입과 자산을 지키기 위한 수단으로 활용되어 왔다. 시장 변화에 크게 좌우되지 않는 부동산 임대사업으로 흐름이 전환된 것이다.

부동산을 통해 안전하게 부를 쌓기 위해서는 가장 먼저 부동산 매입 목적이 실거주인지, 사업인지를 판단해야 한다. 단순히 돈을 벌기 위해 재개발이나 재건축에 갭 투자하는 등의 접근은 향후 장기간 부를 쌓는 안전한 방법의 선택에서 밀려날 것이다.

지금까지 현장에서 체감한 바에 따르면 부자들은 부를 쌓는 안전한 방법으로 입지를 인정받은 지역의 꼬마빌딩을 선택하는 경우가 많았다. 이들은 좋은 지역, 좋은 위치의 꼬마빌딩을 매입한다. 망해도 부동산이라는 현물이 존재하기 때문이다. 그중에서도 입지가 인정된 지역의 부동산이라면 더욱 안전한 현물자산이 된다. 경기가 나빠져 부동산 거래가 줄어들고, 수요자가 감소하여 매매가격에 영향을 미치는 경우에도 핵심 입지의 임대수요는 존재한다. 한편으로 우리가 운영 및 관리하는 물건은 대규모 오피스 빌딩이나, 100호 이상의 건물이 아닌 말 그대로 꼬마빌딩이기 때문에 매월 안정적인 현금흐름을 유지하는 중이다. 앞으로도 보유한 아파트와 은퇴자금을 투자해 입지가 인정된 지역에서 꼬마빌딩을 매입하려는 수요가 꾸준히 증가할 것으로 예상된다.

꾸준히 우상향하는 지가

수도권의 핵심토지의 가치 또한 그간 떨어지지 않고 꾸준하게 상승했다. 특히, 수도권 중 서울의 지가는 상승폭과 상승률이 매우 높다. 더 객관적인 자료를 보고 싶다면 한국 감정원에서 지난 30년간의 지가지수를 확인해 보자. 만약 어느 시점에 지가상승률이 멈춘다고 해도 핵심지역에 토지를 보유하고 있다면, 그 토지에 건물을 세워 임대수입이라는 안정적인 수익을 얻을 수 있다.

지가지수는 토지 정책자료나 부동산 정책자료의 활용을 위해 국토의 계획 및 이용에 관한 법률(제125조)의 규정에 의거해 정해진다. 전국 247개 대도시, 시도, 시군구를 대상으로 조사·평가하는 정부의 공식통계다.

전국 - 서울 - 경기 토지 지가지수

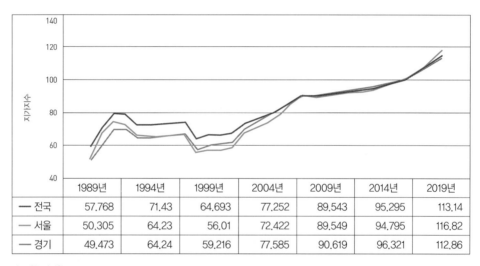

	1989년	1994년	1999년	2004년	2009년	2014년	2019년
전국	57.768	71.43	64.693	77.252	89.543	95.295	113.14
서울	50.305	64.23	56.01	72.422	89.549	94.795	116.82
경기	49.473	64.24	59.216	77.585	90.619	96.321	112.86

자료: 한국감정원 www.kab.co.kr

수도권 – 지방 지가지수 비교(2011~2019년)

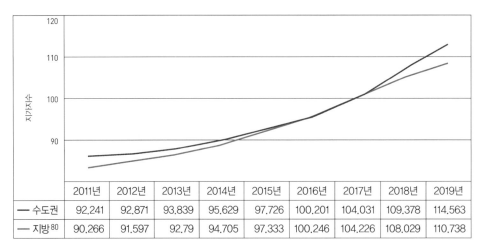

	2011년	2012년	2013년	2014년	2015년	2016년	2017년	2018년	2019년
— 수도권	92.241	92.871	93.839	95.629	97.726	100.201	104.031	109.378	114.563
— 지방[80]	90.266	91.597	92.79	94.705	97.333	100.246	104.226	108.029	110.738

자료: 한국감정원 www.kab.co.kr

지가지수의 변동을 나타내는 두 그래프 모두 꾸준히 우상향하고 있다. 물론 외환위기와 같은 세계경제위기가 발생하면 일시적으로 우하향할 수도 있다. 하지만 핵심토지를 보유하고 그 토지 위에 건물가치를 개발해 임대료를 받는 꼬마빌딩에 투자하기 위해 이 책을 읽고 있음을 잊지 말자.

월세시대가
다가온다

망설이다가 좋은 시절 다 간다

우리가 안타깝게 생각하는 투자자들의 유형은 왕년을 떠올리며 현재 부동산이 고평가 되었으니, 지금 부동산을 구입하면 소위 상투를 잡을지 모른다는 근거 없는 걱정으로 망설이는 투자자다. 임대수익을 얻기 위한 꼬마빌딩의 투자 분석은 매우 쉽다. 무엇보다 근거가 명확해서 투자자에게 제안할 때 그 방식이 매우 깔끔하다. 우리는 투자자가 개발까지 고려한다면 이에 맞는 개발부지를 분석하여 제안하고 실행한다. 물론 개발가치를 끌어올리는 작업은 매우 고단하다. 하지만 개발이 실행되고 핵심토지가 그 가치를 마음껏 발휘하게 되면 이윽고 고단한 작업의 보람을 느끼는 시기가 찾아온다.

투자자는 임대사업을 위해 이미 지어진 건물을 매입하고자 할 때, 본인이 기대하는 수익률이 지속될 것으로 예상되면 매입하면 된다. 들어가는 비용과 나오는 임대료를 계산해서 수익률을 산출해 보고 원하는 수익성이 나오면 실행하면 되는 것이다. 수익형 부동산은 신규 역 개통 개발호재, 재개발예정지역과 재건축 등 개발 호재나 부동산 정책에 민감하게 반응하지 않는 안정적인 임대료를 받는 데 주목적이 있기 때문이다.

금융위기, 강남 사람들은 어떻게 대응했을까?

우리의 주력 분야는 부동산 유형 중에서도 꼬마빌딩(중소규모의 수익형 부동산) 투자다. 2008년 세계경제위기 때도 바쁜 시간을 보낸 기억이 생생하다. 당시 도곡동 랜드마크 대형 주상복합 건물이 경매로 나오고 매매가격도 일시적으로 급락했는데, 이때 많은 의뢰인들이 일시적인 폭락 직전에 아파트를 매도하고 꼬마빌딩 매입 및 개발을 위해 우리를 찾아왔다.

2008년 금융위기 이후 강남 시장에는 단독주택, 다가구, 상가주택 등 개발할 수 있는 매각 물건이 다양하게 준비되어 있었다. 강남뿐만 아니라 서울 전역, 전국에 걸쳐서 저렴한 개발을 위한 사업 부지들이 급하게 주인을 기다리던 때였다.

그 당시만 해도 단독주택, 다가구, 다세대, 상가주택 등 건물을 통째로 매매하는 중개업소가 많지 않았다. 사실 수요도 별로 없었다. 건물이 오래되면 건물 주인이 직접 수리해 재임대하는 형태가 대부분이었다. 단독주택, 다가구, 다세대, 상가주택 등은 같은 지역에서도 도로폭이나 건물의 노후도, 임대료, 역과의 접근성, 용도지역 등에 따라 매매가격이 다르게 산출된다. 아파트나 오피스텔처럼 획일화된 가격을 놓고 전망과 내부 인테리어에 따라 쉽게 거래가 성사되는 형태가 아니기 때문이다.

그러던 중 우리는 드디어 재미있는 부동산 유형을 찾아냈다. 당시 우리는 부동산의 입지를 분석하고 연구해서 부동산 가치를 산출하는 작업에 굉장히 흥미를 느꼈다. 오래된 건물을 허물고 신축하거나 노후한 건물을 리모델링하는 데 따른 비용을 투입하면 더 높은 임대료를 받을 수 있었고, 부동산 가치까지 올라갔다. 우리는 낡고 허름한 부동산을 매입해 새로운 공기를 불어 넣어주면, 부동산의 자산가치가 꽤 오른다는 사실을 경험으로 알게 되었다. 부동산이 경제적 부가가치(Economic Value added)를 창출한다는 것에 매력을 느끼게 된 것이다.

부동산으로 경제적 부가가치를 창출하기 위해서는 매각 물건으로 접수된 부동산의 가치를 어떻게 하면 높일 수 있는지 고민해야 한다. 고민하며 분석한 결과물을 매입 희망자에게 제안하는 등 프로젝트로 진행되는 이 사업은 무엇보다 말주변이 썩 좋지 않은 나의 성향과도 잘 맞았다. 꼬마빌딩의 매매거래 성사를 위해 노후한 토지와 건물의 가치 증식을 위해 연구하고, 분석한 결과물의 자료를 제안하기까지는 상당한 노력과 시간이 소요된다. 그러다 보니 우리는 자연스럽게 매각 물건으로 나온 부동산의 가치를 누구보다 잘 알게 되었고, 자신 있게 투자를 제안할 수 있게 되었다.

노동에만 매달리지 말고, 자산을 불려나가자

우리가 관리하는 꼬마빌딩의 임대는 비교적 안정적이다. 2008년 이후 세계경제는 불황의 늪을 순식간에 벗어나 꾸준하게 성장해 왔지만 최근 급격한 경기 하락 국면에 접어들었다. 우리가 경험한 꼬마빌딩은 현물 자산 중 가장 안정적인 투자유형이라고 말할 수 있다. 우리는 그간 꼬마빌딩으로 전환한 투자자들과 함께 많이 배우고 작업하면서 여기까지 왔고, 그들의 요구에 의해 끊임없이 발전하고 성장하는 과정에서 한 가지 사실을 알게 되었다.

사람들은 부를 축적하기 위한 방법으로 다양한 형태의 부동산 자산에 투자한다. 우리가 체감한 바에 따르면 다양한 형태의 부동산 투자유형 중에서도 가장 안전한 방법은 입지를 인정받은 곳에서 하는 꼬마빌딩의 임대사업이다. 꼬마빌딩 임대사업은 축적한 자산을 지키고 월세까지 받을 수 있는 장점이 있다. 지속적인 현금흐름을 창출하면서 상속이나 재매각 시점까지 부를 안전하게 축적할 수 있고, 자녀들이 상속 받은 이후에도 계속 임대사업을 운영 및 유지할 수 있다. 마음의 든든함을 얻는 동시에 미국의 유명한 투자자인 워런 버핏이 한 말처럼 자면서도 돈을 벌게 되는 것이다.

임차인은 부동산 공간 거주를 위해, 사업을 위해, 임대 목적에 따라 임대인에게 대가를 지불한다. 경제는 갈수록 복잡해지면서 다양한 파생상품들이 대거 출현하고 있다. 자본이득을 통한 부동산 투자로 자산을 안정적으로 지켜내려면 엄청난 지식과 정보가 필요하다. 일확천금을 노리는 것은 부동산 투자가 아니다. 어렵게 일군 자산을 안전하게 유지하며 키워나가는 방법이 부동산 투자에 있을 뿐이다.

열심히 일해서 모은 수입을 지켜내기란 쉽지 않으며 벌어놓은 수입으로 부를 쌓는 투자 방법도 신중하게 결정해야 한다. 자신의 노동력이나 재능으로 수입을 발생시킬 수 있다면 정말 운이 좋은 사람이다. 그보다 좋은 기회는 없다. 하지만 열심히 일한 수입을 저축만으로 운용한다면 저금리, 저성장 시대에 과연 자신이 보유한 자산을 안정적으로 관리할 수 있을지 고민해야 한다. 우리는 현재 4차 산업혁명 시대를 살아가고 있다. 지금 50대에 들어서는 많은 사람들이 막연한 두려움과 불안함을 느낄 것이다. 50대라고 해 봤자 100세 시대인 요즘에는 겨우 절반을 살았을 뿐이지만, 수입은 점점 줄어들고 빠르게 변화하는 정보의 습득력과 이해력도 서서히 늦어진다. 앞으로 남은 50년의 새로운 인생을 위해 자산을 구축해야 한다. 자산은 최소한의 노동력 투입으로 나에게 소득을 안겨주는 고마운 것이다.

어떤 방법으로 나의 소득을 안전하게 지켜내고 축적해야 할까? 우리가 쉽게 보고 접하는 연예인들 중 열심히 모은 목돈을 안전하게 축적한 사람들은 어떤 방법을 선택했을까? 대부분이 부동산 투자를 선택했다. 은퇴 후의 삶이 길어진 만큼, 최소한의 노동력 투입으로 어떻게 자산을 운용할 것인지 고민해야 한다.

월세시대의 도래

부동산을 저렴하게 매입해서 비싸게 매도해 만족스러운 시세차익을 얻기가 서서히 부담스러운 국면에 접어들고 있다. 이와 동시에 똑똑한 꼬마빌딩을 매입해 월세를 받으며 운영하고 보유하다가 물려주는 꼬마빌딩 시대가 본격화하고 있다. 꼬마빌딩의 임대관리를 안정적으로 유지하려면 입지가 중요하다. 핵심토지를 보유하고 있다면, 제한된 토지에서 내가 원하는 건물을 공급해 매월 현금흐름을 창출할 수 있다. 여기서 핵심토지란 언덕 위의 하얀 집이어도 상관없다. 좁고 좁은 슬럼화된 주택가의 한가운데여도 상관없다. 누구나 선호하고 인정하는 '입지'라면 얼마든지 현금흐름 창출이 가능하다. 이것이야말로 임대수입을 얻기 위한 꼬마빌딩의 개발 및 가치 창출의 재미를 뛰어넘는 희열감이다.

안전하게 부를 쌓는 방법인 부동산 중에서도 임대료를 받을 수 있는 꼬마빌딩에 관심이 집중되고 있다. 4개층 규모의 주택건물도, 5개층 규모의 상가건물도, 단층의 상가도 모두 꼬마빌딩이다. 이 책을 통해 점점 증가하는 부동산 임대사업자들에게 개발과 임대운영·관리 노하우를 알려주고자 한다. 이미 지어진 건물을 매입했다면 언젠가는 개발 또는 리모델링을 해야 하는 시점이 찾아온다. 보다 높은 가치를 얻기 위해 개발이 필요한 핵심토지를 매입했다면 건물의 노후를 대비해 신축 개발에 대한 연구를 미리 해 두어야 한다. 월세가 나오는 건물을 매입했다고 해서 끝이 아니다. 부동산 시장에서 경쟁우위를 확보하기 위한 전략을 마련하는 것은 물론, 빠르게 변화하는 임대시장의 흐름에도 능동적으로 대처해야 한다.

대부분의 투자자들이 자신이 축적한 자산을 안정적으로 운용 및 관리하기 위해 부동산이라는 현물자산을 활용한다. 이 책에서는 그중에서도 노력으로 매월 안정적인 임대수입을 얻을 수 있는 꼬마빌딩의 매입 및 개발과 임대 운영·관리를 실무경험을 기반으로 설명할 것이다.

우리는 운이 좋게도 그동안 많은 현장을 경험할 수 있었다. 다년간 쌓아 올린 노하우로 현장에서 가치 차이를 얼마든지 만들어낸 요소요소를 아낌없이 이 책에 쏟아부었다. 핵심토지에서 매월 꼬박꼬박 월세를 받을 수 있는 9개층 이하의 중소규모 꼬마빌딩 투자는 가장 안정적으로 부를 축적하는 방법 중 하나다.

청소업체 사장님은
어떻게 강남 건물주가 되었나

누구나 땅 짚고 헤엄치듯 쉽게 할 수 있는 일을 찾는다. 하지만 세상에 쉬운 건 하나도 없다. 만약 미국의 유명한 기업가인 워런 버핏처럼 자면서도 수익이 생기는 땅 짚고 헤엄치기가 가능하다면, 그것은 엄청난 연구와 노력의 결과로 이루어졌다는 것을 알아야 한다. 지금 이 순간 부동산 투자 관련 도서를 읽는 독자들도 연구와 노력을 하고 있다고 볼 수 있다. 우리는 모두 최소한의 노동과 시간을 투자해 자산을 증가시키고 싶어 한다.

대부분의 사람들이 자산증가의 꿈을 이루기 위해 부동산에 투자하고 연구한다. 이들은 정보를 찾아다니고 계획을 세운다. 과연 땅 짚고 헤엄칠 수 있는 방법이 부동산 투자에 존재할까? 우리가 처음 건물 임대운영 및 관리를 시작했을 때 건물 청소용역업체를 1년 동안 3회나 바꾼 적이 있다. 지인들과 주변 사람들에게 수소문 끝에 드디어 마음에 쏙 드는 건물청소 용역업체를 선택할 수 있었고, 이 업체는 지난 8년 동안 우리와 함께해 왔다.

무슨 일이든지 진정성을 가지고 자신에게 주어진 일에 대해 최선을 다해야 한다. 이 업체의 사장님은 강남의 수익형 부동산 건물주인데도 지금껏 현장에서 청소를 진두지

휘한다. 그 모습을 보면서 나도 배우고 함께 성장하고 있다. 8년 전 우리와 청소를 시작할 때만 해도 업체의 규모가 크지 않았지만, 지금은 회사 느낌의 전문 청소업체로 버젓이 성장했다.

청소하는 건물이 하나씩 늘어날 때마다 청소 사장님은 건물을 짓기 전 상태를 알기 때문에 같은 공간에 신축된 건물을 볼 때마다 놀랍다는 말을 자주 했다. 소소한 질문들도 많았다. 이분처럼 청소를 하면서도 보고 배울 수 있는 것을 찾으며 고단한 노동으로 하루하루를 살아가는 사람이 세상엔 생각보다 많다.

청소 사장님만 봐도 알 수 있다. 이분은 강남에서 9개층 이하의 단독, 다가구, 다세대, 상가주택 등 꼬마빌딩에 집중해서 청소업체를 운영하는 분이었다. 꼬마빌딩 건물주들 입장에서는 비용지출이 큰 대규모 청소용역 업체들을 쓰기가 부담스럽다. 그들에게는 용역회사의 청소업체보다 비용이 적게 드는 이 청소 사장님의 회사 같은 업체가 매우 반갑고, 청소업체 입장에서는 건물주들과 직접 이야기를 나누고 정보를 공유할 수 있는 장점이 있다. 특히, 부동산 정보와 수익형 부동산의 흐름이 가장 빠른 강남 지역이다 보니 그런 장점이 더욱 두드러진다.

청소 사장님은 가족들과 함께 시작한 건물청소 운영 경력이 20년도 넘는 분이라, 오히려 나보다 강남의 꼬마빌딩 시스템을 더 잘 알고 계신 듯하다. 무엇보다 꼬마빌딩에서는 건물의 청결이 가장 중요하다는 것을 잘 안다. 그런 만큼 쓰레기 정리정돈이나 건물의 청결을 완벽하게 처리한다. 또한, 소소한 문제가 발생하면 즉시 문제를 전달하는 것도 놓치지 않는다. 같은 비용을 지불하면서 청소의 본질을 알고 실행하는 업체와 단순히 노동으로 접근하는 업체 중 어느 쪽을 만나느냐에 따른 결과가 입주자들의 삶의 질에 미치는 차이는 크다고 본다.

어찌 되었든 그 청소 사장님은 지금 강남에서 월세가 나오는 주거용 건물의 건물주가 되어 있다. 노동에는 한계가 있고 사업의 규모가 커질수록 사업주의 경영능력이 수반되어야 한다. 청소 사장님은 가족들과 시작한 청소업체의 규모와 양이 증가하면서 운영에 한계를 느낀다고 했다. 젊은 시절 사업에 여러 번 실패한 후, 가족들과 생계를 잇기 위해 시작한 건물 청소를 통해 결국 시간이 흐른 뒤 종잣돈을 모을 수 있었다고 했다.

9개층 이하의 꼬마빌딩을 청소하면서 이야기를 나눴던 강남의 건물주들은 청소 사장님에게 훌륭한 부동산 투자 선생님이 되어 주었다. 그렇게 알음알음으로 배운 결과, 청소 사장님은 월세가 나오는 강남의 주택건물을 자연스럽게 매입하게 되었다. 임대관리의 어려움 또한 잘 알게 되었다. 건물을 청소하면서 만난 건물주들의 넋두리와 하소연에 귀 기울이다 보니 자연스럽게 임대운영 및 관리의 노하우를 얻게 된 것이다.

노동의 효율적 배분과 냉철하고 과감한 투자로 빠른 자산증식을 실행하고 있다는 점에서 청소 사장님의 부동산 투자는 성공할 수밖에 없었다. 청소 사장님은 첫째, 자신이 잘 아는 지역에 투자했다. 둘째, 오랜 기간 임대관리 노하우를 학습했다. 셋째, 누구나 인정하는 입지가 우수한 지역에 투자했다. 넷째, 자신의 본업을 꾸준히 열심히 유지하면서 부동산 투자의 기본을 갖추었다. 이제 청소 사장님은 매월 안정적인 임대료와 수익형 부동산 임대사업을 마음껏 누릴 수 있게 되었다. 더 이상 사업 실패의 두려움이나 경영난이라는 고초를 겪지 않아도 된다. 임대료가 나오는 강남의 꼬마빌딩이 든든하게 삶을 지켜줄 것이기 때문이다.

물론 우리가 관리하는 꼬마빌딩 청소도 아직까지 성실하고 야무지게 해 준다. 건물 청소만으로 끝내지 않고, 조금이라도 문제의 소지가 발생할 우려가 있는 것까지 세심하게 확인해 준다. 후다닥 청소만 하고 가는 것이 아니다. 누수가 발생한 곳은 없는지, 공용공간의 센서등에 이상은 없는지, 하수구가 막히지는 않았는지 꼼꼼하게 확인해 준다. 다른 청소업체와 함께할 때는 겪어보지 못했던 일이다. 그리고 보면 성공의 열쇠는 누구에게나 주어진다는 말이 맞는 것 같다. 열쇠에 맞는 문을 찾아 열고 들어갈 만큼 현명한 사람이라면 말이다.

반드시 부동산에 투자해야만 성공하는 것은 아니다. 무슨 일이든지 하고자 하는 목표가 있다면 내 것으로 만들어야 한다. 당장의 성과나 이익 없더라도 하나라도 꾸준하게 제대로 해야 한다. 물론 하루아침에 만들어지는 것은 아닐 것이다. 묵묵히 집중하다 보면 부동산 투자뿐만 아니라, 무슨 분야에서든 땅 짚고 헤엄칠 수 있는 전략과 기술이 자연스럽게 만들어지지 않을까!

궁금했던
건물주의 일상

건물주에 대한 환상을 버려야 한다

건물주가 되려는 꿈을 이루기 위해서 가장 먼저 갖추어야 할 자세는 환상을 버리는 것이다. 내게는 약 30년 지기 친구가 있다. 그간 비밀로 간직했던 이야기를 이번에 내게 털어놓았는데, 수도권의 역세권에 규모가 상당한 상가건물을 보유하고 있다는 이야기였다. 어릴 때 증여받은 상가건물로 지금까지 명의만 받고, 보유만 하고 있었는데 이제부터 직접 운영해야 하는 상황이 되었다. 어디서부터 어떻게 접근해야 할지 아무것도 모르겠다고 했다.

나에게 조언을 요청하기에 우선 건물 현황부터 파악하라고 알려주었다. 건물에 어떤 유형의 상가가 있는지, 임대차 조건은 어떤지, 건물 청소와 청결상태 및 주차관리는 어떠한지부터 알아보라고 전달했다. 자신이 생각했던 놀고먹는 건물주의 모습과 나의 조언 사이에 괴리가 커서 충격 받은 모습을 보니 속으로 어릴 때 모습이 생각나서 귀엽기까지 했다.

건물주의 희로애락

임대료가 나오는 번듯한 수익형 부동산 한 채를 실제로 소유하게 되면 어떨까? 건물주라고 해서 임차인들에게 소위 '갑질'하는 이야기는 극히 일부, 아니 소수의 단면일 뿐이다. 건물 쓰레기 정리부터 아무 곳에나 떨어져 있는 담배꽁초까지 자연스럽게 정리하는 사람이 건물주다. 건물 한 채를 소유했다고 해서 모든 꿈을 다 이룬 것처럼 부러워하기만 할 대상은 결코 아니다.

건물주가 된다고 해서 임대료가 꼬박꼬박 월세통장에 입금되지도 않는다. 건물주는 안정적으로 임대료를 받기 위해 건물의 시설상태와 청결상태를 매일 유지해야 한다. 공실이 나지 않도록 임대전략과 건물홍보도 꾸준히 연구해야 하고, 인근 지역에서 내 건물의 인지도를 높이기 위해 꾸준한 노력을 기울여야 한다. 무엇보다 건물주는 현금흐름을 창출시키는 입주자들에게 최선을 다해 쾌적하고 만족스러운 임대공간을 제공하기 위해 끊임없이 움직여야 한다.

오래전 대학교에 다니던 시절 경영학과 교수님께서 하신 말씀이 떠오른다. 인간은 누구나 효용의 극대화(Utility Maximize)를 추구한다는 내용이다. 경제학에서 효용(效用)이란 재화와 용역의 사용으로부터 얻을 수 있는 주관적인 만족을 측정하는 단위인데, 그것을 극대화한다는 개념이다. 즉, 비록 거주하는 곳은 낙후되고 저렴하며 비좁더라도 내가 타고 다니는 고급 수입차에서 만족을 얻을 수 있다면 전 재산을 그것에 투자한다는 뜻이다. 그렇다고 원룸이나 투룸 거주자를 비하하는 것은 아니니 절대 오해하지 말기 바란다.

건물주라고 하면 신분과시용으로도 무척 그럴싸하다. 이것이 문제다. 자신이 건물주라면 신분과시용으로 부러움의 대상이 될 수는 있겠지만, 앞으로 지속될 저성장과 저금리 환경에서는 수익형 부동산 시장의 투자경쟁이 점점 더 치열해질 것이란 사실을 간과해서는 안 된다. 그저 남들에게 내보이기 좋은 과시용으로만 끝나지는 않는 것이다.

꼬마빌딩 투자에 관심을 갖는 연령층도 점점 낮아지고 있다. 2020년 1월 KB부동산과 머니투데이에서 공동으로 진행한 설문조사 결과, 꼬마빌딩 투자에 관심이 있는 20대가 31%나 됐다. 꽤 높은 비율이다.

물론 무슨 일을 계획하고 실행할 때는 젊을수록 유리하다. 실패해도 돈으로 살 수 없는 경험과 노하우를 쌓을 수 있고 성공하면 건물 한 채를 소유할 기회가 남들보다 빨라진다. 그러나 같은 설문조사에서 30대, 40대에서도 40% 이상이 꼬마빌딩 투자에 관심을 보였다는 결과를 보면, 앞으로 건물주가 된다고 해서 마냥 노후가 보장되지는 않을 것 같다. 많은 사람들이 20대부터 수익형 부동산 투자에 높은 관심을 가지게 된 만큼 앞으로는 건물 한 채에 집중 투자해 현금흐름을 확보할 수 있는 건물주의 연령층도 낮아질 것이다.

분명히 말하지만, 건물주는 신분과시용이 아니다. 적어도 지금부터는 치열한 임대 경쟁시장에서 살아남기 위한 경쟁우위와 차별화 전략을 만들어 운영 및 관리해야 한다. 건물주도 하나의 사업자일 뿐이다. 임대차관리, 세무관리, 시설관리, 청소관리, 민원관리 등 하나의 건물을 운영하기 위해 철저한 사업자의 마인드와 역량을 갖추고 자신의 부동산 자산가치 증식을 위해 무단히 노력하고 연구해야 한다.

건물 한 채 있다고 해서 임차인들에게 으쓱거릴 수 없는 세상이다. 앞서 설명한 내 친구도 100억대 상가건물의 건물주지만, 맨 처음 청소와 주차관리부터 시키니 어리둥절해했던 것처럼 말이다. 적어도 내가 아는 건물주들은 겸손하고 검소하며 부지런하다. 청소업체가 따로 있어도 건물에 오면 부지런히 전단지를 줍고 쓰레기를 정리한다.

실거주와 부동산 임대사업,
어떻게 할 것인가?

우리나라 사람들은 모이면 부동산 얘기로 시작해서 부동산 얘기로 끝난다는 우스갯소리가 나올 정도로 부동산에 대한 전 국민의 관심이 유난히 뜨겁다. 어느 맞벌이 가정을 예로 들어보자. 아이 둘을 키우는 부부가 각자 직장에서 근로소득자로 일하면서 급여를 받는다. 열심히 일해서 모은 돈으로 서울에서 사람들이 좋다고 하는 지역에 아파트를 분양받아 입주한다. 물론 부족한 자금은 대출로 충당한다. 그렇게 장만한 집에 거주하고 있노라니 어느 날 갑자기 옆집 이웃으로부터 우리 단지 아파트가 많이 올랐다는 소식을 접하게 된다. 그래서 호기심으로 인터넷에 들어가 부동산 시세를 조회하다가 아파트 값이 거의 두 배 가까이 올랐다는 사실을 발견하고는 깜짝 놀라게 된다.

여기서 우리가 부동산에 접근하는 생각을 정리해 볼 필요가 있다. 본인이 소유한 부동산이 큰 폭으로 올랐다고 하더라도 그곳은 현재 가족들과 함께 거주하는 곳이다. 그 부부는 이런 생각을 해본다. '이 아파트를 팔아서 시세 차익을 얻고, 근처 다른 아파트를 사서 이사 간 뒤 남은 돈으로 아파트에 또 투자하면 아파트 두 채가 생기겠구나.' 하지만 세상은 그렇게 녹록지 않다. 내 아파트가 그렇게 오른 사이 다른 아파트라고 가만히 있을 리 없기 때문이다. 부부가 직장의 동선과 아이들 학교 등 여러 가지를 고려해서 거주하던 아파트를 팔아서 충분한 시세차익을 거두려 한다면, 좀 더 외곽의 저평가된 곳으로 이사 가야 할 것이다.

이 부분에서 한 가지 짚고 넘어가자. 이 부부가 처음 아파트를 분양받은 목적은 무엇이었을까? 가족들이 원하는 지역의 잘 지어진 새 아파트에서 거주하려는 것이었을까, 아니면 아파트 값이 오를 때마다 새로운 지역으로 이사 다니면서 자산을 늘리려는 것이었을까? 물론 어느 쪽이 옳다고 단정할 수는 없다. 단지 선택일 뿐이다. 원래는 거주 목적으로 구입했다가 생각이 바뀌어 시세차익을 얻기 위해 이사 갈 수도 있고, 시세차익을 목적으로 구입했다가 그곳의 삶에 만족해 계속 거주할 수도 있다. 중요한 건 1주택은 가족이 거주하기 위해 필요한 공간인 만큼 투자가치에 비중을 두기보다는 거주의 비중이 좀 더 높아야 한다는 것이다.

그래서 엄밀히 말하자면 시장에서 1주택자의 포지션은 중립이다. 부동산 시장이 상승할 거라고 예상해서 투자를 늘리고 싶다면 2주택 이상으로 늘리면 되고, 반대로 하락할 거라고 예상해서 시장 하락에 베팅하고 싶다면 1주택을 팔면 된다. 이 경우 부동산의 가치보다 화폐의 가치가 더 올라가는 것에 베팅하는 것이 된다. 하지만 과거 역사적으로 부동산의 가치 대비 화폐의 가치가 더 올라갔던 적은 생각보다 많지 않다. 아마도 1997년 IMF경제위기(외환위기)와 2008년 미국의 서브프라임 모기지 사태로 촉발된 금융위기 정도일 것이다. 그 시기를 제외하면 부동산 가격은 계속 꾸준히 올랐다고 볼 수 있다.

그렇다면 우리가 정말 신과 같은 예지력으로 이런 타이밍을 적절하게 잘 맞춰 투자해서 원하는 수익을 달성할 수 있을까? 정말 그럴 수 있는 사람은 신의 경지에 다다른 사람일 것이다. 그러니 인간 생활에 필요한 세 가지 기본요소인 의식주 중 주에 해당하는 1주택은 안정적인 거주를 위해서도 확보하는 것이 당연하다.

지금까지는 부동산 시장의 꾸준한 상승 덕에 주로 부동산 매매차익으로 얻는 자본이득을 추구하는 투자전략이 대세였다. 신의 경지에 다다를 정도로 예술적인 매매타이밍 덕분에 운이 좋으면 큰 이익을 얻기도 했다. 하지만 코로나19 팬데믹으로 인해 전 세계적으로 불확실성을 확인했고, 저금리를 지나 고금리 시대로 접어드는 지금과 같은 상황에서는 어떤 포지션을 취해야 할까? 보유하던 부동산을 처분해야 할까, 아니면 추가로 매입해야 할까? 정말 신이 아니고서는 알 수가 없다.

어떤 시점에 팔아야 하는지 부동산 매도 타이밍을 연구하면서 시세차익을 추구하는 것도 이젠 지겨워졌다. 요즘 투자자들이 자본이득에 치중하지 않고 일정한 현금흐름(cash flow)이 발생하는 꼬마빌딩에 관심을 기울이기 시작한 이유다.

먹고, 입고, 살기 위해서 안정적인 현금흐름이 중요한 시대가 되었다. 부동산의 다양한 유형 중 9개층 이하의 꼬마빌딩 투자는 이미 오래전부터 있어 왔던 투자유형이지만, 꼬마빌딩의 개발과 운영·관리 및 재매각까지의 운영 메커니즘을 속속들이 알기는 사실 쉽지 않았다.

지금부터 함께 차근차근 알아보자.

2부

여전히 각광받는
꼬마빌딩 재테크

부동산 투자의
패러다임이 바뀌고 있다

이제, 부자들의 관심은 꼬마빌딩으로!

부동산 자산을 구입하기 위해서는 실거주할 것인지, 부동산 임대사업을 할 것인지 등 부동산 매입 목적을 결정한다. 부동산 투자로 버는 소득은 자본이득과 임대소득으로 나눌 수 있다. 자본이득이란, 부동산 자산을 실거주 또는 투자 목적으로 매입해 보유하다가 매각에 따른 시세차익을 얻을 수 있는 소득이다. 부동산 투자자들은 보다 높은 자본이득을 얻기 위해서 재개발이나 재건축, 신도시 개발예정이나 역 개통 예정 등 상대적으로 저평가된 부동산 매입에 필요한 정보를 다양하게 수집한다.

임대소득이란, 임차인에게 부동산의 임대공간을 빌려주고 받는 소득이다. 일반적으로 꼬마빌딩의 건물주는 주택과 상가 업무용 등 용도에 맞는 임대공간을 제공하고 임대료를 받는다. 토지든 건물이든 어떤 용도로 사용하건 간에 임대사업을 하면 임대료를 받을 수 있다. 부동산을 통해 임대료를 받을 수 있다면 그것은 수익형 부동산이다.

우리는 앞으로 이 중에서도 임대사업자가 접근할 수 있는 9개층 이하의 꼬마빌딩들을 대상으로 임대소득을 위한 수익형 부동산 개발 및 임대운영·관리 사업에 집중할 것이다.

아파트나 재개발, 재건축 부동산 투자를 통한 자본이득 중심에서 임대소득 중심으로 투자 추세가 변화한 주된 이유는 무엇일까? 자본이득을 얻기 위해 재개발 지역에 투자하면 그때부터 부동산 정책에 민감해진다. 게다가 언제 개발될지 모르는 불확실성을 떠안아야 한다. 요즘 부동산 시장은 매우 불안정하다. 요즘 같은 시대에는 실거주하는 아파트 한 채를 지닌 사람도 불안해한다. 물론 1990년 이전부터 2020년까지 아파트 투자를 통해 부동산으로 자산을 늘린 투자자들이 굉장히 많다. 하지만 내 아파트 값이 올랐다고 마냥 좋아할 일은 아니다. 내 아파트가 오르면 다른 아파트도 오르기 때문이다. 오히려 재산세나 종부세 부담만 가중될 뿐이다. 이러한 이유로 매월 꼬박꼬박 월세가 들어오는 꼬마빌딩을 매입하려는 투자자들이 증가하는 것이 아닐까?

나 또한 남향에 베란다가 있는 작은 집을 좋아한다. 집은 그저 내가 먹고 자는 곳이고 내가 주로 생활하는 곳은 사무실이다. 내 기준에서 집은 직장에서 가깝고 주차 편리하고, 빛이 잘 들고, 시설이 깨끗하고, 보안만 좋으면 된다. 그래서 나 역시 내 집 마련보다 임대소득을 위한 꼬마빌딩 매입을 선택했다. 건물주가 되기 위해 실제로 거주하면서도 내심 부담스러웠던 40평대 분당 아파트를 매각해 자본이득을 실현한 뒤, 임대사업을 위한 꼬마빌딩 매입으로 투자를 전환했다.

꼬마빌딩, 주거용이 안정적이다

임대소득을 얻기 위한 꼬마빌딩의 투자수요가 풍부해진 만큼 남들보다 한발 앞서 가야 한다. 한발 앞서 간다는 의미는 먼저 계획하고 실행하는 것이다. 남들이 이미 다 해서 성공한 투자를 따라가서는 그만큼의 가치 차이를 누릴 수 없다. 임대수입을 얻기 위한 수익형 부동산은 저금리, 저성장이 지속되는 한 부동산 투자의 핵심종목임이 확실하다. 다만, 상가 분양권이나 단층 규모의 상가를 수익형으로 매입할 경우에는 신중한 의사결정이 필요하다. 개발가치가 떨어지는 단층 상가의 경우 경제가 위축되면 가장 먼저 자영업자들이 타격을 받기 때문에 임대료를 받지 못하고, 장기 공실이라도 발생하면 손해가 커진다. 즉, 현금흐름이 막힌다. 만약 구분상가를 분양 받았는데 공실이 장기화하면 매월 내야 하는 관리비마저 부담스러워질 것이다.

꼬마빌딩 투자 시 중요한 것은 임대소득을 통한 현금흐름이 안정적으로 발생해야 한다는 것이다. 투자 목적이 임대소득을 얻는 것이기 때문에 장기적으로 보유하는 동안 시장경제에 민감하게 반응하지 않는 측면에서 투자분석이 선행되어야 한다. 경기가 위축되어도 수도권의 1인 거주가구를 위한 주거용의 경우 사무실이나 상가보다는 매우 안정적으로 운영된다. 코로나19 팬데믹과 경기침체로 인해 실제 우리가 운영 및 관리 중인 강남 지역의 꼬마빌딩에서도 상가나 사무실의 경우에는 만기 퇴실이 증가했다. 반면에 주거용은 여전히 안정적으로 운영 중이다. 어차피 월세 임차인 입장에서는 이사하면 이사비용, 중개수수료 등비용만 지출되니, 경기가 안 좋을수록 주거이동이 줄어드는 것 같다.

아파트 VS 꼬마빌딩, 어떻게 다를까?

아파트와 꼬마빌딩의 투자는 방법과 개념이 완전히 다르다. 아파트 투자는 대부분 시세 차익(자본이득)이 목적인 반면, 꼬마빌딩 투자는 임대수익을 만드는 데 목적이 있다. 특히 경기가 불안정하고, 시장경제의 불확실성이 높은 시기에는 현금흐름이 안정적인 꼬마빌딩의 임대사업에 수요가 몰릴 확률이 높다.

1인 또는 2인 가구를 위한 원룸이나 투룸 형태의 주거용 부동산 임대사업에서는 혹시 대출금리가 높아지더라도 상황에 맞게 대처할 수 있다. 전체 호실의 일부를 전세임대로 전환해 현금흐름을 유동적으로 확보할 수 있기 때문이다. 저금리 시장에서는 대출금리보다는 임대수익이 높아서 대출을 이용해 임대수익률을 높일 수도 있다. 고금리 시장에서는 임대료를 높여서 운용할 수도 있다. 주택임대사업자는 임대료 상한에 제한을 받게 되었지만, 주택임대사업자가 없는 경우에는 가능한 사업 방법이다. 더욱이 입지가 인정된 지역이라면 풍부한 임대수요가 임대수익을 안정적으로 유지해 준다.

꼬마빌딩 투자, 어떻게 시작할까?

꼬마빌딩으로 임대소득을 얻으려고 계획한 투자자는 부동산 투자유형, 투자 방법, 현금 보유량, 입지를 잘 선택하고 접근하면 된다. 강남 지역에도 상대적으로 저평가된 부동산이 존재한다. 수도권 어디든 그런 부동산은 있으니 발품을 팔고 정보를 수집하자. 내가 가진 현금에 맞춰 월세를 받을 수 있는 꼬마빌딩은 부지런히 찾아보면 나온다. 일반적인 시장가격에 안정적인 꼬마빌딩을 처음부터 기호에 맞게 매입하려는 것은 욕심이다.

현재의 노후한 건물 컨디션과 현황만 보고 투자를 포기하지 말자. 인근에 개발 호재도 있을 것이고, 노후화가 상당히 진척된 건물이 주변에 즐비할수록 시간이 흐르면 서서히 개발될 확률이 높아진다. 모든 사업이 그렇지만, 다른 사람보다 먼저 선제공격하는 것이 중요하다. 싸움도 일명 선빵을 날려야 이길 확률이 높지 않은가? 조금 먼저 실행한 투자자들 중에는 강남 지역을 선점했다는 이유로 10%라는 임대수익률을 만끽하고, 토지가치까지 올라가 부동산 투자에 성공한 건축주들이 많다.

꼬마빌딩 투자를 위해 신축개발뿐만 아니라 단순한 리모델링만으로 건축물의 가치를 극대화하는 것은 우리가 자주 사용하는 방법 중 하나다. 신축개발은 일반적으로 투자비용도 비교적 많이 들고 개발에 따른 시간도 많이 소요된다. 노후 건물 중에서도 현재 적용되는 건축법에 저촉되지 않는 범위 내에서 연면적을 알차게 확보한 건물이 있다면 리모델링도 고려해볼 만하다. 리모델링을 하면 통상 2~3개월 정도 시간을 투자해 신축보다 저렴한 비용으로 완성할 수 있기 때문에 단순한 리모델링만으로도 수익가치가 현저하게 증가하는 것을 경험할 수 있다.

개발과 임대는 물론, 유지까지 신경 써야 한다

부동산 투자로 돈을 버는 방법은 단순하다. 부동산 투자로 산출되는 핵심소득은 자본이득과 사업소득인데, 그 외에 하나 더 추가한다면 실사용 가치다.

우리는 부동산을 하나의 상품으로 인식하고 그것을 사업으로 발전시켜 지속적인 수익을 창출하는 일을 주로 해 왔다. 그간 임대사업과 개발사업의 가치를 극대화하는 일에 집중해 많은 가치창출에 기여해 왔다고 자부한다. 우리가 지금까지 사업을 하면서 작게나마 깨달은 것 중 하나는 수익을 창출하기 위한 모든 가치는 실사용 가치에 기반을 둔다는 것이다. 부동산 매입의 목적, 개발의 목적, 임대 또는 임차의 목적 모두 실사용 가치를 기반으로 한다. 그도 그럴 것이 우리가 가장 많은 시간을 보내는 것은 집, 회사, 학교, 관공서, 식사, 쇼핑, 기타 여가활동을 위한 공간 등의 모든 건축물이다.

사용되는 공간의 사용 가치를 어떻게 높일 것인가? 이것이 우리의 고민이다. 마찬가지다. 부동산을 매입해 어떻게 사용할 것인가? 사용 가치에 따라 돈을 버는 방법이 달라진다. 어떤 대상에 단순하게 접근한다는 것은 그 대상을 온전히 이해했을 때만 가능한 방법이다. 부동산 투자를 통해서 어떤 소득을 창출할 것인지부터 명쾌하게 정리하길 바란다.

꼬마빌딩도
취향 따라 변한다

불안정한 일자리와 길어진 노후에 대비하기 위해 꼬마빌딩 매입수요가 증가하는 가운데, 무엇보다 가장 크게 변화한 점은 개인 투자자가 직접 개발주체로 나서고 있다는 점이다. 기존에 건축업자가 토지를 매입해서 짓고 분양이나 일괄매매를 진행하던 시대가 저물고 새로운 변화가 찾아왔다. 90년대 강남 지역에서는 개발업자들이 신사동과 논현동에 비슷하게 생긴 다가구주택을 찍어내듯 건축했다. 이것을 개인 투자자들이 매입했고, 자고 일어나면 땅값이 올라 있었다는 이야기를 연세 지긋한 건물주들에게서 자주 듣곤 했다.

이제 시대가 바뀌어 개개인이 특성과 아이디어를 분출하는 시대가 되었다. 나만의 개성과 색깔을 분명히 낼 수 있는 시대를 맞아 취미 그룹도 세분화되고 있다. 집짓기, 그릇 만들기, 책 쓰기, 글램핑 등 다양하고 특색 있는 취향의 라이프를 누리고 즐기는 시대다. 임대사업을 위한 꼬마빌딩 분야에서도 이러한 시대적 변화에 발맞춰, 개인의 취향과 라이프를 존중해 특성 있는 꼬마빌딩의 개발 및 공급에 대한 관심이 증가하고 있다.

임대사업이란, 자신이 소유하거나 임차한 토지 및 건축물 등 각종 부동산을 임대해

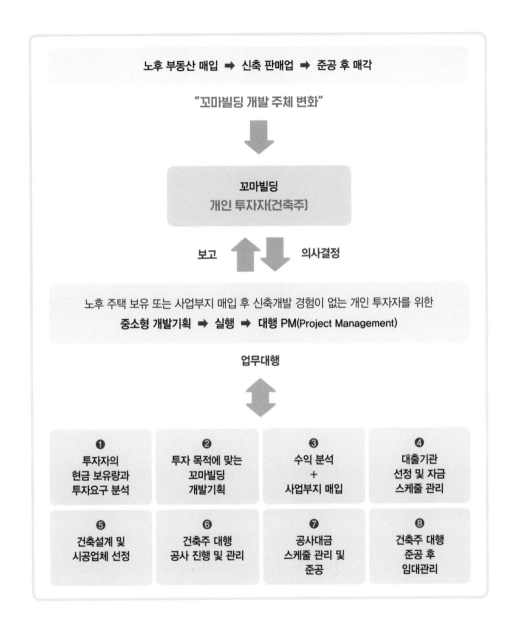

노후 부동산 매입 ➡ 신축 판매업 ➡ 준공 후 매각

"꼬마빌딩 개발 주체 변화"

꼬마빌딩
개인 투자자(건축주)

보고 ⬆ ⬇ 의사결정

노후 주택 보유 또는 사업부지 매입 후 신축개발 경험이 없는 개인 투자자를 위한
중소형 개발기획 ➡ 실행 ➡ 대행 PM(Project Management)

업무대행

❶	❷	❸	❹
투자자의 현금 보유량과 투자요구 분석	투자 목적에 맞는 꼬마빌딩 개발기획	수익 분석 + 사업부지 매입	대출기관 선정 및 자금 스케줄 관리
❺	❻	❼	❽
건축설계 및 시공업체 선정	건축주 대행 공사 진행 및 관리	공사대금 스케줄 관리 및 준공	건축주 대행 준공 후 임대관리

수입을 창출하는 사업을 의미한다. 건물의 시설관리부터 세무-회계, 임대료 수금, 계약 관리, 부동산의 개발 및 리모델링 사업과 이에 수반되는 금융까지도 포괄적으로 실행하는 사업이다.

신축개발에 대한 거부감이나 부담감을 가지기보다는 적극적으로 꼬마빌딩 개발행위에 참여하는 투자자가 늘고 있다. 특성 있는 꼬마빌딩 개발에 개인 투자자가 직접 개발 단계부터 참여함으로써 개발 주체에 변화가 생긴 것이다. 반려동물과 함께 마음 편히 입주할 수 있는 싱글하우스, 공유오피스, 나만의 프라이빗한 최고급 소울 하우스가 될 고급 원룸, 바쁜 직장인들이 주거공간을 공유하는 셰어하우스, 고령 1인 거주가구를 위한 건물 등 꼬마빌딩 개발을 위한 다양한 아이템들이 넘쳐난다.

각 지역의 특색에 맞는 수요층을 정해 임대수입을 얻기 위한 수익형 부동산 공급유형이 다양해지고 있다. 또한, 강남 지역은 물론이고 강북의 수도권 지역에서도 개인 투자자들이 직접 개발행위가 늘고 있다. 개인 투자자들은 각 지역에 맞는 임대공간의 개발을 위해 집중과 전략을 앞세워 개발행위에 참여하면서, 자신감과 적극적인 자세로 무장하고 무서울 만큼 독창적이고 획기적으로 꼬마빌딩 개발을 이끌고 있다.

수익형 부동산의 종류,
이렇게 많다!

수익형 부동산을 크게 세 가지로 나누면 주거용, 상업·업무용, 숙박용으로 구분할 수 있다. 이에 대해 조금 더 자세히 알아보도록 하자.

형태가 가장 다양한 주거용 수익형 부동산

셰어하우스, 게스트하우스, 실버주택, 원룸건물, 상가주택, 도시형 생활주택, 다세대 주택, 단독주택, 다가구주택 등 부동산의 종류 중에서도 가장 다양한 것이 주택이다. 주택 관련 전문가들이 내놓는 다양한 의견 중 공통되는 부분이 있다. 인구는 감소하지만 1인 거주가구 증가에 따라 주택 수요는 꾸준하게 증가한다는 것이다. 소형 가구의 증가는 주택의 종류를 다양화하고 있다. 임대주택의 유형을 간단하게 정리하면 다음과 같다.

① **셰어하우스(Share House)** 다수가 한집에서 살면서 지극히 개인적인 공간인 침실은 각자 따로 사용하되 거실, 욕실, 주방은 공유하며 생활하는 주택이다. 아파트를 포함, 단독주택을 임대해 공유주택으로 사용하는 경우도 있다.

② **실버주택 또는 실버타운(Silver town)** 외국에서는 시니어 타운(Senior town)이라고 하는 주택이다. 보통 60세 이상 노인들을 대상으로 거주와 더불어 식사, 청소, 문화서비스 및 의료서비스 등을 제공하는 유료 노인 복지주택 단지를 말한다. 비교적 경제적으로 여유가 있는 노인들이 노후에 안정적인 삶을 유지하도록 만들어진 주택이다. 우리나라에서는 2015년부터 수도권 이외의 지역에 실버타운 공급이 증가했지만 생활 편의시설과 병원 접근성이 떨어져 결과가 좋지 않았다. 따라서 수도권 지역에 고령 가구를 위한 소규모 수익형 부동산 주택을 특화해 공급하는 것도 고려할 만하다.

③ **원룸 건물** 주방, 욕실, 침실이 모두 한 공간에 있는 형태를 의미한다. 도시형 생활주택, 다세대주택, 다가구주택, 오피스텔도 방이 1개인 원룸으로 공급되면 원룸 건물이라고 한다. 주거임대를 위해 공급된 수익형 부동산 건물로서 수도권 중에서도 역세권에는 직장인이나 학생들을 위해 특히 30㎡(약 9평) 미만의 원룸 건물이 공급된다.

④ **상가주택** 말 그대로 상가와 주택이 혼합된 형태의 건물이다. 보통 지하, 1층, 2층은 상가와 사무실로 쓰고 3층 이상은 주택으로 사용하는 건물이다.

⑤ **도시형 생활주택** 1~2인 거주가구 증가에 따라 2009년 5월부터 「주택법」에 근거해 시행된 주택이다. 도시지역에만 건축할 수 있으며 25.71평(85㎡) 이하에 국민주택 규모 이하로 건축할 수 있다. 일시적인 주차 규정 완화에 따라 수도권의 역세권을 중심으로 원룸 형태의 주택 공급이 증가했다. 지난 10년간 도시형 생활주택으로 개발한 건물 대부분이 원룸 형태로 기하급수적으로 공급된 계기가 되었다.

⑥ **다세대주택** 한 건물 내에 여러 가구가 살 수 있도록 건축된 4개층 이하의 영구건물로서 건

물의 연면적이 199.65평(660㎡) 이하면서 건축 당시 다세대주택으로 허가 받은 주택이다. 다가구주택과는 다르게 호실마다 분리해 등기와 매매가 가능하다. 부동산 투자 자본금이 부족할 경우 임대수입을 얻을 수 있는 수익형 부동산 매입을 위해 공동으로 호실마다 분리해 매입하는 사례도 늘고 있다.

⑦ **단독주택** 다가구주택도 단독주택에 포함된다. 건물 호실마다 구분해 등기와 매매가 불가능한 주택이다.

사실 대표적인 공동주택 중의 하나인 아파트도 임대사업을 목적으로 임대를 주고 임대료를 받는다면 역시 수익형 부동산이라고 할 수 있다.

주목할 만한 점은 정부가 민간 임대주택 공급을 늘리기 위한 방안으로 실행한 도시형 생활주택의 공급 증가다. 수도권을 중심으로 도시형 생활주택이라는 수익형 건물이 증가하면서 주택임대사업자 간에 경쟁이 치열해졌다. 임대수입을 위한 수익형 원룸 건물을 매입하는 데 필요한 임대사업자의 역량과 자질이 필수가 된 것이다.

2013년 6월 이전에는 한동안 도시형생활주택의 공급을 활성화하고자 원룸의 전용면적 18.15평(60㎡)에 한 대 주차로 주차장 기준을 완화해 적용했으나, 2013년 6월 이후부터 2020년까지 9.08평(30㎡) 미만인 원룸형 주택은 가구당 0.5대, 9.08~15.16평(30~50㎡) 이하인 원룸형 주택은 가구당 0.6대의 주차장을 설치하도록 규정이 강화되었다. 이런 이유로 연면적을 알뜰살뜰 꽉 채워서 공급한 도시형 생활주택은 수익형 부동산으로서 가치를 인정받게 될 것이다. 특히, 수도권을 중심으로 공급된 원룸 형태라는 점에서 인위적으로 생산할 수 없는 부동산의 가치를 발휘할 기회가 언젠가는 주어질 것이다.

양도할 때 주의! 상업·업무용 수익형 부동산

대표적인 상업·업무용 수익형 부동산으로는 상가나 오피스텔을 꼽을 수 있다. 여기서 더 크게 분류하면 근린생활시설, 업무용 빌딩, 아파트형 공장 등이 모두 수익형 부동산으로 분류된다. 그중 근린생활시설은 하나의 상가일 수도 있고, 전체를 상업·업무용 용도로 사용하는 건물일 수도 있다. 꼬마빌딩이 이러한 근린생활시설 건물에 속한다.

그런데 이 중에서도 오피스텔은 마치 조커 같은 성격을 가지고 있어서, 주거용으로 사용하면 주거용으로 대접 받고 업무용으로 사용하면 업무용으로 대접 받는다. 즉, 주거용으로 사용하면 주거용 기준으로 재산세 납부가 가능하고, 업무용으로 사용하면 일반 업무용 기준으로 재산세를 납부하게 된다. 양도소득세도 마찬가지다. 오피스텔 한 채를 매입해 주거용으로 사용할 경우 혹시라도 다른 주택 1채를 보유하고 있다면 1가구 2주택에 해당한다는 것을 알아 두어야 한다. 이 부분은 매우 중요하다. 이 사실을 간과하고 주거용 오피스텔을 보유한 상태에서 기존에 보유한 다른 주택을 매도하는 바람에 1가구 2주택 기준으로 양도소득세를 납부하는 경우를 그간 빈번하게 볼 수 있었다.

한동안 한창 유행했던 소호사무실도 소형 업무공간을 임대하는 수익형 부동산인데 요즘은 공유오피스로 불린다. 공유오피스는 주로 근린생활시설 건물이나 업무용 건물의 큰 공간을 여러 개의 작은 공간으로 나눠 입주자에게 사무 공간으로 재임대하는 시스템이다. 업무 공간은 구분 지어 사용하되 회의실, 미팅룸, 화장실, 휴게공간 등은 공용으로 두어 관리비, 통신비 등 부대비용을 절약하고자 고안되었다. 본인의 건물을 공유오피스로 운영하는 경우도 있지만, 주로 큰 공간을 임대해 작은 공간으로 쪼개서 재임대하는 전대의 형식을 취하는 경우가 훨씬 많다.

임대의 새로운 형태, 숙박용 수익형 부동산

숙박시설은 고객이 잠자고 머무를 수 있도록 공간을 제공하고 요금을 받는 곳이다. 대표적인 숙박용 수익형 부동산으로는 펜션, 리조트, 여관, 모텔, 호텔 등이 있고 최근 유행하는 게스트하우스도 있다. 게스트하우스는 대부분 거주용이지만, 사실상 숙박용 부동산으로 분류된다. 외국인을 대상으로 영업하는 게스트하우스도 늘어나고 있는데, '도시형 민박업'이라는 사업자로 등록해서 운영하기도 한다.

> **게스트하우스(Guest House)** 여행자나 젊은 수요층을 중심으로 가볍게 입주할 수 있는 주거형태다. 침실은 공유하거나 단독으로 사용하는 형태이고, 부엌 및 화장실, 욕실 등은 공동시설인 경우가 많다. 국적이 다른 젊은이들이 가정적 분위기 속에서 긴밀하게 교류할 수 있는 장점이 있다. 유럽, 미국, 호주 등에서 보급된 주거형태인데 최근 우리나라에서도 증가하고 있다. 단독주택이나 원룸 건물 전체를 임대해 외국인 여행객이나 관광객에게 임대하는 위주로 활성화되고 있다.

그 외 오피스텔을 '생활형숙박업'사업자로 등록하고 운영하여 흔히 '레지던스'로 불리는 숙박시설도 도심지에서 인기를 끌어왔다.

이런 종류의 숙박시설들에 관심이 있다면 각각 용도에 맞는 사업자 등록과 영업허가에 관한 부분도 잘 확인해 봐야 한다. 또한, 이러한 부동산들은 임대수익 외에 사업수익에 의존하는 비중이 크기 때문에 사실상 임대목적으로 운영하는 수익형 부동산으로 보기에는 한계가 있다.

주거용 VS 상업·업무용, 고민이라면

지금부터 숙박용 수익형 부동산은 제외하고 주거용과 상업·업무용 수익형 부동산의 장단점들을 살펴보자.

구분	장점	단점
주거용	– 공실률이 상업·업무용에 비해 비교적 낮은 편이다. – 상업·업무용에 비해 비교적 수익률이 높은 편이다. – 경기 변동에 덜 민감하다.	– 신축할 경우 주방, 세대별 화장실, 바닥난방 등의 공사로 인해 상업·업무용에 비해 일반적으로 공사비가 더 많이 든다. – 주거용이다 보니 관리의 이슈가 많아 관리비가 증가한다. – 상업·업무용에 비해 임차인의 이동이 빈번하다.
상업·업무용	– 신축할 경우 주거용과 달리 주방, 바닥난방 등이 생략되므로 공사비가 덜 든다. – 별다른 문제가 없다면 장기적으로 사용하는 경우가 많다. – 관리가 수월하다. – 좋은 입지에 위치한 경우가 많으므로 지가상승률이 높아 높은 매각수익을 달성하는 경우가 많다.	– 경기변동에 민감한 편이다. – 때로는 공실기간이 6개월 또는 그 이상으로 지속되는 경우가 있다. – 상권/위치/입지 등을 고려해 투자하므로 토지 구입비용이 높은 경우가 많다.

　　수익형 부동산으로 주거용이 좋은지 상업·업무용이 좋은지를 두고 고민하는 사람들이 많다. 우리는 그간 수많은 투자자들이 이 두 갈림길에서 고민하는 모습을 볼 수 있었다. 두 가지 유형 모두 장단점이 있어서 "어느 것이 좋다"라고 단정 지어 말할 수는 없고 각각의 장단점과 투자자의 성향을 깊게 고려해서 결정할 필요가 있다. 수익형 부동산은 말 그대로 수익을 목적에 두고 투자하는 것이지만 지나치게 수익만을 추구하는 것은 바람직하지 않다. 투자자 본인의 성향과 감내할 수 있는 스트레스 정도를 파악해 그에 맞는 방향으로 설정하는 것이 좋다. 수익도 수익이지만 어디에 가치를 두느냐에 따라 방향이 달라질 것이다.

주거용 임대사업자, 의무사항이 많아졌다!

주거용 수익형 부동산 중에서 주택임대사업자를 선택했다면 임대주택의 사업장 현황신고와 더불어 구청의 신고의무도 준수해야 한다. 종합부동산세 합산 배제, 준공공 장기임대주택 사업자 등록 시 양도소득세 감면 또는 면제, 취득세 감면 등 정부에서는 일시적으로 주택임대사업자에 대한 파격적인 세제 혜택을 부여했다. 그러나 2020년 8월 기준으로 과거의 이러한 혜택들이 점점 축소되고 있다.

주택 임대사업자에게 지금까지 주로 혜택이 주어졌다면, 이제부터는 임대사업자의 의무사항을 반드시 준수해야 한다. 2020년 6월 정부는 주택임대사업자에 대한 전수조사에 착수했다. 정부는 주택임대사업자가 서민 주거안정을 위한 임대료 상한 의무를 준수하기를 원한다. 임대시장 변화에 따라 주택임대사업자는 마음대로 임대료를 조정할 수 없으며 계약 시 각 지자체에 표준임대차 계약서를 작성하고 신고해야 한다. 주거용을 월세로 임차하는 1인 거주가구 임차인의 요구사항과 수요계층도 다양해졌다.

KB부동산 리브온에 따르면 2020년 5월 기준 서울시 아파트 중위 매매가격은 9억 2,013만원으로 지난해 5월 8억 2,926만원 대비 약 10.96% 올랐다. 아파트 매매가격이 지나치게 높아짐에 따라 전세나 월세 등 임대시장에 머무르는 20~30대 청년층의 수요는 지속될 것이다. 따라서 임대사업을 위한 수익형 부동산 유형 중 가장 안정적인 1인 거주가구를 위한 주택임대사업은 지속적으로 증가하고, 관리시스템도 안착할 것이다. 남들이 주택임대사업을 잘한다고 해서 나도 무조건 잘할 수 있는 것은 아니다. 내게 맞는 수익형 부동산 임대사업의 종류를 찾아야 한다. 투자자 성향에 따라 부동산 자산이 노후대비 불안정한 일자리를 보완해 줄 수 있을 만큼 가치 있는 보물이 될 수도 있고, 골칫덩어리가 될 수도 있다.

주택임대사업의 경우 강화된 부동산 정책에서도 수익형 부동산 임대사업의 본질을 잊지 말자. '공실의 장기화, 너도나도 원룸공급 포화상태, 장기공실에 따른 주택의 슬럼화, 주택임대사업자에 대한 신고의무, 세제 강화 등'이라는 이슈가 있지만, 실제로 수익형 부동산을 임대운영 및 관리하는 우리가 체감하는 바는 그다지 크지 않다. ▲입지가 인정적인 수도권을 중심으로 ▲임차수요자들이 선호하는 임대공간을 공급하고, ▲안정적인 임대관리 운영시스템을 구축하자. 주거용 외에 임대사업을 위한 소규모 수익형 부동산 건물에서도 이 3박자의 운영체계를 구축해야 한다. 9개층 이하 20세대(호) 미만 소규모 수익형 부동산 임대사업의 본질을 제대로 알고 접근한다면, 대대손손 안정적으로 운영 및 유지할 수 있다.

한 지역에 집중하고,
실거주와 임대사업을 구분하자

임대수입을 얻기 위한 꼬마빌딩 투자자들은 앞으로 임대사업이라는 개념으로 접근해 운영 및 관리에 집중해야 한다. 우리는 10년 전부터 꼬마빌딩을 개발하고 임대관리를 하면서 투자자들에게 사업으로 접근할 수 있도록 안내해 왔다. 사업으로 접근한다는 것은 시장을 분석하고, 지역에 맞는 건물로 개발 및 공급하며, 이후 지속적인 임대관리를 위한 사업가의 역량을 갖출 수 있도록 돕는 것을 말한다.

　건물주가 되려는 투자자들과 함께 강남 지역의 꼬마빌딩 개발과 임대관리를 운영하면서 얻은, 임대사업을 하려는 사업자라면 반드시 알아야 할 핵심만을 아래에 정리해 보았다.

하나의 투자유형, 하나의 지역에 집중하라

오피스텔, 아파트, 빌라 한 호실, 구분상가 등으로 여러 종류의 부동산을 포트폴리오로 구성하는 것은 수익형 부동산의 임대운영·관리에서는 오히려 비효율적이다. 물론 자산의 규모가 크다면 가능한 얘기지만 그렇지 않은 경우에는 관리비용이 높아지기 때문이다. 여기서 관리비용이란 임대차계약, 임차인들의 민원, 임대료수금, 임대차관리, 시설관리 등 문제들이 발생할 경우 소요되는 시간과 비용이다. 분산된 수익형 부동산을 임대관리할 때는 임대수익률 계산 시 비용을 꼼꼼히 따져봐야 한다.

지금으로부터 약 17년 전 신 대표님이 성남, 수지, 인천, 수원 등지에 임대수입 목적으로 오피스텔 3호실, 아파트, 다가구주택 등을 구매했다. 경매 등을 통해 구입한 오피스텔을 여러 곳에 분산 투자한 결과, 그 시점에 대출을 이용한 레버리지를 활용해 임대수익률이 연 15% 이상 산출되었다고 한다. 숫자상으로 보면 임대사업을 위한 부동산 투자에 성공한 듯 보였으며 나름 모두 투자호재가 있었던 유망한 부동산들이었다.

하지만 회사를 다니면서 여러 지역에 분산된 부동산들을 관리하다 보니 시간적, 정신적, 육체적 노동에 지쳐갔고, 결국 2년 만에 재매각을 실행하게 되었다. 여기에서 대표님이 얻은 교훈은 투자비용이 적고 많은 부동산을 구매할 수 있다고 해서 지역을 광범위하게 분산시키는 것은 바람직하지 않다는 것이었다. 개인 투자자가 광범위하게 분산된 부동산의 임대관리를 감당하기는 어렵다. 물론 각 지역의 공인중개사 사무소에 관리를 위임할 수도 있지만 실전업무에서는 임대인이 직접 챙겨야 할 요소들이 너무 많다. 그러므로 임대사업을 위한 수익형 부동산의 경우에는 지역과 종류를 하나로 집중하는 것이 좋다.

부동산 전문가들도 각자 자신 있는 부동산 유형이 다르다. 개인 투자자가 부동산 전문가들도 50%의 확률로 예측하는 부동산 시장에서 어떻게 분산 투자에 성공할 수 있을까? 차라리 하나의 유형을 집중해서 연구하고 실행해서 임대관리를 운영하는 쪽의 성공확률이 더 높을 것이다. 따라서 수익형 부동산에 접근할 때는 하나의 부동산 유형을 집중해서 연구할 필요가 있다. 주택, 상가, 사무실, 오피스텔, 공장 등 한 분야를 파고들어 실행해야 한다.

실거주와 임대사업을 구분한다

임대수입이 우선인지 거주할 자가 주택 구입이 우선인지 확실히 하자. 우리를 찾아오는 고객들 중에는 수도권의 아파트 한 채를 매도하고, 거주하면서 임대료를 받을 수 있는 건물을 매입하러 찾아오는 분들이 많다. 이런 고객들은 급매로 나온 데다 내 마음에 쏙 들고 거주까지 가능한 꼬마빌딩을 매입하겠다는 부푼 꿈을 안고 우리를 찾아온다.

하지만 흔히 생각하는 다가구주택이나 상가주택의 경우에는 이미 준공연도가 20년이 경과한 건물이 대부분이다. 다가구주택의 경우 지하 층수를 제외하고 3개층으로 건물을 지을 수 있다. 지하를 포함하더라도 거주할 집을 제외하면, 최대 3개층 정도의 임대공간이 남는다. 여기에 부족한 투자현금을 위해 전세 임대까지 안고 매입하게 되면, 결국 노후한 건물을 이고 지고 살아가는 셈이 된다. 이 경우는 꼬마빌딩 매입 목적에 적합하지 않은 투자라고 볼 수 있다. 거주와 임대수입 중 어디에 더 높은 비중을 둘 건지 판단해서 현명하게 선택하는 것이 바람직하다.

자신의 입맛에 딱 맞춰 월세도 받고, 거주도 할 수 있는 부동산을 매입하기는 무척 어렵다. 거주할 집과 임대료도 받을 수 있는 부동산을 매입하고 싶어 우리를 찾아오는 사람 중 60% 이상은 결국 포기한다. 나머지 40% 중에서도 20% 정도는 자가 주택을 다시 재구매하고, 나머지 20% 정도의 투자자만이 꼬마빌딩의 개발 또는 매입을 선택한다. 매물로 시장에 나와 있는 것은 개발 또는 리모델링을 통해 가치증식을 연구해야 하는 건물들이 대부분이다. 공실이 지속되어 임대관리가 어렵거나, 노후되어 유지관리가 안 되는 건물들이라 실거주와 병행하기는 어렵다는 말이다.

꼬마빌딩을 매입할 때는 입지가 검증된 지역이 좋다. 건물은 얼마든지 새로 만들거나 변경할 수 있지만, 입지는 마음대로 변경할 수 없다. 땅이 다소 작거나 노후되었더라도 입지가 인정된 지역의 건물을 매입해야 한다. 입지가 인정된 지역에는 30대 전후반의 1인 거주가구와 그들을 위한 편의시설이 밀집되어 있다. 임대수입이 목적이라면 지하와 1층은 상가, 나머지 층수는 원룸이나 투룸으로 구성된 유닛이 효과적이다.

누구나 디벨로퍼(Developer)가 될 수 있다!

개발이라는 단어를 처음 들으면 건축업자와 연관 짓는 경향이 강하다. 예전에는 건축업자들이 토지를 매입해 건물을 건축한 뒤, 신축 판매업의 형태로 단기 시세차익에 집중해 개발·공급하는 경우가 대부분이었다. 그러나 시대가 바뀌어 요즘은 개인 투자자들이 직접 개발해 꼬마빌딩을 보유하고자 하는 수요가 증가했다.

외국에서는 이렇게 부동산을 개발하는 사람을 디벨로퍼(Developer)라고 부른다. 규모가 작은 업체부터 대규모 개발을 실행하는 업체까지 다양한 디벨로퍼들이 활동한다. 우리가 그동안 주로 진행한 꼬마빌딩 개발 프로젝트에서도 많은 디벨로퍼들이 탄생했다. 이들은 처음에는 관련 지식이 있든 없든 대부분의 투자자가 어디서부터 시작할지 몰라 눈빛을 반짝이며 필기를 준비한 채 많은 질문을 던진다. 그렇게 시작해서 프로젝트 하나가 끝나면 반은 전문가가 되어 있다. 때로는 하나의 프로젝트 이후 연달아 개발에 성공하면서 규모가 큰 자산가가 된 경우도 있었다. 돌이켜 생각해 보면 우리가 그동안 했던 일이 디벨로퍼를 양성하는 데 도움이 된 것 같아 보람을 느낀다.

건축업자에게서 신축건물을 매입하면 정신적·육체적 스트레스는 없지만, 그만큼 매매가격에 중간이윤이 붙는다. 만약 개인 투자자가 직접 개발할 수만 있다면 신축과 동시에 건축업자가 매매하는 금액만큼 시세차익을 노릴 수 있다. 또한, 전반적인 수익형 부동산의 콘셉트를 잡을 때 건축주인 자신의 요구를 반영할 수 있다. 참고로 임대사업 관점에서는 주로 건물주라고 하고, 부동산 개발 관점에서는 건축주라고 하니 알아두자.

이미 지어진 꼬마빌딩을 매입하더라도 개발 프로세스를 알고 접근하면 임대관리 운영도 훨씬 수월해진다. 추후 장기적으로 보유하게 된다면 리모델링이나 신축도 고려할 필요가 있다. 임대수입을 얻기 위해 수익형 부동산을 매입하는 목적은 안정적인 현금흐름을 구축하는 데 있으므로, 현재 컨디션을 보고 매입하기보다는 추후 부동산의 가치가 오를 수 있는 건물의 개발검토 및 리모델링도 염두에 두고 매입하는 것이 바람직하다. 꼬마빌딩의 매입 시 입지가 인정된 역세권을 중심으로 노후한 건물이 밀집되어 있거나, 아직 인지도가 적은 지역 중에서 매입을 검토하는 것도 방법이 될 수 있다.

따라서 투자자가 직접 개발하지는 않더라도 소규모 꼬마빌딩의 개발 프로세스를 알고 있을 경우, 매입 부동산의 가치평가를 보다 명확하게 도출할 수 있다. 또한, 개발 프로세스를 알면 임대사업을 위한 건물의 시설관리에도 유익하게 활용할 수 있다. 건물의 누수나 승강기에 문제가 발생할 경우 또는 하수구가 막힐 경우 등 다양한 시설문제 발생 시 보다 능동적으로 대처할 수 있어서 유리하다. 투자자가 알고 문제를 해결하는 것과 시설보수업체에만 의지해 해결하는 것 사이에는 비용과 시간절약에서 확실한 차이가 발생한다.

꼬마빌딩
대출 계획 세우기

다음 페이지의 표는 꼬마빌딩의 매입을 위해 대출을 받을 때 필요한 수도권의 1금융권 담보인정비율을 정리한 것이다.

꼬마빌딩 매입 시 요즘은 대부분 대출을 동반하는 것이 추세. 낡은 부동산을 사서 허물고 신축개발할 경우도 마찬가지다. 대출로 부족한 자금을 조달할 때 도움을 받는 금융기관의 종류는 상당히 다양한데, 이왕이면 제1금융권을 통해서 자금을 조달하는 것이 훨씬 유리하다. 자금을 빌려서 사용하는 비용이 제2 혹은 제3금융권보다 비교적 낮기 때문이다.

2020년 8월 제1금융권 기준으로, 어떤 프로젝트를 수행하기 위해 대출을 받는다고 가정하고 다음의 예들을 살펴보자.

■ **꼬마빌딩 매입을 위한 대출한도 인정비율**(2020년 8월 검토안)

구분 서울특별시	담보인정 비율(%)							
	아파트	단독주택	다가구주택	다세대주택	상가주택	일반상가	빌딩	오피스텔
강남구	82	78	78	80	75	77	75	80
강동구	82	78	78	80	75	75	75	75
강북구	82	80	80	74	75	75	75	70
강서구	82	80	80	80	75	70	75	75
관악구	82	80	80	80	80	75	75	80
광진구	82	80	80	80	75	70	75	80
구로구	82	80	80	80	75	70	75	75
금천구	82	80	80	80	75	70	75	75
노원구	82	80	80	75	75	70	75	75
도봉구	82	78	78	75	75	75	75	75
동대문구	82	80	80	80	75	69	75	80
동작구	82	80	80	80	75	70	75	75
마포구	82	80	80	80	75	70	75	80
서대문구	82	80	80	77	75	75	75	75
서초구	82	80	80	80	75	70	75	80
성동구	82	80	80	80	75	70	75	75
성북구	82	80	80	78	75	75	75	70
송파구	82	80	80	80	75	72	75	75
양천구	82	80	80	80	75	70	75	78
영등포구	82	80	80	80	75	75	75	80
용산구	82	80	80	80	75	75	75	80
은평구	82	80	80	80	75	75	75	80
종로구	82	80	80	78	75	75	75	75
중구	81	80	80	80	75	73	75	78
중랑구	82	80	80	80	75	68	75	70

※ 자료: S은행(위 내용 관련 대출가능 금액은 금융기관별, 시기별, 개인의 신용에 따라 차이가 있으니 해당 금융기관에 직접 확인 바람)

30년 넘은 단독 주택 매입 & 신축

첫 번째로 서울 성북구 성북동에 대지면적 98.01평(324㎡), 지하를 포함한 연면적 49.21평(162.68㎡)인 약 30년 이상 된 단독주택을 매입해 신축하려고 한다고 가정하자. 현재 지하 1층, 지상 1층, 지상 2층으로 총 3개층을 전부 주거용으로 사용 중이다.

해당 토지와 건축물의 매매가가 14억 8,000만원이고, 예상 감정가가 13억원이라고 가정하자. 앞의 표에서 성북구 단독주택의 담보인정비율 80%를 곱하면 담보인정가액은 10억 4,000만원이 된다. 주거용의 방 숫자는 총 6개이므로 6×3,700만원 = 2억 2,200만원이고, 담보인정가액 10억 4,000만원에서 2억 2,200만원을 차감하면 실제 대출가능금액은 8억 1,800만원이 된다. 여기서 간혹 신축공사비의 일정 부분 대출이 가능한 경우도 있다. 그러한 조건들은 대출받으려는 건축주의 상황과 신용도에 따라 다르니 직접 금융기관과 구체적 내용으로 상담해 봐야 정확히 알 수 있다.

2020년 8월 기준으로 투기지역과 투기과열지구에서 15억원을 초과하는 단독주택, 다가구주택, 다세대주택, 아파트 등의 주거용 부동산을 매입할 경우 단돈 1원도 대출이 불가하다는 점을 참고하길 바란다.

29년 된 근린생활시설 매입 & 리모델링

두 번째로 종로구 숭인동에 대지면적 82.67평(273.3㎡), 연면적 237.83평(786.22㎡)인 준공 후 약 29년이 지난 근린생활시설 건물을 매입한다고 가정하자. 오래되고 낡은 건물이라 매입 후 곧장 리모델링 공사를 할 계획이라 매도인의 명도를 조건으로 계약을 체결한다. 매입 금액은 30억원이고, 감정가는 26억원이다.

앞의 표에서 봤듯 감정가에 종로구 빌딩의 담보인정비율 75%를 곱하면 담보인정가액은 19억 5,000만원이 된다. 여기서 근린생활시설의 경우 소액보증금으로 담보인정가액의 1/6을 차감하게 된다. 이때 건물 내 점포의 수 × 해당 지역별 최우선변제금의 결과금액과 해당 부동산의 담보인정가액의 1/6에 해당하는 금액 중 큰 금액을 차감한다. 여기서는 담보인정가액의 1/6에 해당하는 금액이 더 크므로 소액보증금 3억 2,500만원을 차감하면 실제 대출 가능금액은 16억 2,500만원이 된다.

강남의 상가주택 매입

세 번째로 강남구 논현동에 대지면적 58.41평(193.1㎡), 지하를 포함한 연면적이 153.2평(506.56㎡)인 건물이 있다고 가정하자. 이 건물은 지하 1층부터 지상 2층까지는 근린생활시설이고, 지상 3층부터 지상 5층까지는 주거용 다가구주택이다. 전체 연면적 중 근린생활시설이 차지하는 지하 1층, 지상 1층, 지상 2층의 합계면적은 82.74평(273.5㎡)이다. 또한, 주거용인 지상 3층, 지상 4층, 지상 5층의 총 면적은 70.50평(233.06㎡)이다. 여기서 근린생활시설 비중이 약 54%를 차지하므로 이 물건의 대출에는 상가주택의 기준을 적용할 수 있다.

해당 토지와 건축물의 매매가가 38억원이고, 예상 감정가가 33억원이라고 가정하자. 앞의 표에서 봤듯 강남구 상가주택의 담보인정비율 75%를 곱하면 담보인정가액은 24억 7,500만원이 된다. 주거용의 방 숫자는 총 8개이므로 8×3,700만원 = 2억 9,600만원이고 근린생활시설의 총 보증금은 9,000만원이므로 3억 8,600만원을 차감한다. 따라서 실제 대출 가능금액은 24억 7,500만원-3억 8,600만원 = 20억 8,900만원이 된다.

부동산의 개발은 주로 부동산담보대출과 사업자시설자금대출로 진행되는 경우가 많다. 이자율은 금융기관별로 차이가 있으며 차주의 상황과 신용도에 따라 다르다. 2020년 8월 제1금융권 기준 2.4~3.5% 정도로 예전에 비해 현저하게 낮은 저금리로 자금조달이 가능해졌다.

요즘 유행하는 똘똘한 꼬마빌딩 한 채를 개발할 경우, 주택 비중을 줄이고 업무용과 상업용 비중을 높이는 것도 방법이 될 수 있다. 아예 근린생활시설 꼬마빌딩을 매입하는 것도 대출 제약에서 벗어날 수 있는 방법이다. 다만, 어느 정도 주거 비중이 혼합된 형태를 선택해야 보다 안정적으로 임대사업을 유지할 수 있다.

임대사업을 위한 꼬마빌딩에 투자하는 투자가는 수시로 바뀌는 부동산 정책과 세제 정책에 흔들리면 안 된다. 앞에서 부동산 투자의 원칙은 입지라고 설명했다. 임차수요가 다양하고 풍부한 지역의 입지에 꼬마빌딩을 보유하고 있다면, 소득에 대한 세금을 성실하게 납부하는 한편 전문적인 임대관리로 끝까지 건물을 지켜내는 것을 추천한다. 매월, 매년, 수십년 받은 월세로 생활도 하고 저축도 하면서 인근 지역의 개발과 변화추이를 지켜보며 임대사업을 영속적으로 운영하자. 시세차익을 노려 사고파는 것이 아니라 사서 월세 받아 생활하는 것이 바로 꼬마빌딩이다.

건물이 노후해 개발이 필요한 시점에 차라리 제대로 다시 지어 대대손손 물려줄 수 있는 똑똑한 꼬마빌딩 한 채를 보유하는 방법에 집중하자. 예전이나 지금이나 방식과 방법에는 차이가 있지만 본질은 변하지 않는다. 핵심입지에 토지를 보유하면서 그 토지에 필요한 건물을 지어 현금을 창출하는 것이 바로 핵심이다. 지역은 어디든 상관없다. 먹고, 자고, 입고, 근무하고, 즉 어떤 공간이든 우리에게 없어서는 안 될 절대적인 공간을 필요한 사람에게 제공해 임대사업을 운영하고, 내가 보유한 부동산 자산을 안전하게 보유하는 것이 꼬마빌딩 임대사업이다.

자산이 불어나는
속도가 다르다

꼬마빌딩 수익률 VS 은행이자

다음 페이지의 표는 10억원을 은행에 정기예금으로 예치했을 경우와 같은 10억원을 투자해 꼬마빌딩을 매입해 운용했을 경우를 가정해 비교한 것이다. 10년 동안 운용한다고 가정하면 엄청난 차이를 실감할 수 있다. 이 표와 같은 방법으로 투자금 10억원이 두 배가 되는 시점을 계산해보자. 꼬마빌딩에 투자해 운용할 경우 원금이 두 배가 되는 기간은 19년이고, 은행예금의 경우에는 93년이 걸린다. 그나마 연복리가 아닌 단리로 계산하면 130년이 넘어간다. 그야말로 깜짝 놀랄 만한 결과다.

이런 접근 방법이 우리에게 주는 깨달음은 세 가지다.

첫 번째는 자산이 불어나는 속도에 크게 차이가 난다는 것이다. 특히, 저금리 시대에는 차이가 확연하다. 금리가 높아지고 경기가 나빠지면, 조용히 임대사업을 유지하고 있으면 된다. 은행에 예금한다면 죽기 전에 내가 예치한 자산이 두 배가 되는 것을 보기는 거의 불가능하다. 그 외 채권이나 저축성 보험도 크게 다르지 않다. 주식이나 파생상품

단위: 원

초기투자금 1,000,000,000	은행 금리 0.75%	수익형 부동산 수익률 5.0%
1년	1,007,500,000	1,050,000,000
2년	1,015,056,250	1,100,375,000
3년	1,022,669,172	1,151,127,813
4년	1,030,339,191	1,202,261,271
5년	1,038,066,735	1,253,778,231
6년	1,045,852,235	1,305,681,567
7년	1,053,696,127	1,357,974,179
8년	1,061,598,848	1,410,658,985
9년	1,069,560,839	1,463,738,928
10년	1,077,582,545	1,517,216,970
가정	1. 세전 수익률 기준. 2. 은행 연복리로 계산함. 3. 수익형 부동산의 수익률은 관리운영비용 차감한 수익률. 4. 건물의 감가 / 지가변동 / 임대료변동 고려하지 않음. 5. 은행에 따라 이자율에 차이가 있으니 참고 바람.	

과 같은 고위험 자산에 투자한다면 혹시 모를까.

하지만 말 그대로 고위험이어서 원금 손실에 대한 위험이 항상 도사리고 있기에, 지금처럼 낮은 금리 아래에서는 한 번 손실을 입으면 만회할 기회를 갖기가 정말 힘들 수도 있다. 그에 비하면 꼬마빌딩은 자산을 불리는 도구로서 충분히 안전하다.

두 번째로 꼬마빌딩을 통해 단순히 현금흐름만 얻는 것이 아니라 지가상승에 의한 자산가치 증가까지도 기대할 수 있다는 것이다. 적어도 아직까지는 부동산 가격이 계속 오르고 있기 때문이다. 이 부분은 꼬마빌딩뿐만 아니라 거주용 주택, 법인 또는 개인사업자가 사업에 사용하려는 부동산 등도 마찬가지다.

세 번째로 앞의 표에서 보듯이 내가 10억원의 꼬마빌딩을 보유하고 있다면, 직접 수입을 얻기 위해 반복적이고 제약적인 일상생활을 하지 않아도 연봉 5,000만원을 자동으로 버는 것과 같은 효과를 얻을 수 있다는 것이다. 실제 내 연봉이 5,000만원이라고 가정한다면 또 하나의 내가 나를 위해 경제활동을 하는 셈이다. 단순히 금융기관에 예치하는 것과는 비교가 안 될 정도로 성과의 차이가 크게 발생하는 것을 알 수 있다.

이처럼 꼬마빌딩을 보유하고 운용한다는 것은 든든한 동반자와 함께하는 것과도 같다. 아마도 그래서 수많은 사람들이 노후대책으로 임대료를 받는 임대사업자를 꿈꾸는 것이 아닐까? 더 이상 시간을 지체할 필요가 없다. 그중에서도 가장 현실적인 방법은 지금 바로 '실행'하는 것이다.

토지를 사는 순간부터
수익 내는 법

어떤 건물이든 매도시점을 생각한다

이미 지어진 꼬마빌딩을 매입할 경우에도 수익형 부동산 개발 메커니즘을 이해하고 투자하면 성공확률이 높아진다. 꼬마빌딩을 직접 개발한다면 아예 매각시점까지 고려해서 개발 규모를 검토하는 게 좋다. 현재의 지역분석을 기반으로 미래를 예상하고 개발하는 것이다. 꼬마빌딩을 매입하면 말 그대로 그 시점부터 수입이 창출되어야 하며, 신축 개발까지 진행할 경우 개발위험 부담에 따른 가치 차이까지 투자자의 것이 되어야 한다.

이미 지어진 건물을 매입하는 경우 투자자는 건물 컨디션과 높은 임대 수익률을 중점적으로 두고 판단하게 된다. 투자자 입장에서는 자신이 보유한 현금 대비 임대료가 높고 건물 컨디션까지 우수하다면 꼬마빌딩의 매입을 실행하게 된다. 수도권 이외의 지역이라면 수도권보다 임대수익률이 높아야 할 것이다. 건물을 개발하는 데 드는 시공비용은 거의 비슷하다. 건물의 연면적에 건축비용을 계산하면 건물 가격이 나오고 그 나머지가 땅값이 된다. 지방의 경우에는 9개층 이하의 소규모 수익형 부동산 건물의 경우 연수익률 5~10% 이상을 유지하는 건물이 많다.

서울시의 경우 2020년 기준 연 3~6% 정도의 임대수익률이 나와야 투자자가 매입 의사결정을 한다. 서울 외곽지역이나 수도권의 경우 기대수익률이 좀 더 높아지는 것이 일반적이다. 투자자가 잘 아는 지역이라 하더라도 가장 먼저 임대수익률이 타당한지부터 분석해 봐야 한다. 우리는 임대사업을 하는 것이지 양도차익을 바라보고 접근하는 것이 아니다. 물론 장기로 보유하다 보면 물가상승률에 부합하거나 기대 이상의 양도차익이 발생하는 경우가 많으므로 장기적인 투자관점으로 접근해야 한다.

그런데 건물 컨디션도 우수하고, 수익률도 높은 꼬마빌딩이 매각으로 나올 확률이 얼마나 될까? 대부분은 조금 아쉽고 수익률도 낮은 상태의 건물이 매각을 위해 시장에 나올 것이다. 바로 이 점 때문에 우리는 꼬마빌딩의 개발과 리모델링 방법을 학습해야 한다. 가치를 올릴 수 있는 방법이 있다면 저평가된 건물을 매입해 그 방법을 실행하면 된다.

지어진 건물을 매입해 관리에 힘써 보자

일단 건물은 아파트보다 환금성이 떨어진다. 또, 건물주가 매각을 결정하고 소유권 이전까지 통상적으로 1년 이상 걸린다. 그러다 보니 요즘은 오히려 이미 지어놓은 꼬마빌딩을 매입하는 것이 유리할 수 있다. 2008년부터 2013년 사이에는 수도권의 주택을 중심으로 꼬마빌딩 개발이 활발했다. 역세권 인근에 도시형 생활주택을 건축하면, 주차장법의 일시적 완화에 따라 원룸 건물을 콤팩트하게 지어서 임대수익률을 극대화할 수 있었다. 이후 10년 이상 시간이 흘렀다면 지금부터 서서히 건물 수리비용이 지출될 것이다. 그렇다면 시기적으로 이미 지어져 리모델링이 가능한 꼬마빌딩을 매입하는 것이 유리할 수 있다.

건축 법규 한도 내에서 주차장법 혜택에 따라 용적률을 가득 채워 건축한 경우, 골조만 튼튼하다면 리모델링을 통해 안정적으로 임대사업을 유지할 수 있다. 우리가 관리하는 건물들만 보다가, 지인들이 임대사업을 운영하는 임대건물에 문제가 발생해 방문하면 가끔 놀랄 때가 많다. 내부 임대공간 관리가 의외로 소홀해서다. 적어도 벽면의 도배 상태, 전등 기구 작동 상태, 청소 상태를 비롯해 욕실에 곰팡이나 녹물 자국은 없어야 한다. 임대료가 인근 시세보다 저렴하다고 해서 임대공간의 질을 떨어뜨린다면 임대사업의 기본자세에 문제가 있다고 봐야 한다.

개발이나 리모델링의 경우 재매각 시점도 고려해야 한다. 수도권 지역에서는 재매각 수요자를 찾기 어렵지 않다. 하지만 지방의 경우에는 입지가 확실한 역세권에 핵심상권이 형성된 지역이 아니라면, 노후한 건물을 매각할 때 매수자를 구하기 어려운 상황이 종종 발생한다. 이때를 대비해서 현재 건물의 컨디션뿐만 아니라, 추후 재매각 시점에 리모델링이 가능한지, 상가나 사무실로의 용도변환이 가능한지 등을 미리 생각하고 매입을 결정해야 한다.

무엇보다 건물은 한 번 건축하면 최하 30년 이상 존속, 유지, 운영되어야 한다. 제한된 토지 내에서 만들어진 임대공간은 한번 건축되면 면적을 늘리거나 용도를 바꾸기가 쉽지 않다. 개발시점에 이미 충분한 고민을 거쳐 최적화된 설계와 튼튼한 골조는 재매각 시점에도 확실하게 보답해 준다. 골조만 튼튼하면 간단한 수선이나 리모델링만으로도 임대사업을 30년 이상 안정적으로 운영 및 유지할 수 있다. 여기서 가장 어려운 점은 가장 모던하면서도 군더더기 없이 기본과 정도에 충실하게 설계와 시공을 하는 것이다.

3부

실전! 땅 사고,
건물 짓고,
임대하는 법

나는 어떤 유형의
투자자일까?

꼬마빌딩의 투자자 유형

다양한 유형의 부동산 투자자들이 존재한다. 보다 효과적으로 투자하기 위해서는 자신이 추구하는 투자 목적에 적합하게 사업자 본인이 정보력을 동원할 자신이 있는 지역을 선택해야 한다. 자신의 투자유형이 어디에 속하는지 선택해 보자.

❶ 부동산 자산에 투자하여 장기적으로 보유만 하다가 매도하려는 투자자 → 안정적인 자본이득을 추구

❷ 매입 즉시 월세가 나오는 꼬마빌딩을 사려는 투자자 → 개발에 따른 위험을 줄이고 임대수입을 추구

❸ 자신이 거주하면서 임대수입도 얻으려는 투자자 → 실거주 + 임대 안정적인 부동산 투자를 선호

❹ 입지가 우수한 부지에 상가 건물을 보유하려는 투자자 → 투자현금을 확보한 상태이며, 높은 임대수익보다는 장기적인 자본이득을 선호

❺ 내가 원하는 대로 꼬마빌딩을 신축해 임대사업을 하려는 투자자 → 수익형 개발 프로세스를 이해하고, 임대수입과 자본이득을 동시에 추구

❻ 적은 자본으로 높은 매매차익을 기대하는 투자자 → 실행 확률이 매우 낮음

내가 원하는 수익형 부동산의 종류와 형태의 기준을 잡아보며 범위를 줄여나가야 한다. 그러다가 실행할 수 있다는 자신감이 생기면 투자를 시작하자. ❻번 유형은 항상 존재하는 투자자 유형이다. 이 유형은 매물검색, 답사, 분석, 검토에 많은 시간을 투자하다 기회를 놓친다. 그러고는 그사이에 너무 많이 상승한 토지가격에 부담을 느끼고 결국엔 포기해 버린다.

부동산 투자를 위해 검토하는 동안에도 부동산 가격은 계속 변동한다. 어느 순간 하락할 수도 있고 상승할 수도 있다. 지난 시간 동안 부동산 가격의 흐름이 어떻게 변해 왔는지 아는 사람들은 과거 부동산 가격에 발목을 잡혀 투자에 대한 자신감도 떨어지고 결국 실행 확률도 매우 낮아진다. 그 원인은 부동산 투자에 대한 비합리적인 욕심에서 찾을 수 있다. 최소 자본으로 최대수익을 올리려는 목적은 누구나 설정할 수 있지만, 그것을 비합리적으로 진행하는 순간 실행 가능성이 희박해지는 경우가 흔하다.

전문가들은 과거 데이터와 현재 부동산 시장에서의 정책과 변동성을 놓고 부동산 시장의 미래를 예측한다. 우리가 경험한 바에 의하면 부동산 시장의 미래는 아무도 모른다. 그저 부동산 투자 목적을 명확히 하고 실행하면 된다. 부동산 시장이 폭락할 때와 급등할 때의 화폐가치를 분석해 보고, 결과적으로 어떻게 되었는지 스스로 판단해 보자. 결국 자신의 투자 목적에 맞게 부동산 투자를 실행하는 것이 현명하다.

부동산 투자에서 가장 중요한 것은 투자자가 마음에 드는 부동산을 매입해야 한다는 것이다. 누가 봐도 확실한 투자라고 하더라도 투자자가 마음에 들어하지 않으면 실행되지 않는다. 부동산에도 임자가 있다. 우리가 볼 때 매력 없는 부동산도 다 임자를 찾아간

다. 아무 생각 없이 중개사무소에 들렀다가 부동산을 매매하는 경우는 없다. 설령 준비 없이 갔다가 덜컥 매매하더라도 분명히 마음속에는 이전부터 갖고 있던 투자 목적이 있게 마련이다. 투자자가 부동산 투자 목적을 잡고, 이를 구체화해서 선택해야 비로소 실행이 가능하다.

이 책을 읽는 독자들도 마찬가지로 임대수익을 창출하는 꼬마빌딩 투자를 목적으로 삼을 것이다. 직장이나 교육문제로 대출 받아 실거주 목적으로 산 집이 두 배나 세 배로 상승한 것도 투자고, 은퇴를 앞두고 불안한 마음에 임대료를 받기 위해 오른 아파트를 처분하고 건물을 하나 매입하는 것도 투자다. 혹은 목돈이 여의치 않아 전세임대를 승계해 적은 현금으로 매매해 차익을 남기는 것도 투자다. 우연한 기회에 경매물건을 낙찰 받는 투자도 있고, 요즘엔 단독주택을 매입해 게스트하우스로 수익을 창출하는 투자도 있다.

이 모든 투자 방법은 우연히 발견하는 것이 아니라 자신도 모르는 사이에 스스로 원하는 투자를 선택한 것이다. 자신이 보유한 현금과 매월 발생하는 월급 또는 소득을 예상하고, 이에 따라 부동산 투자 목적과 형태를 투자자가 직접 결정해야 한다. 투자를 하다 보면 손해를 볼 수도 있고 수익을 얻을 수도 있다. 투자자가 자신이 원하는 부동산 형태와 목적을 명확히 하고 실행할 때 부동산 투자에서 실패할 확률이 줄어든다.

10년 전 인연을 맺은 강남 임대사업자(건물주) 김경희(50대 초반, 가명) 씨의 투자사례를 간단히 살펴보자. 수년 만에 내린 폭설로 강남의 모든 길이 얼어붙어 차량이 다닐 수 없는 날이었다. 이 투자자는 그 궂은 날 오피스텔 매입을 의뢰하기 위해 지하철을 타고 우리 사무실을 방문했다. 남편과 함께 직장생활을 정리하고, 퇴직연금을 수령함과 더불어 임대수입을 얻을 수 있는 오피스텔을 2~3채 정도 매입해서 안정적으로 노후를 대비하고 싶어 했다. 그 당시만 해도 강남의 오피스텔 수익률은 7% 이상이었으며, 현금 3억원에 대출을 이용하면 강남 지역에서 12.1평(40㎡) 이하 오피스텔 2호실 매입이 가능했다.

김경희 씨는 매입 목적과 현금보유량, 부동산의 형태를 명확하게 결정하고 우리를 찾아왔으며, 안정적인 임대수입과 동시에 강남이라는 입지적 안정성을 원한다고 확실히 밝혔다. 이럴 때 비로소 투자자의 요구분석이 제대로 이루어진다. 장시간을 할애하지 않아도 투자 목적에 맞는 물건 제안이 수월해지고, 임대사업을 위한 수익형 부동산에 최적의 사업지 규모 검토가 가능하다. 이 경우는 사업지 규모 검토와 기획만 잘 잡으면 즉시 임대사업을 진행할 수 있는 경우였다. 투자 목적이 명확했기에 그에 맞는 부동산 물건을 쉽게 제안할 수 있었고, 바로 다음 날 매입계약을 진행하게 되었다.

김경희 씨 부부는 오피스텔 2호실을 매입하며 처음으로 강남구에서 임대사업을 시작했고, 오피스텔 임대사업을 운영하면서 운영·관리 실무를 파악한 투자자였다. 풍부한 임대수요와 만족도 높은 임대수익률은 이 투자자에게 새로운 투자기회를 열어 주었다. 부부 모두 은퇴해서 수입이 없기에 불안한 상황이었지만, 고령인구 증가시대에 50세는 많은 나이가 아니므로 은퇴 이후 생계수단을 강구하는 것은 당연한 일이었다.

김경희 씨 부부는 현금 3억원 외에 여유자금 4억원 정도를 가지고 있었다. 포트폴리오 분산투자를 위해 부동산 공부 중이었는데, 나머지 현금 4억으로 어떤 유형의 부동산에 추가로 투자하면 좋겠냐고 우리에게 의뢰해 왔다. 그런데 그때 마침 우리가 검토하던 역삼동 인근에 매우 저평가된 사업성 높은 토지매물이 있었고, 개발을 위해 사업지 분석을 마친 상태였다. 10년 전 강남구에는 신축원룸이 부족했기에 개발 타이밍이 좋았다. 게다가 해당 토지의 단독주택을 상속받은 자녀들은 빠른 현금화를 원했다. 이런 경우에는 더러 급매로 진행되기도 한다.

김경희 씨 부부는 수익형 오피스텔 운영을 통해 강남 지역의 풍부한 임대수요와 관리 실무를 파악했고, 수익형 부동산에 대한 자신감도 얻었다. 따라서 경험이 없는 신축개발과 완공된 건물의 15세대(호)의 임대관리를 도와주면 되었다. 물론 공짜는 아니었다. 부부는 그에 타당한 비용을 지출했다. 비용을 지불하더라도 자신이 모르는 부분의 위험을 상쇄할 수 있다면, 그것 또한 합리적인 투자다.

2008년 제1금융권의 대출 금리는 6~7%였는데, 이 부부가 가진 현금 7억원이면 이 단독주택이 있는 대지 56평(약 185㎡)에 5층 건물을 건축할 수 있었다. 은퇴 후라 수입이 전혀 없었지만, 이 부부는 최악의 경우 보유 중인 오래된 아파트 매도까지 결심하고 신축개발을 실행하기로 결정했다. 위험은 높게, 수익은 낮게 잡았다. 최악의 수까지 고려한 부부는 이전에 한 번도 해 보지 않은 개발을 실행했다. 지금 생각하면 정말 대단한 멘탈과 학습능력을 가진 분들이었다.

김경희 씨 부부는 매매계약과 동시에 우리와 함께 신축건물에 대한 공부를 시작했다. 부부는 의사결정이 확실해지자 과감하게 진행해 나갔다. 7억원으로 꼬마빌딩 개발사업을 실행했고, 결과적으로 현재 강남에 위치한 50억대의 꼬마빌딩에서 매월 안정적으로 임대료를 받고 있다. 임대관리 운영은 현재도 우리가 하고 있다. 지금은 경기도 안성에 텃밭이 있는 마당 넓은 전원주택에서 이른 은퇴 후 제2의 인생을 즐기고 있다.

이 부부 투자자는 은퇴 후 10년이라는 시간 동안 부동산 개발 및 투자를 우리와 함께해 왔다. 가장 처음으로 개발한 역삼동 꼬마빌딩을 2년 후 매각하고, 매각한 금액으로 연남동에서 같은 방법으로 개발해 5년 후 매각했다. 이렇게 증식한 자금을 바탕으로 역삼역 역세권에 꼬마빌딩을 다시 매입하고, 전원주택에서 거주하는 것으로 수익형 부동산 투자를 마무리했다. 이 사례에서 볼 수 있듯 투자자의 요구분석은 임대사업을 위한 임대사업자(건축주)의 결정을 바탕으로 실행된다.

예비 건물주,
전체적인 그림을 그려라!

부동산은 사라지지 않는 자산 유형이다. 모든 시장이 무너질 때도 그 자리에서 그대로 버티고 있다. 그중에서도 꼬마빌딩은 투자자의 대출을 커버해주고, 생활이 가능하도록 매월 현금흐름을 창출해 낸다. 자신의 투자성향, 현금 보유량, 꼬마빌딩의 종류 중 어느 종류의 사업에 관심을 갖고 있는지 치열하게 고민해야만 꼬마빌딩 개발을 실행으로 옮길 수 있다.

부동산에 관한 계획을 세울 때는 구매 지역, 구매가격, 구매 유형, 부동산의 상태 및 해당 부동산에 대한 모든 세부 사항을 결정해야 한다. 개발이나 리모델링에 대한 부담감이 크다면 이미 지어진 신축 건물을 매입하면 된다.

토지를 사서 건물을 신축하는 이유는 이미 개발된 꼬마빌딩을 매입할 경우 매매금액 대비 임대수입이 낮기 때문이다. 매매금액에 건물가격과 입지가격이 반영되므로 그만큼 임대수익률은 낮아진다. 적어도 강남 지역에서는 그렇다. 투자자금이 충분하다면 입지와 투자 안정성을 고려해 이미 개발된 번듯한 부동산을 매입해도 된다. 이런 경우에는 당장의 현금흐름은 안정적으로 유지만 하고, 보유에 따른 자산가치 증가에 더 비중을 두게 된다. 입지가 인정된 강남 지역의 안정적인 부동산에 투자하는 데 주된 목적이 있는 것이다. 물론 자금 조달능력이 충분한 투자자들도 입지를 우선으로 본 다음 그곳에 위치한 노후한 건물 매입을 선호한다. 그만큼 가치 차이를 가져가는 재미를 알기 때문이다.

자신의 투자 성향도 고려해야 한다. 특히 대출을 받는 경우 부채 감당 능력이 중요하다. 꼬마빌딩의 개발기간 동안 매월 납부하는 대출이자를 감당할 수 있어야 한다. 혹시 모를 공사지연에 따른 대출 이자납부 능력도 필수다. 부동산 투자를 실행할 때 대출만 받아도 멘탈이 무너지는 투자자들이 있다. 이런 투자자들은 대출을 줄이거나 아예 받지 않기 위해 전세를 안고 매입한다. 우리나라에만 있는 임대형태인 전세제도는 부동산 투자자들에게 훌륭한 자금조달 수단이다.

일시적인 부채비율이 부동산 자산의 50%가 넘어도 위험하게 여기지 않고 사업이라는 마인드로 과감하게 접근하는 투자자가 있는 반면, 대출이 50%나 된다는 압박감으로 투자 실행 전에 이미 스트레스와 압박감을 견디지 못하는 투자자도 있다. 즉, 투자자의 성향에 따라 부동산 투자에 대한 사업지 요구분석도 달라져야 하며, 꼬마빌딩에 대한 투자접근 방식도 전혀 다르게 이루어져야 한다. 그 결과에 따라 사업지 규모 검토 대상을 좁힐 수 있다.

무엇보다 자신이 부동산에 투자하는 궁극적인 목적이 무엇인지 명확히 알아야 하며, 투자자가 스스로 명확한 의사결정을 내리는 것이 선행되어야 한다. 의사결정이 끝났다면 이제 실행으로 옮길 차례다. 실행을 위해 전문가들에게 의견을 구할 때는 자신의 투자 목적, 현금보유량 등 명확하고 구체적인 정보가 필요하다. 그렇지 않으면 자신의 부동산 투자 목적과 전혀 다른 부동산 매물들을 제안받게 되고, 원하는 정보도 제대로 얻지 못한다.

가족과 실거주하는 것이 목적이라면, 직장과 근접하고 학군 좋은 지역에 구매하면 된다. 증가하는 1인 거주가구를 위한 임대사업을 원한다면, 수도권 중 역세권의 원룸 형태 건물을 매입하면 된다. 꼬마빌딩은 부동산 투자와 동시에 매월 임대수입이라는 현금 흐름도 만들어준다. 사고팔고 하지 않아도 내 자산을 보유하면서 매월 현금도 생기는 것이다. 꼬마빌딩 투자는 장소를 개발하고, 마케팅하고, 적절한 임차인을 선별하고, 수년에 걸쳐 유지하는 사업을 통해 현금흐름을 얻는 것임을 다시 한번 알아두자.

주택과 업무용을 구분해서 세무를 관리하는 것도 필요하다. 현금흐름의 성공열쇠는 사업자의 역량에 달려 있는데, 요즘 개인 투자자들은 단순한 매입에서 한 걸음 더 나아가 개발까지 과감하게 실행에 옮기고 있다.

투자자 스스로 목적을 명확히 해야 한다. 그렇지 않으면 이 지역에 현재 나온 물건들 중 가장 경쟁력 있는 꼬마빌딩을 아무리 좋은 매물로 제안하고, 꼬마빌딩 개발 사업지에 대해 분석하고 설명해도 시간낭비가 될 뿐이다.

개인의 자산을 증식하는 방법은 사업체 운영소득이나 직장소득이 일반적이고, 이외에는 배당금, 이자소득, 임대수입 등을 자산증식을 위해 투자한다. 우리가 젊은 시절부터 강남의 부자들을 상대하면서 알게 된 부동산 부자들의 성공방법은 단순했다. 내 자산을 증식하기 위해서는 먼저 기회와 욕심을 구분해야 한다. 내 수준에서 감당할 수 있는 부동산에 투자해야 함은 물론이다. 부동산 투자에서 실패한 원인을 간단히 정리하면 지나친 욕심과 남들 따라 하기라고 할 수 있다. 투자 목적을 분명히 알고 접근해야 한다. 또한, 꼬마빌딩 개발은 투자자들이 관심은 많지만 선뜻 실행하지 못하는 어려운 투자다. 그 어느 유형의 부동산 투자보다도 장기적이고 안정적으로 운영할 수 있음에도 불구하고 아직까지는 꼬마빌딩의 개발부터 임대운영에 이르기까지 정보가 부족하기 때문이다. 하지만 정보나 경험의 부족으로 인한 막연한 두려움과 비례해 개발에 성공하면 부동산 자산에 그만큼 개발 가치가 더해지므로, 꼬마빌딩을 개발하려는 투자자는 보다 구체적이고 객관적으로 접근해야 한다.

저평가된 토지란
어떤 토지일까?

꼬마빌딩 신축개발 시 토지가치 평가에서 개발을 위한 토지매입가격이 저평가되어 있어야 투입되는 건축비용을 상쇄할 수 있다. 토지매입가격과 건축비용을 비롯하여 건물 준공에 따른 세금 등을 계산해 투입되는 총비용부터 산출하자. 이때 건축기간에 발생할 대출이자를 충분히 반영한 비용으로 산출해야 한다. 그런 다음 산출한비용에 시장 임대료를 반영해 수익률을 분석해야 한다. 여기서 '토지'란 사업부지로서 멸실을 계획에 포함해 구 건물이 있는 경우까지 포함한다.

저평가된 토지 찾기

꼬마빌딩을 매입하려는 투자자들이 어려워하는 것이 저평가된 토지를 어떻게 찾느냐하는 것이다. 먼저, 욕심을 버리고 사업목적에 맞춰 순수하게 접근하는 것이 필요하다. 2012년 임대사업을 위해 신축개발까지 실행했던 한 개인 투자자도 꼬마빌딩에 요구되는 토지 면적을 과감히 포기하고 강남의 인정된 입지를 선택했다. 꼬마빌딩 개발 분석

시 일반 아파트나 주상복합건물의 투자방법과는 다르게 접근해야 한다. 임대료를 받기 위해 개발까지 참여하는 이유는 부동산 가치를 높이기 위해서다. 임대수입을 얻으려는 목적에 충실해야 하는 만큼 투자자 개인 취향의 욕심을 버려야 하고, 합리적으로 의사결정을 해야 한다.

"요즘 부동산 경기가 안 좋은데, 싸게 나온 건물 없어요?" 이 말은 곧 저평가된 물건이 있느냐는 의미다. 이런 질문을 받으면 어떻게 답변할지 난감하다. 경기가 안 좋아도 임대공간의 수요자는 존재한다. 공간 사용에 대한 임대료는 지속적으로 임차인이 납부하므로 임대인, 즉 건물주는 현금흐름이 지속 유지된다. 개인 건물주가 특별한 사정이 없는데 경기가 안 좋을 때 매각 의사결정을 할까, 아니면 임대료를 꾸준히 받을까? 그러니 가치가 저평가된 물건의 기준은 사실 따로 정해진 바가 없다.

먼저 입지를 선택하고 인근 지역 건물들의 시세를 찾아본다. 신축 건물의 시세와 오래된 건물의 시세를 평당 가격으로 환산해 금액을 확인한다. 예를 들어서 준공된 지 10년 미만의 건물, 4m 폭 도로, 역과의 접근성 도보 15분 내외, 1종·2종·3종일반주거지역으로 범위를 상정하고 데이터를 찾아본다. 평당 최고 가격과 최저 가격을 뺀 나머지 건물의 평균 매매가를 설정한다.

평당 가격을 3,000만원으로 설정했다고 하자. 신축개발을 가정할 경우 어떻게 짓느냐에 따라서 천차만별이지만 보편적으로 공사비용을 평당 600만원(주거용의 경우 평균 500만~900만원까지도 실행된다)이라고 가정할 때(업무용의 경우에는 평균 400만~700만원 이상까지도 실행된다) 평당 2,500만원 정도로 건축할 수 있는 토지를 찾아 매입하면 성공적이다. 신축해도 평균 평당 매매가격인 3,000만원 정도 수준이기 때문이다. 물론 3,000만원 다 주고 매입해도 수익률 분석에 따른 임대료에 만족한다면 개발을 실행해도 된다. 단, 모든 가정은 건물을 지을 수 있는 땅에 각기 정해진 종(일반주거지역의 경우 1, 2, 3종)에서 서울시 기준으로 정해진 용적률(150, 200, 250%)을 제한 없이 활용할 수 있는가에 대한 신축기획 분석이 선행되었을 경우다.

투자자가 보유한 현금으로 개발이 가능하고 임대료를 받을 수 있다면, 토지를 사고 건물을 지어 임대료를 받게 된다. 이것은 아파트나 대규모 주상복합처럼 사고파는 행위가 아니다. 입지가 인정된 지역에 5평(16.52㎡)이라도 토지를 가지고 있다면, 어떻게 해서든지 그 땅에서 임대료를 받을 수 있는 대안을 연구해서 실행하면 꼬마빌딩이 되는 것이다. 꼬마빌딩은 경기가 안 좋다고 해서 땅값이 내려가거나 올라가지 않고 부동산 정책에도 민감하게 반응하지 않는다. 화폐가치 하락에 따른 불안정한 시장경제에서 마음에 평온을 찾고, 보유한 부동산에서 매월 현금흐름이 창출되니 이만한 효자가 없다.

다시 한번 말하지만 꼬마빌딩 개발의 핵심은 저평가된 부동산을 찾아 가치를 높이는 것이다. 저평가된 부동산은 대부분 노후한 건물이나 소외된 지역에 숨어있다. 부동산 가치를 높이기 위한 방법은 쉽게 말하면 먼저 저평가된 부지를 찾는 것이다. 그러나 평당 매매가격이 낮다고 해서 무턱대고 매입한다면 이론상으로는 수익률이 높을 수 있어도, 유동성과 환금성이 낮아질 수도 있다. 따라서 기반 수요가 풍부한 교통이 편리한 입지를 선택해야 한다. 그다음으로 앞으로 만들어질 임대공간을 충분히 고민해 가치에 차이를 만들어 내야 하고, 마지막으로 현재를 보고 미래를 예상할 수 있는 사업가로서 역량을 갖추어야 한다.

무작정 따라하기_ 수익률 분석하기

투입되는 총 비용과 매월 지출되는 비용을 차감한 나머지 금액으로 매월 창출되는 임대료를 환산해 수익률을 분석한다. 개발이 완료되어 임대료를 받기 위한 건물이 준공되었다면, 이제부터 임대사업을 위한 꼬마빌딩 운영을 본격적으로 시작한다고 보면 된다. 꼬마빌딩 매입을 희망하는 투자자들은 여기에서 현실적인 투자분석 방법을 실행해야 한다.

임대수익률 계산 시 따져보아야 할 것들
① 부동산매입금액
② 소유권이전비용(취득세, 등기비용 등)
③ 부동산중개수수료(취득 시)
④ 건축비용(설계비, 감리비, PM용역비, 측량비, 철거비, 건축공사비, 인입비 등)
⑤ 기타비용(예비비, 가전/가구비용 등)
⑥ 세금 제반비용(국세/지방세 등 정책에 따른 심한 변동으로 인해 계산에서 제외)
⑦ 은행 대출금
⑧ 공실비용(연간 공실비용)
⑨ 은행 대출(연간이자비용)
⑩ 관리비용(관리회사 위탁비용, 중개수수료, 건물청소용역비, 시설수리비, 공용전기, 인터넷 케이블, CCTV이용요금, 전기안전관리비, 소방안전대행비, 엘리베이터 유지보수비용, 정화조청소비 등)
⑪ 예상 임대가의 연간 총액 + 관리비의 연간 총액
⑫ 예상 보증금

※ **파란색 – 초기 투자금,** 주황색 – 차입금, 빨간색 – 연간 발생비용, 녹색 – 연간 매출, 회색 – 세금 제반비용 (계산에서 제외)

합산한 비용과 매월 입금되는 임대료를 연으로 계산하면 임대수익률을 분석할 수 있는데, 조금 복잡하지만 한번 제대로 분석해 놓으면 매월 발생하는 현금흐름을 정확하게 분석할 수 있다. 다음은 우리가 개발했던 개발사례에서 활용한 신축 예상 시뮬레이션 계산방법이다.

⑬ **실투자금액 = (① + ② + ③ + ④ + ⑤) – ⑦ – ⑫**
⑭ **세전순이익(연간) = ⑪ – (⑧ + ⑨ + ⑩)**
⑮ **세전수익률(연간 · %) = (⑭ ÷ ⑬) × 100**

저평가 지역
찾아내는 법

꼬마빌딩 매매시장에서 시장 매입가격이 낮고, 건물 컨디션이 우수하고, 입지도 우수하면서 임대수익도 높은 물건은 없다. 우리가 현재 저평가된 부동산을 찾아 어떻게 하면 자산 가치를 높일 수 있는지 고민하는 이유도 바로 여기에 있다. 부동산 가격이 상승한 뒤에는 그 지역의 가치를 누구든지 알아볼 수 있다. 하지만 앞에서 설명한 것처럼 부동산 투자 목적을 명확하게 잡지 않으면 그 가치를 모른다. 즉, 부동산 투자를 실행할 수 없다.

이미 현재 핫플레이스가 되어 버린 지역을 살펴보자. 슬럼화되어 모두가 외면하는 부동산 상권에 먼저 투자한 투자자들이 있다. 이들은 과연 미래에 반드시 토지가격이 상승할 것이라고 예측했을까? 자신이 매입한 부동산이 위치한 지역이 핫플레이스가 될 것이라고 예측했을까? 물론 그렇게 맞아떨어지는 경우도 가끔 있지만 우리의 경험상 대부분은 그렇지 않다. 시장의 불확실성을 제거하는 가장 쉬운 투자방법은 상대적으로 저평가된 토지의 수익형 부동산 개발 검토다. 저평가된 토지에 투자했기 때문에 투자 현금

대비 높은 임대수입이 산출된다. 사업지 규모 검토를 바탕으로 투자 목적에 맞는 부동산 사업을 실행한 결과다.

사업지 규모 검토란 매매물건으로 나온 부동산이 개발이 필요한 부지라면, 용적률과 건폐율을 어느 정도로 해서 공급할 수 있는지 사전에 확인하는 작업이다. 기획설계와 비슷한데, 기획설계는 더 구체적인 도면으로 산출되는 반면에 사업지 규모 검토는 대상 부지를 건축법에서 허용 가능한 건물 층수와 연면적을 산출해 매매가격과 비교해 투자 적정성을 평가해 보는 첫 번째 분석이라고 볼 수 있다.

주거용이 안정적이다

우리가 그간 개발하고 운영해 온 수익형 부동산 중에서도 60% 이상이 임대수입을 얻기 위한 주거중심 임대사업이다. 이유는 간단하다. 수도권의 역세권 인근에서 공간 인테리어와 가격경쟁력만으로 임대수요를 충분히 확보할 수 있는 임대형태가 주거용이기 때문이다. 주거용은 상가나 사무실처럼 경기흐름에 민감하게 반응하지 않아 공실의 위험도 상대적으로 낮다. 따라서 앞서도 여러 번 언급했듯, 시장상황에 민감하게 반응하지 않는 1인 거주가구를 위한 주거용 부동산은 임대수입이 안정적으로 유지되는 장점이 있다.

근린생활시설 건물 또한 안정적으로 현금흐름을 유지할 수 있다. 9개층 이하의 소형 평수로 된 꼬마빌딩이라면 말이다. 수도권에서 토지가치가 저평가된 부동산을 개발한다면 가치를 그만큼 더 높일 수 있고 임대수입도 안정적으로 유지할 수 있다. 물론 수도권이 아닌 지방이라면 토지 가치평가에 좀 더 심사숙고할 필요가 있다. 소자본으로 임대료를 받을 수 있는 지방에 관심을 갖는 투자자가 최근 증가하고 있는데, 임대와 관리문제도 있고 지역정보 습득에도 어려움이 있으므로 더욱 깊이 생각해서 결정해야 한다.

사소한 단점은 바꿀 수 있다

수도권을 중심으로 저렴한 토지를 매입해 신축하면, 이후 부동산 자산가치가 얼마나 높아질지를 사업지 규모 검토를 통해 쉽게 알아낼 수 있다. 특히, 좁은 골목이나 언덕길 또는 도로로 이용되는 사도(개인 소유 도로) 안쪽의 사업지의 경우 그만큼 매입가격은 낮아지고 임대수익은 상승한다. 남들이 싫어하는, 아니 매력이 없어 보이는 토지도 기획만 잘하면 꼬마빌딩을 지어 자산가치 상승과 더불어 임대수익까지 한 번에 해결할 수 있다. 아직까지 수도권의 역세권에서도 종종 이런 토지를 발견할 수 있으며, 이것은 위험하지도 않고 잘못 사는 것도 아니다.

수도권의 임대수요자들은 건물이 안쪽에 들어가 있다거나 언덕길을 조금 올라간다거나, 막다른 골목의 마지막 집이라는 것은 크게 중요하지 않다. 편리한 교통편과 편의시설이 밀집된 쾌적한 주거공간이면 임대가 성립된다. 이런 이유들로 부동산 매매가격에는 차이가 생길 수 있어도 임대료에는 아무런 영향도 없다는 것을 우리는 10년 이상 수백여 호실을 임대 및 운영하며 알게 되었다. 꼬마빌딩의 임대사업자가 되려는 투자자라면, 이러한 토지를 개발하고 기획만 잘하면 사는 순간부터 부동산의 자산가치가 달라질 수 있음을 알아야 한다. 여기서 이러한 토지란 슬럼화되고, 비탈진, 막다른 골목이라는 사소한 단점 때문에 가치가 저평가된 사업부지다.

입지, 입지 그리고 입지

가치가 저평가된 사업부지를 찾는 원칙은 첫째도 입지, 둘째도 입지, 셋째도 입지다. 이는 오래전부터 널리 알려진 투자원칙이다. 수도권 내 역세권이라면 매우 우수한 입지라고 볼 수 있다. 수도권과 역세권의 기반시설을 사용하면서 생활편의시설과 교통편을 동시에 누릴 수 있기 때문이다. 그런데 이 사실은 꼬마빌딩 매입을 원하는 매수자만 아는 것이 아니다. 당연히 매도인도 알고 있다. 따라서 "부동산 시장은 토지의 가치가 항상 토지 가격에 반영되어 있는 효율적 시장이다."라는 관점에서 출발하는 것이 바람직하다. 좋은 사업부지를 찾기 위해 열심히 발품을 파는 것은 물론 중요하다. 하지만 저렴한 가격에 대한 기대치가 너무 높으면 시간만 허비할 수도 있다.

차라리 슬럼화된 지역의 미래 가치를 분석해서 접근하는 것이 보다 높은 임대수입과 자본이득을 얻을 수 있는 방법 중 하나라고 할 수 있다. 임대수요가 풍부하고 입지가 인정된 지역에도 잘 찾아보면 슬럼화된 지역이 있다. 예를 들어 강남구만 해도 각 동에 따라 블록이 나뉜다. 역세권과 조금 멀고, 좁은 도로에 노후한 주택이 밀집되어 있는 지역을 찾아보자. 각 지역의 평당 매매가격이 평균적으로 산출되어 있을 것이다. 내가 매입하려는 지역에서 매력이 없어 저평가된 토지가 있는지 잘 살펴보자.

요즘은 같은 지역 내에서 눈에 띄게 평당 매입가격이 낮은 부동산을 인터넷으로 쉽게 검색해서 찾아낼 수 있다. 누구나 인정하고 선호하는 지역임에도 불구하고, 이런 현장을 직접 확인하면 건너편 입지와 확연히 다른 슬럼화된 입지를 확인할 수 있다. 길만 건너면, 안쪽으로 조금 들어가면, 언덕의 경사가 심하면 평당 매입가격이 낮아지는 물건들을 쉽게 찾아볼 수 있다. 다만, 투자자 입장에서는 위치나 가격만 보고 이러한 물건 매입을 쉽게 결정하면 안 된다.

"효율적 시장에서는 토지의 가치가 항상 토지 가격에 반영되어 있다"라는 사실을 잊지 말고, 저렴한 토지는 저렴한 대로 값비싼 토지는 값비싼 대로 그 가치를 지닌다고 생각하는 것이 바람직하다. 그 와중에 보다 저평가된 토지를 발굴해 그 가치를 높이는 작업이 바로 꼬마빌딩 개발이다.

기존 건물 VS 신축 VS 리모델링

지금까지 이야기한 내용을 토대로, 우리는 이제 임대수입을 얻기 위한 꼬마빌딩에 어떤 방식으로 접근할 것인지 충분히 검토하고 판단할 수 있다. 기존 건물을 매입할 것인지, 신축할 것인지, 리모델링할 것인지를 선택해야 한다.

위치 좋고 초역세권의 신축건물을 어떻게 싸게 매입할 수 있을까? 누구나 싸게 매입해서 가치를 올린 뒤 높은 가격에 매도하고 싶어 한다. 부동산의 특성을 이해하고 기본에 충실하게 하나씩 차분히 수학공식을 풀 듯 접근한다면 그 해답을 찾을 수 있다.

기존 건물 매입하기

이미 기반시설과 상권이 발달한 지역에서 노후하거나 신축개발이 어려운 건물에 접근하는 방법도 있다. 이 경우에는 투자수익이 높진 않지만 안정적인 임대수입이 보장된다.

같은 지역에 있는 부동산이라도 도로폭이나 지하철역과의 접근성에 따라 가치가 달라진다. 또한, 같은 조건의 부동산이어도 건축형태나 준공연도에 따라서 가치가 달라진다. 이러한 부동산의 이질성(부동산의 크기, 지형, 입지, 모양이 다르기 때문에 갖는 특성. 부동산의 이질성을 명확히 분석해 가치를 불어넣을 수 있을 때 개발에 따른 가치상승이 실현되고, 또 다른 새로운 이질성을 갖는 부동산이 존재한다.) 때문에 자산 가치를 평가하기가 복잡하지만, 그런 복잡함을 해결할 수 있을 때 그만큼 자본이득을 얻게 된다.

기존 건물 매입 시 기본적으로 확인할 사항

1. 최소 도로폭이 4m 이상인가?(쉽게 설명하면, 일반 중형급 차량 한 대가 지나갈 때 옆에 약간의 여유가 있는 경우로 보면 된다).

2. 위법건축물인가?(건축물대장과 현황 비교해서 확인) 만약 양성화 가능한 건물이라면 매입 가능하다.

3. 역과의 거리가 최소 도보 15분 미만인가?(주거용, 업무용)

4. 건물의 사용승인일(준공연도)이 10년 미만인가?

5. 건물의 전면, 후면, 측면까지 4면을 충분히 확인할 수 있는가? 가능하다면 임대공간의 내부도 확인할 수 있는가?

6. 건축법상 허가 가능한 최대 용적률이 확보되는가?

7. 코너 건물인가? 북도로에 접한 건물인가?

(7)의 이 경우 땅의 가치를 더 높게 평가 받을 수 있다. 여기서 '북도로에 접한다'는 것이 무슨 뜻인지 알아보고 넘어가자. 부동산 투자를 하다 보면 "북도로에 접한 토지를 사야 한다."라는 말을 한 번쯤은 들어보았을 것이다. 그 이유는 다음과 같다. 내 땅이 남쪽 도로에 접한다고 가정할 경우, 내 건물을 지을 때 3층까지, 높이 총 9m까지는 반듯하게 건물을 올릴 수 있다. 하지만 4층 이상, 높이 총 9m 이상으로 건물을 올릴 때는 옆 건물의

채광을 막으면 안 되므로 올릴 수 있는 건물의 높이에 제약을 받는다. 내 건물 높이가 9~12m 이하일 때는 옆 건물과 이격거리가 6m는 되어야 하고, 내 건물 높이가 12~15m 일 때는 이격거리가 7.5m는 되어야 하기 때문이다. 결국 위로 갈수록 계단형으로 좁아지는 형태로 지을 수밖에 없다. 따라서 그만큼 건물의 연면적이 줄어들어 임대공간도 줄어들고, 당연히 임대수익률이 낮아진다.

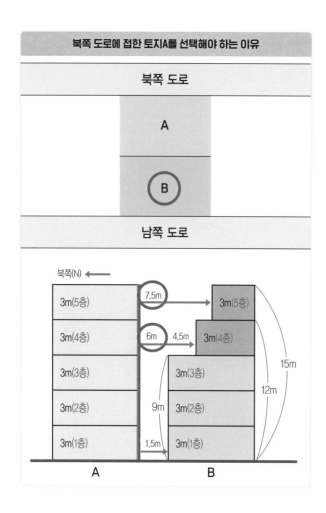

이 일곱 가지 사항은 기존 건물을 매입한 상태 그대로 임대사업에 사용할 경우 매입

선택에 필요한 최소한의 기준이다. 반대로 도로폭이 좁거나, 역과의 접근성이 떨어지거나, 건축 사용승인 연도가 오래된 노후 건물이라면, 매입시점에 시장가격 이하로 매입할 수 있을 것이다. 이때는 신축개발을 해야 할 수도 있고, 리모델링을 실행해야 할 수 있다. 이것저것 복잡하게 생각하기 싫다면, 상기 조건의 60% 이상 충족하는 꼬마빌딩을 매입하도록 하자.

슬럼화된 지역에서 신축 또는 리모델링

임대사업을 위해 잘 지어진 기존 꼬마빌딩을 매입하면 좋겠지만 적은 현금으로 보다 높은 투자수익률을 만들어내려고 하다 보니, 요즘에는 개인 임대사업자가 개발까지 과감하게 실행하는 경우가 많다. 매입시점에 부동산이 지닌 나쁜 환경은 그에 대한 해결방안만 있다면 가치를 증식할 기회가 될 수 있기 때문이다. 완전히 슬럼화된 지역에 접근해서 소규모 수익형 부동산을 개발하는 것이 바로 그런 방법 중 하나다.

예를 들어 예전에는 강남에도 슬럼화된 지역이 있었다. 신사동과 논현동 일대가 그랬다. 1970년대에 처음 강남이 개발되면서 신사동부터 논현동으로 개발이 이어졌는데, 그중에서도 논현동에는 2개층의 단독주택들이 비슷한 모습으로 즐비하게 서 있었다. 도로나 주변 환경은 당연히 열악했다. 개인 임대사업자가 논현동 일대를 매입해 신축으로 개발하는 바람이 분 것도 불과 10년 전부터다. 그러면서 자연스럽게 지역의 도로도 신축 과정에서 넓어졌고, 신축건물이 증가하면서 지가도 상승했다.

이렇듯 지역마다 블록마다 슬럼화된 지역이 있다. 구에서 동 단위로 세분화하고 한 번 더 축소해서 블록 단위로 나누어 살펴보자. 우리가 집중할 것은 임대사업을 위한 꼬마빌딩 개발이지, 재개발처럼 동 단위로 나누어 블록 전체가 슬럼화된 지역을 알아보는 것이 아니다.

논현동도 인터넷에서 지도를 보면 바로 뒤편 골목과 비교해 보면 앞쪽 골목에 노후한 건물들이 한 줄로 즐비하게 서 있는 것을 알 수 있다. 선택한 지역에서 도로시설, 기타 기반시설이 부족하고 노후한 건물을 찾아야 한다. 이때 앞서 설명한 것처럼 건축법상 허용하는 최대용적률이 산출된 건물이라면, 리모델링이나 용도변경을 고려해 개발하면 된다.

어떻게 분석해야 할까?

신축건물을 매입할 경우에는 준공 경과 연수 10년 미만을 기준으로 임대수익률을 놓고 판단하면 된다. 노후한 건물을 매입할 경우에는 리모델링 또는 신축을 고려해 판단해야 한다. 기존 용적률이 현재 토지조건과 부합해 최유효로 활용되어, 용도변경 없이 현재 임대유형으로 임대사업이 가능한 건물이라면 리모델링하면 된다. 반대로 건축법상 허용된 용적률까지 임대공간을 활용할 수 없고, 건축 경과연수가 20년 이상으로 노후한 건물 그리고 현재 인근 임대시장 유형과 어울리지 않는 건물이라면 신축개발로 접근하면 된다.

노후한 건물이나 주택을 매수해서 신축하거나 리모델링하려고 할 때 가장 바람직한 것은 매도인이 매매를 위해 건물의 점유 임차인들을 모두 명도하는 것이다. 노후한 건물이나 주택을 신축하거나 이미 용적률이 최적화된 옛 건물을 리모델링하려고 하면 기존 임차인들의 명도가 숙제로 남는다. 매도인 측에서는 명도해줄 의사가 없는 경우가 거의 대부분이다. 그러나 이것은 매도인에게 명도할 자신이 없어서 그런 것이지, 이기적으로 단순히 명도하기 싫어서 그런 것은 아니므로 매매 가격협상에 적절히 활용해도 좋다.

입지가 굉장히 우수해서 상가로 계속 운영하는 경우를 제외하면, 개발이 필요한 노후 건물에 입주할 임차인은 사실상 없다. 따라서 누가 봐도 개발이 필요한 건물을 매입하는 경우에는 입지와 개발유형을 고려해 결정하면 된다. 리모델링으로 접근할 수 있는 건물이라면 인근에서 아마 가장 낮은 임대료로 임대사업을 유지하고 있을 것이다.

건물매각 성사에 통상적으로 1년 정도가 소요되는 것을 감안할 때, 매각의사를 결정한 매도인은 임대차 계약시점에 임차인과 이에 대해 미리 협상해 두는 것이 좋다. 계약기간 내에 매매할 수도 있으니 임대료도 낮게 해 줄 것이고, 계약 만료 전에 매매가 성사되는 경우 3개월의 유예기간을 줄 테니 명도에 협조해 달라는 특약을 계약시점에 임차인에게 사전 통보해야 한다. 이때 계약기간 전에 명도를 요구할 경우 얼마의 이사비용을 지불하겠다는 등의 내용을 계약서에 특약으로 작성해 두는 것이 좋다.

정말 마음에 드는 입지에 명도가 안 된 건물을 매입해 리모델링을 실행해야 하는 경우라면 기다려서라도 진행하자. 한번 매입한 부동산은 사라지지 않는다.

수익성을 따져보는
사업성 검토

꼬마빌딩 개발을 위한 토지가치를 평가하기 위해서 가장 중요한 작업은 사업성 검토다. 사업성 검토란 사업지 규모 검토를 바탕으로 건축하고자 하는 사업부지에 투입되는 비용과 수익분석을 통해 사업실행 적정성을 판단하는 것이다. 임대수입을 위한 소형 수익형 부동산(단독, 다가구, 다세대, 오피스빌딩, 상가주택 등)이 매물로 나오는 경우는 노후하거나, 공실이 지속되거나, 임대관리가 어렵거나 또는 상속 받은 물건인 경우가 대부분이다. 그러므로 이 부동산에 개발을 실행할 경우 공간을 얼마나 지을 수 있고, 그 공간에서 임대수입이 얼마나 발생하느냐를 중심으로 사업성 검토를 실행해야 한다.

꼬마빌딩 개발을 위한 사업성 검토방법

첫째, 건축사에게 의뢰한다. 제한된 토지면적과 용도구역에서 건축물을 얼마나 만들 수 있는지 검토할 수 있다.

둘째, 공인중개사 사무소에 방문해 적정임대료를 산정한다. 건축사에게 의뢰한 규모를 대상으로 신축할 경우 임대료를 얼마나 받을 수 있는지 확인한다. 이를 통해 신축개발에 투입되는 투자금액 대비 임대수익이 어느 정도인지 가늠해 볼 수 있다.

셋째, 소규모 수익형 부동산을 전문적으로 개발하는 전문 업체에 맡긴다. 사업성 사업지 규모 검토를 보다 객관적이고 전문적으로 파악하려고 할 때 선택하는 방법이다. 전문가에게 맡기면 건축설계에 따른 신축 사업지 규모 검토와 임대료 산정에 따른 수익률 분석을 보다 정확하게 할 수 있다. 이와 더불어 충분한 경험과 노하우를 바탕으로 보다 체계적 접근을 통해 임대수입을 높이고, 효과적인 건축설계의 결과물을 만들어 낼 수도 있다.

개발에 따른 부담감으로 인해 개인 투자자들은 꼬마빌딩 개발을 선뜻 실행하지 못한다. 하지만 이는 개발에 따른 시세차익을 누릴 수 있는 시장이 아직까지 남아 있는 이유이기도 하다. 누가 봐도 꼬마빌딩 느낌의 상가나 업무용 부동산으로 개발해야 할 자리에 분양빌라를 건축한 경우를 자주 볼 수 있다. 상가나 오피스공간으로 변화할 핵심토지의 한가운데 분양빌라가 떡하니 서 있으니, 개발하는 사람 입장에서 보자면 매우 안타깝다. 노후한 부동산을 싸게 매입해 빌라를 지어 분양해 버리는 식으로 단기 시세차익을 전문으로 하는 개발전문 사업자들에게 넘어간 경우다.

단기 시세차익보다 장기적 가치를 보자

수도권에서 꼬마빌딩을 개발할 때는 그 지역의 전반적인 상권과 주거 임대시장의 흐름을 살펴야 한다. 그래야 우리 집, 옆집, 앞집의 부동산 가치가 동반 상승할 수 있다. 요즘 우리는 수도권 지역 중 추가로 공급된 신규 역들 주변으로 슬럼화된 지역을 검토하고 있다. 슬럼화된 지역의 노후한 단독주택을 장기간 보유한 매도인은 주변이 개발되면 그 집을 팔고 아파트로 이사 간다. 그리고 역이 들어서면서 기반시설이 부족하니 상가나 오피스 공간이 공급되는데, 바로 이때가 꼬마빌딩 개발에서는 무척 중요한 타이밍이다.

한번 공급되면 최소 20년에서 30년 동안 변하지 않는 부동산 개발에 단기 시세차익을 놓고 접근하는 경우가 있다. 슬럼화된 지역에 신규 역이 개통하면 그곳은 소형 부동산 개발업자들이 시세차익을 노리고 접근하기 쉬운 투자처가 된다. 이들은 핵심 상권으로 변화할 지역에 상가건물이나 업무용 오피스를 개발공급하지 않고, 단기매매 차익을 위해 분양빌라를 공급하는데 매우 안타까운 일이다. 하지만 개인 투자자들이 임대사업을 위한 꼬마빌딩을 선택하면서 신축개발을 하기는 쉽지 않다. 신축개발은 매우 어려운 의사결정이다.

그래서 요즘에는 소규모 수익형 부동산 개발 분야에서도 전문가들과 함께하는 개인 투자자들이 증가하고 있다. 강남, 서초, 송파, 용산 아파트 한 채 가격으로 서울 지역에서 대지 50평(165.29㎡) 이상 규모로 임대수입을 유지할 수 있는 꼬마빌딩을 매입할 수 있는 기회가 잘 찾아보면 아직 남아있다. 지속적인 저성장, 인구 고령화, 저출산 등의 이슈를 임대사업에 잘 활용해 보자.

오히려 요즘은 꼬마빌딩을 개발할 때 임대형태를 결정하기가 더욱 쉬워졌다. 다양한 임대수요층을 기반으로 각 지역의 수요층과 특성에 맞춰 사업성을 분석하고 기획하면 된다. 오히려 독특한 임대공간 형태를 실험해 보는 것도 꼬마빌딩이라서 가능하다. 예를 들어서 좁은 언덕길을 활용한 전망 좋은 원룸, 디자인, 공방, IT, 1인 사업장을 겨냥해 주거와 업무 겸용이 가능한 건물, 초역세권에 임대료가 저렴한 소호 오피스, 배달음식 전문업체들을 공략하기 위해 주방 중심설계로 변경한 장기 공실 상가 건물 등 얼마든지 특성 있는 임대공간을 개발 및 공급해 성공적인 임대사업을 운영할 수 있다.

우리는 화폐를 보유하기보다는 현물 자산을 보유하는 것이 오히려 마음 편한 시대에 살고 있다. 미래의 부동산 자산가치 증식 측면에서 그동안 신축을 판매하던 사업자들이 가져온 기회를 개인 투자자들도 활용한 수 있다는 사실을 알 필요가 있다. 그렇게 된다면 각 지역에 어울리는 꼬마빌딩 개발이 이루어질 것이고 그 결과물도 공들여 공급될 것이고, 장기적으로는 지역의 부동산 자산가치가 상승해 지가가 상승할 확률도 증가할 것이다. 우리의 경험에 비추어볼 때 수도권에서 임대사업을 위한 꼬마빌딩 개발에 따른 투자성과는 대부분 성공적이었다.

사업성 검토는
어떻게 진행될까?

사업성 검토, 누구나 할 수 있다!

사업성 검토는 막연하게 생각하면 어렵게 느낄 수도 있지만 막상 실제로 해 보면 그리 어렵지 않다. 누구나 분석할 수 있는 것이 사업성 검토다. 우리는 사업성을 검토할 때 그동안 수집한 데이터와 실전경험을 종합해서 판단하는데, 현장분석과 데스크에서 뽑은 데이터가 일치하면 투자자들에게 제안한다. 규모에 따라 다르지만 일주일 이내에 문서로 작성해 전달하여, 여기서 말하는 문서는 저평가된 토지분석, 건축사를 통한 사업지 규모분석, 이에 따른 수익형 부동산의 사업 타당성 검토를 아우르는 종합분석을 담은 것을 말한다.

꼬마빌딩을 신축개발하려는 일반 투자자들은 좋은 토지를 매입하기 위해 공인중개사사무소를 방문하고, 토지의 적정규모를 검토하기 위해 건축사를 만난다. 그리고 이에 대한 수익성을 평가하기 위해 은행에 자산관리를 위탁한다. 개인 투자자가 이 모든 것을 종합적으로 검토하기는 어렵다. 아니, 우리의 경험상 개인 투자자 직접 모든 것들을 알아보고 실행하는 경우는 거의 드물다. 하더라도 종종 후회하곤 한다.

공인중개사 사무소는 중개에 목적이 있다. 은행은 대출금 회수에 대한 리스크 관리가 중요하므로 사업성 평가가 보수적인 편이다. 건축사는 임대수요를 반영하는 설계보다는 멋진 건축물을 만들기 위한 목적으로 설계한다. 그러다 보니 건축비 대비 효율이 낮은 경우가 자주 발생한다. 즉, 자칫 잘못하면 돈은 돈대로 쓰고 가성비 낮은 건축물이 탄생할 수도 있다.

이러한 문제를 해소하려면 비용이 들더라도 전체를 아우르는 전문가에게 부동산 투자 개발을 의뢰하는 것이 바람직하다. 그게 아니라면 투자자 본인이 열심히 공부해서 능력을 키워 두어야 한다. 전문가는 먼저 선택한 지역의 매매가격을 객관적으로 검토한다. 그리고 설계 시엔 임대공간의 최유효 활용을 위한 검토와 인근 임대수요를 장기적으로 분석해 사업 타당성을 알아본다. 마지막으로 설계를 토대로 투입되는 자본 대비 현금흐름을 보고 사업성을 분석하는 등 세 가지 일을 동시에 진행한다. 따라서 투자자가 보다 객관적으로 판단할 수 있도록 도와준다. 이런 과정을 거쳐 토지가 지닌 가치를 제대로 구현하고자 노력할 때, 안정적인 임대수익을 얻기 위한 꼬마빌딩의 사업성을 비로소 제대로 판단할 수 있다.

사업성 검토의 순서

임대사업을 위한 개발을 검토할 때는 우선 사업지역을 선택하고, 구 단위로 지정한 뒤 동으로 나누어 살펴본다. 예를 하나 들어보겠다. 어느 의뢰인의 요청으로 송파 지역에 임대사업과 실거주를 위한 꼬마빌딩의 개발 부지를 검토하게 되었다. 의뢰인은 송파, 강남, 서초 지역에서 약간의 대출을 받아 30평(99.17㎡)대 아파트를 매입하는 대신 꼬마빌딩을 매입하고자 했다. 직접 사무실로도 사용하고, 거주도 하면서 남은 호실은 임대를 주는 형태를 원한다고 요청해 왔다.

이런 경우 우리는 저평가된 부동산을 찾기 위해서 투자자가 요청한 지역의 부동산 물건들을 전부 검색한다. 가끔 투자자가 매매가격의 적정성을 평가하기 위해 국토교통부 실거래가 공개시스템을 확인하곤 하는데, 우리가 매입하려는 토지의 종류는 다세대나 아파트가 아니다. 이 사례에서는 평균 토지규모 1,090평(330㎡) 전후반으로 토지와 건물을 일괄매매하는 꼬마빌딩을 찾아서 거래가격의 적정성을 평가해야 하는데 데이터가 부족했다. 따라서 우선 투자자가 의뢰한 지역의 부동산 매매시장에 현재 나와 있는 매물 전체를 확인했다.

보통 그중에서 노후한 부동산을 중심으로 개발이 필요한 적정한 물건들을 골라내는데, 물건들을 확인해서 중복된 것들과 서류심사에서 밀린 것들을 추려내면 매매 접근성이 높은 물건들로 압축할 수 있다. 우선 서류심사에서 추려낸 물건들의 등기사항증명서, 토지이용계획확인원, 토지대장, 건축물대장, 지적도 등을 우선 검토한다.

등기사항증명서는 부동산의 소유권과 소유권 이외의 권리사항들을 확인하는 서류다. 우리는 개발이 목적이므로 채무비율, 공담목록, 가압류 등 소유권 이외에 제한된 권리 등을 확인한다. 이것들은 부동산 매입에서 가장 기본적으로 검토해야 하는 사항들이다.

우리의 경험상 매매계약 체결시점에 계약이 성사되지 않는 가장 빈번한 경우는 부동산의 소유자가 여러 명일 경우다. 이런 경우에는 부부 공동소유가 아닌 이상 매매계약 성립이 어렵다. 시세보다 확실히 저평가된 부동산이 아니라면 서류 검토과정에서 후순위로 밀어둔다. 매도인 측 합의과정에서 장시간 분쟁에 휘말려서 매입 타이밍을 놓쳐 버리는 경우가 빈번하게 발생하기 때문이다. 소유자가 여러 명일 경우에는 사업성 분석에 앞서 소유자 전원의 매각금액이 일치하는지부터 확인해야 한다.

기본적인 서류 검토가 끝나면 현장을 확인한다. 매각물건을 앞에서도 보고 도로에서도 보고 뒤에서도 살펴본다. 이때 정말 중요한 것이 있다. 사업부지의 경계를 확인하는 것이다. 옆집에 넘어간 부분이 있는지, 옆집에서 해당 사업부지 내로 침입해 점유하는 부분이 있는지 꼼꼼하게 확인해야 한다. 아주 사소한 부분이지만 사업에 치명적인 영향을 미칠 수 있기 때문이다. 매각물건 입지를 중심으로 분포한 부동산의 유형이 주거용인지, 상업용인지, 업무용인지, 아파트 주거단지인지도 확인한다. 직접 임장해 보면 현장 검토와 서류상 종합적인 검토를 바탕으로 매입 우선순위 부동산이 깔끔하게 요약된다.

❶ 건축물대장: 토지에 부속된 건축물의 현황을 알아볼 수 있다. 대지면적, 연면적, 층수, 건축 연식, 주택인지 상가인지 업무용인지 현재 건물을 이루고 있는 부동산의 유형, 건물의 주구조 등 등기사항 증명서에서 확인되지 않는 건물의 현황을 자세하게 알려주는 서류다.

❷ 토지대장: 토지 정보를 알려준다. 등기사항증명서상 대지면적과 토지대장상 대지면적이 불일치할 때가 있기에 매매계약 전에 서류상 이상 유무를 검토하고 현장 현황과 비교해야 한다.

❸ 토지이용계획확인원: 개발에 따른 건축제한이나 허용되는 행위 등 기타 여러 가지를 알려주는 중요한 서류다. 재개발 지역으로 입안되었는지, 토지거래허가구역인지, 문화재보호구역인지 등 기타 제한 사항들을 미리 검토해 사업성 검토 전에 제한사항이 있는 토지는 미리 제외한다. 대규모 토지개발이나 투자를 생각한다면 훨씬 더 중요하게 검토하고 알아두어야 한다.

❹ 지적도: 토지의 소재, 지번, 지목, 경계를 표시해 나타내주는 평면지도이다. 지적도와 우리가 매입하는 토지의 현재 상황이 일치하는지 확인할 때 활용된다. 특히, 핵심입지여도 준공 후 20년이 지나 노후된 건물들이 많이 있으면 경계측량을 선행하여 지적도와의 일치 여부를 확인한다. 물론, 비용은 지출될 수 있지만, 옆 건물, 뒷 건물 등과 생길 분란의 소지를 예방할 수 있다.

❺ 등기사항증명서: 매매거래나 소유권에 대한 기록을 확인할 때 건축물등기사항증명서와 토지등기사항증명서 확인은 기본이다. 나는 관심 있는 부동산이 있으면 해당 건물의 증명서를 자주 발급받아본다. 최근 거래가 된 경우 실거래가격도 확인할 수 있고, 소유자 기록들이 남아있어서 상속인지, 증여인지, 일반거래인지 알게 되면 기회가 올 경우 의사결정에도 도움이 된다. 권리관계가 복잡하거나, 소유권 이외의 사항들이 해결하기 쉽지 않은 물건들을 덜컥 기획하여 추진했다가 실행이 어려워지면, 시간과 비용이 지출된다.

❻ 건축물대장 현황도면: 리모델링을 하거나 또는 기존 건물 그대로 매입한 경우 도면이 도움이 된다. 철거 예정이라도 도면을 확보할 수 있다면 해야 한다. 건물이 지어진 현황을 자세히 기록해 두었기 때문에 최근 건물일수록 도면이 비교적 정확하다. 소유자에게 요청할 수도 있지만, 분실한 경우 구청이나 건축과에 문의하면 건축물대장 현황도면을 발급받을 수 있다.

좋은 입지를 찾았다면
절반은 성공

가끔 애매한 물건들이 있다. 수도권에서 '가격은 저렴한데 과연 건축하면 임대가 잘 이루어질까?' 하는 의구심이 드는 물건들은 입지가 애매한 것들이다. 이번 투자자의 현금 규모에 적당한 개발물건으로 우리가 제안한 물건은 송파동에 있었다. 물론 투자할 현금이 충분하다면 누구든지 인정하는 안정적인 상권의 입지에서 가치가 저평가된 부동산을 찾으면 된다. 하지만 확보한 자금에 맞추어야 하는 상황이라면 투자금에 맞는 입지에서 가치가 저평가된 부동산을 매입해야 한다. 내 입맛에 딱 맞추어 입지를 선택할 수는 없다. 이런 이유로 좋은 토지의 매입이 수익형 부동산 임대사업의 성공에서 절반을 차지한다.

송파동은 방이동과 한 블록 차이로 나누어져 있다. 또한, 9호선 송파나루역이 개통한 지 얼마 되지 않아 역을 중심으로 오피스빌딩이 공급되고 있고 주거용 밀집 지역이 상가나 사무실로 서서히 변화하고 있었다. 이것은 대로변을 보고 파악하면 되는데 당시 대로변의 여러 건물들이 신축되거나 리모델링 중이었다. 대로변 개발의 경우에는 보다 큰 규모의 자금이 투입되므로 좀 더 신중하게 사업성을 평가하고 접근하는 것이 일반적이다.

사업성 검토 대상 물건이 있는 인근을 걷다 보면 그 지역의 발전 가능성에 대한 답이 보인다. 이곳에서는 노후한 건물들이 즐비한 가운데 대로변뿐만 아니라 이면에서도 몇 군데 개발이 이루어지고 있었다. 신축 공사 현장 앞에는 알림판이 붙는데 여기에 보면 어떤 용도로 건축하는지, 대지평수와 시공업체 등의 정보가 쓰여 있다. 이것을 보면 이 지역이 향후 어떻게 변화할 것인지 예측이 가능하다. 우리가 관심을 두고 접근한 송파동 물건의 경우 상가, 사무실, 주택을 혼합해 개발이 가능한 부지였다. 대로변 접근성과 9호선 송파나루역과의 접근성도 우수했다. 인근에 상가나 오피스보다는 노후한 주택이 즐비해 있었으며, 3종 일반주거지역인데도 불구하고 규모에 맞는 신축 건물이 없었다.

수요와 공급은 주기적인 흐름을 가지고 움직인다. 이미 노후한 주택들은 서서히 매각되거나 개발되게 마련이다. 그런 곳을 우리가 선점해 새로운 건축물을 멋지게 공급해 놓으면, 인근에서 지켜보다가 '아, 이 자리가 사무실임대가 되는 자리구나', '저렇게 건축하면 임대가 다 되는구나' 하고 따라 하게 된다. 사실 지금까지 우리가 개발한 것과 비슷하게 따라 하는 것을 많이 봐왔다. 이것은 우리가 개발하면서 느끼는 또 다른 재미다. 그리고 사실 우리도 그렇게 할 때가 있다. 이게 꼬마빌딩 개발의 묘미가 아닌가 싶다. 이럴 때마다 비록 우리의 자산가치가 증식하는 것은 아니지만 정말 보람 있다.

수도권의 다양하고도 풍부한 임대수요는 소규모(사업부지 200평 이하, 660㎡ 이하, 9개층 이하 규모) 수익형 부동산 임대사업 개발의 위험을 상쇄해 준다. 우리도 그 덕분에 운 좋게도 지금까지 개발 및 임대관리한 물건들을 실패 없이 운영할 수 있었다. 앞으로 개발은 대로변과 이면의 소형 꼬마빌딩에 집중될 것이다. 2019년에 우리는 세 곳의 소형 오피스 꼬마빌딩을 주거와 혼합해 개발하거나 오피스 공간만을 개발해 공급했는데 다행히도 성공적이었다. 주택보다 임대관리도 수월할뿐더러, 주택임대사업자에게 해당하는 골치 아픈 세제혜택에 따른 의무사항에서 벗어나 심지어 해방감까지 느꼈다. 세 곳 모두 입지는 모두가 인정하는 주요지역의 역세권 이면부지였다.

좋은 토지매입이란, 내가 가진 현금과 투자 목적에 맞춰 임대수입을 위한 수익형 부동산을 개발할 수 있는 토지를 찾아 매입하는 것이다. 사람마다 보는 관점과 투자 목적이 다르기 때문에 수도권에 있는 모든 토지는 매매가격과 투자 목적에 따라 좋은 토지가 될 수 있다. 어떻게 가치를 만들어 내느냐가 관건이다. 즉, 어떻게 가치를 높이는가에 목적을 두고 개발해야 한다. 수도권의 경우 모든 가능성을 열어놓고, 내 현금 보유량과 임대유형에 따라서 토지의 가치평가를 객관적으로 할 수 있어야 한다. 앞서 설명한 바와 같이 수도권을 중심으로 개발에 따른 모든 비용을 계산했을 때, 비슷한 컨디션에 이미 지어진 건물의 매매가격보다 낮거나 비슷하면 실행하면 된다. 결국 이번 송파 프로젝트는 검토 도중 토지가격의 변동과 투자자의 조건 변동으로 취소되었다. 사실 이런 일은 흔하게 발생한다. 검토 결과 적합한 사업부지를 발견하더라도 실제 사업에 착수하기까지 여러 난관을 헤쳐나가야 하는 경우가 많다.

임대사업을 위한 꼬마빌딩의 개발에서 개발에 따른 시세차익도 물론 중요하다. 하지만 이보다 앞서 생각해야 할 부분이 있다. 임대 사업성을 예측해 미래 부동산의 자산가치 증식에도 목적을 두어야 한다는 것이다. 또한, 개발을 실행하는 지역 인근의 공유 발전에도 긍정적인 영향을 미치기 위해 노력해야 한다. 개발은 시작일 뿐 수익형 부동산의 핵심 업무는 임대수입을 위한 임대관리다. 건축 설계부터 공사를 진행하는 과정에서 관리의 편의성도 참작해야 하며, 철저히 시장 수요자들을 위한 임대공간을 개발하는 것이기에 수요자 니즈를 면밀히 파악하고 인근 지역에서 경쟁우위를 확보해야 한다.

불변의 지역 & 입지 찾는 법

입지선정 기준은 구체적이고 명확하게

부동산투자 공부를 위해 여러 책을 읽다 보면 아마도 이런 말을 본 적이 있을 것이다. "부동산투자는 자기가 잘 아는 지역에 하라." 맞는 말이다. 자기가 잘 아는 지역에 투자하면 그 지역의 변천과정은 물론 시세도 잘 아는 터라 금액의 적정 수준을 어렵지 않게 판단할 수 있는 장점이 있다. 하지만 때로는 부작용도 있다. 부동산 상승기에는 당연히 현재 시세가 과거 시세보다 높으므로 지금 사려는 물건이 비싸게 느껴진다. 그래서 과감하게 결정하지 못하고 망설이면서 혹시 더 저렴한 물건이 없나 찾아다니느라 상당한 시간을 허비한다. 언젠가 우리 사무실에 상담하러 온 고객 중에 그렇게 5년의 시간을 흘려보낸 분이 있었다. 그분은 지금도 마음에 드는 물건을 못 구했을 것 같은 생각이 든다.

강남구에는 개포동, 논현동, 대치동, 도곡동, 삼성동, 세곡동, 수서동, 신사동, 압구정동, 역삼동, 율현동, 일원동, 자곡동, 청담동의 14개 동이 있다. 같은 구내에 있지만 각 동마다 모두 지역적 특색이 다르기 때문에 구체적으로 살펴봐야 한다. 밀집된 상업지역을 비롯해 다양한 기업들, 상업시설, 쇼핑시설, 병원, 학교, 지하철 노선, 버스 노선, 학교,

대단지 아파트, 문화재, 공원 등이 다양하게 분포하며 그에 따라 시세도 천차만별이다.

시세를 결정하는 요인들은 정말 많다. 교통여건, 대로변 접근성, 용도지역, 도로의 폭, 도로의 방향, 도로의 경사도, 토지의 모양, 건축물의 경과연수, 상태, 임대현황, 임대 수익성 등 정말 많은 변수가 가격에 영향을 미친다고 봐야 할 것이다. 이렇듯 한 지역 내에서도 수많은 물건들을 전부 나열해서 서로 비교하는 일은 쉽지 않은 작업이다.

투자지역을 선택하는 기준

그렇다면 내가 공략하고자 하는 지역을 어떻게 선택할 것인지 한번 알아보자.

첫 번째, 일단 앞에서 얘기한 것처럼 내가 잘 아는 지역에서 선택하는 것이 좋다. 다만, 대세상승기에는 과거 시세에 연연하지 말고 초월해야 한다. 현재 시점에서 평가하는 것이 좋다. 현재 내가 선택할 수 있는 물건들을 놓고 서로 비교해 비교우위에 있는 물건을 선별하고, 그중 마음에 드는 물건을 과감하게 선택한다.

두 번째, 잘 모르는 지역이더라도 흥미로운 지역이 있다면 그곳을 집중적으로 공부한다. 그러다 보면 어느 순간 확신이 생기는 경우도 있다. 때로는 공부하다가 상당한 발전 가능성을 발견하고 투자해 성공하기도 한다. 강남에서만 부동산 투자를 하던 고객 중 한 분이 어느 날 부동산 공부를 하던 중 마포 연남동의 발전 가능성을 높게 평가하게 되었다. 그러고는 그곳의 신축 부지를 매입해 꼬마빌딩을 신축개발하여 운용한 뒤 매각해서 꽤 만족스러운 성과를 올린 적이 있다. 매입시점은 약 9년 전이었고, 5년간 운용 후 매각했으니 벌써 4년 전 얘기다.

세 번째, 내가 머무는 곳과 너무 먼 곳은 피하는 것이 좋다. 즉, 차로 가는 데 두 시간 넘게 걸린다면 운용 및 관리 측면에서 상당히 힘들어질 수도 있다. 사실 수익형 부동산을 대신 관리해 주는 업체는 많다. 내 경험에 비춰 보았을 때 서울의 외곽 또는 수도권 변두리로 나갈 경우 잘 관리하는 업체를 찾을 가능성이 점점 낮아진다. 설사 잘 관리해 주는 업체를 찾는다 하더라도 한 달에 한두 번은 직접 방문할 때도 있고, 공사 등을 이유로 여러 번 방문할 수도 있다. 하지만 너무나 바쁜데 내 건물이 너무 멀리 있다 보면 이런 일들이 정말 '일'이 돼버린다. 그러다 보면 수익형 부동산의 운영 효율성이 떨어지는 결과를 가져올 수도 있다.

투자 지역 내 입지를 선정하는 기준

이제 어느 지역에 투자할지 정했다면 그 지역 내에서 어떤 입지를 선정할지 기준을 알아보자.

첫 번째, 교통여건이 좋은 곳을 선택한다. 즉, 역세권이나 버스정류장이 가까운 곳을 말한다. 주거용 건물이나 근린생활시설 건물일 경우 대부분 건축물의 효율을 높이기 위해 건축법에서 허용하는 최소 주차대수를 기준으로 최대 용적률의 건축물을 짓기 위해 노력한다. 그러다 보니 도시지역의 많은 건물들에는 주차장 공간이 항상 부족해 대중교통에 의존해야 하므로 교통환경이 좋은 곳은 입주자가 선호하는 입지일 수밖에 없다.

두 번째, 큰 기업이나 상업시설, 문화시설 등이 가까운 곳이 좋다. 상업시설, 문화시설들은 대부분 교통환경이 좋은 곳에 있는 경우가 많은데 이는 그만큼 유동인구가 많은 곳이라는 뜻이다. 우리가 흔히 아는 번화가들이 대부분 그렇다. 그런데 여기서 유의할 점이 있다. 우리가 개발하려고 하는 부동산의 성격이 주거용인지 근린생활시설인지에 따라, 이런 시설이 가깝다는 점이 장점이 될 수도 있고 단점이 될 수도 있다는 점이다. 주거용이라면 사실 번화가에서 개발하는 것은 그다지 효율적이지 못할 때가 많다. 주거용의 성격상 유동인구가 많거나 소음이 높은 환경에는 적합하지 않을 수 있고, 그런 지역은 대부분 지가가 높아서 토지대금을 비싸게 지불하더라도 개발 후 임대수익이 그만큼 증가한다고 볼 수 없어 상대적으로 효율이 떨어지기 때문이다.

세 번째, 대로변 접근성이 좋거나 해당 필지가 접한 도로폭이 넓을수록 좋다. 천운이 따르지 않는 한 내가 매입한 토지의 도로폭이 확장되는 날은 오지 않는다. 물론 도로의 방향이나 토지의 모양이 바뀌는 것도 하늘의 별 따기다. 한번 매입하면 그 상태에서 신축해야 하는 경우가 대부분이다. 이미 지어진 건물을 매입할 때도 마찬가지다. 간혹 인접 대지를 추가 매입해 도로 환경이 상당히 유리하게 바뀌는 경우도 더러 있으나 현실에서는 정말 쉽지 않은 일이다.

네 번째, 학군이 좋은 곳을 선택해야 한다. 주거용이냐 근린생활시설이냐에 따라 다를 테지만 주거용의 경우는 학군의 영향을 무시할 수 없다. 심지어 외국에서조차 학군에 따라 부동산 가격이 다르게 형성된다. 그만큼 전 세계 부모들의 마음은 한결같다고 해야 할까? 과거 강남 8학군에 쏠리던 교육 불균형이 자사고 덕분에 한동안 해소되면서 교육의 메카 강남 대치동의 부동산 가격이 상승 제한을 받던 시절이 있었다. 하지만 이번 정부의 자사고 폐지 정책은 강남 대치동 부동산이 부활하는 기회를 주었다고 해도 과언이 아니다. 특히, 그로 인해 대치동 학원가가 다시 살아나고 주변 임대시장과 매매시장에서 부동산 가격 상승을 견인했다는 의견이 지배적이다.

다섯 번째, 나중에 쉽게 팔 수 있는 곳인지 심사숙고해서 결정해야 한다. 사실 이 대목이 가장 중요하다. 아마도 선산이나 지방에 경작을 목적으로 소유하는 토지가 아니라면 언젠가는 매각한다고 봐야 할 것이다. 그런데 내 부동산을 팔려고 주변 중개업소에 내놓아도 쉽게 거래되지 않는다면 정말 큰 낭패다. 경험해 보지 않은 사람은 잘 모른다. 그렇게 시간이 하염없이 흐르다 보면 피가 마를 정도로 조급해지는 순간이 오고 결국 헐값에 매각하는 경우도 허다하다. 우리는 그런 물건을 '급매물'이라고 한다.

이렇듯 지역과 입지를 선택하는 기준은 내가 어떤 부동산을 개발 또는 매입 운용하느냐에 따라 다르다. 우리도 개발을 처음 시작하던 초기에는 수익률에 상당히 민감했다. 하지만 언제부턴가 수익률이 전부는 아니라는 생각이 들었다. 사실 강남 3구나 명동 종로와 같은 시내 중심의 대로변 부동산들은 수익률 측면에서는 만족 기준에 한참 못

미친다. 그러나 10년 또는 그 이상 장기간 운영한 후 매각 시점에는 엄청난 매각 차익을 경험하게 된다. 즉, 총 사업기간 동안 투자자본 대비 수익률을 따져보면 대로변 빌딩투자가 의외로 뛰어난 성과를 내는 경우가 드물지 않다.

지역과 입지 혹은 투자 상품의 선택에 정답은 없다. 투자자의 상황과 선호도, 성향에 따라 달라진다고 보아야 할 것이다.

입지를 정한 뒤엔
사업지 규모 검토

본격적인 설계 전 가장 중요한 단계인 사업지 규모 검토

강남은 예나 지금이나 부의 대명사로 불린다. 지금도 강남은 땅의 가치를 높게 평가받아 지가가 꾸준히 상승하고 있으며, 1970년대 강남 개발 이후 2호선을 비롯해 3호선, 4호선, 7호선, 9호선, 분당선, 신분당선까지 추가되며 입지를 더욱 견고히 다지고 있다.

이러한 입지적 특성으로 인해 강남에서는 개인 투자자가 이미 개발되어 연수익률이 5% 이상 유지되는 수익형 부동산을 입맛에 딱 맞게 매입하기가 쉽지 않다. 그렇기 때문에 투자자들은 강남에서 원하는 부동산 유형을 찾기 위해 시세보다 저평가된 토지를 찾아 나선다. 강남에서 임대수입을 얻기 위한 꼬마빌딩에 접근할 때 개발이나 리모델링까지 검토하는 경우가 유독 많은 이유다.

일반적으로 디벨로퍼(Developer, 부동산 개발업자)가 개발하고자 하는 수익형 부동산 토지의 가치평가는 사업지 규모 검토로 시작된다. 사업지 규모 검토란, 매입하고자 하는 토지에 건축물을 신규로 공급할 경우 임대수익이 얼마나 발생하는지 알아보기 위한 매우 중요한 사전 작업이다. 사업지 규모를 검토할 때 토지 구입비가 높다면 거기에는 여러 가지 이유가 있겠지만, 가장 일반적인 이유는 해당 지역에 기본적으로 부동산 수요가 형성되어 있기 때문일 확률이 높다. 따라서 토지구입 비용 외에 사업수익분석을 위해 설계 및 임대전략이 수반되어야 한다.

토지의 가치평가를 위해 사업지 규모 검토 시뮬레이션을 돌려서 투자의사 결정을 내리기 위해서는 기획이 필요하다. 기획이 선행되어야 사업지 규모 검토를 할 수 있다. 사업지 규모를 검토할 때 필요한 기획의 시작은 사전 설계다. 사전 설계를 할 때는 토지의 용적률을 알뜰살뜰 전부 활용했는지부터 확인해야 한다.

사업지 규모 검토를 위해 사전 설계 시 확인해야 할 부분은 다음과 같다.

첫째, 주거용의 경우 발코니 전체 면적을 최대한 활용했는가?

둘째, 건축물의 코어가 공간의 최적화를 위해 적절한 곳에 위치하는가? 코어란 물체의 중심부를 의미하는데, 건물에서는 욕실, 계단, 엘리베이터 등의 공용부분이 한곳에 집중된 것을 의미한다. 건물의 코어를 어디에 어떻게 두느냐에 따라 건물의 향과 공간의 효율성은 크게 달라진다.

셋째, 건축법의 주차장 설치 기준을 맞추는 데 치중하느라 활용할 수 있는 임대 공간 면적을 희생하진 않았는가?

건축법상의 허가에만 치우치거나, 전문가가 아닌 일반 투자자(건축주)의 의견만을 반영한 설계는 위험하다. 임대수입을 얻기 위한 꼬마빌딩 개발이라는 설계 목적에서 벗어나기 때문이다. 건물은 한번 건축하면 최소 30년 넘게 주 구조물들을 마음대로 변경하기 어렵다. 따라서 설계는 반드시 임대수입을 얻기 위한 꼬마빌딩의 개발에 목적을 두고 실행되어야 한다.

사업지 규모 검토를 이전에 한 번도 해 보지 않았기 때문에, 막연하게 힘들 것 같아서, 혹은 잘 알지 못하기 때문에 어렵다고 하기 쉽다. 하지만 토지 가치평가를 위한 사업지 규모 검토가 제대로 이루어져야 꼬마빌딩 개발에 따르는 위험을 제거할 수 있다. 무엇보다 유연한 사고능력과 새로운 것에 대한 이해를 높이기 위해 공격적으로 접근해도 실행될까 말까 하는 것이 꼬마빌딩 개발이다. 우리가 아는 투자자들 대부분이 벌써 10년 이상이라는 시간을 함께해 왔다. 10년이 넘는 시간 동안 꼬마빌딩 개발을 위해 여러 프로젝트를 실행한 투자자도 많다. 이들은 꼬마빌딩 개발을 직접 실행해 봐서 하는 방법을 알기 때문에 이후로도 계속 실행을 이어간다.

임대수입을 얻기 위한 꼬마빌딩 개발 시 적어도 입지가 인정된 수도권 지역의 사업지 규모 검토는 매우 중요하다. 부동산 시장에 민감하게 반응하지 않으면서도 안정적인 현금흐름을 유지할 수 있도록 만족스러운 임대수입을 창출하기 위해서는 개발 부지의 사업지 규모 검토를 제대로 수행해야 한다.

케이블 채널과 유튜브 등 부동산 관련 방송이 다양해지다 보니 한국 부동산 방송보다는 외국 방송을 자주 보게 된다. 요즘 재미있게 보는 프로그램이 있는데, 미국 부동산 개발자들이 사업지를 분석하고 개발해서 매각하는 프로그램이다. 우리가 하는 업무와 비슷해서 더 재미있는 듯하다. 미국은 토지 규모가 워낙 방대해서 그런지 주거지역에서 주택의 용적률과 관련해 민감하게 굴거나 치열하게 싸우지 않는다. 무엇보다 부러웠던 점은 부동산의 가치 차이를 만들어 내기 위해 온갖 아이디어를 대방출하는 사고의 유연함이었다. 우리도 다양한 인종과 방대한 지역에서 기인하는 이런 유연한 사고를 받아들여야 할 시기가 온 것 같다.

미국의 부동산 개발업자들을 흔히 디벨로퍼라고 하는데, 이들이 가장 재미있게 임하는 분야는 오래되고 지리적으로 불리한 입지에 시세보다 낮은 가격으로 나온 건물을 개발하는 것이다. 이들은 내부 인테리어와 외부 익스테리어를 위한 아이디어 구상과 오래된 건물의 골조에서 고급스러움을 뽑아내 리모델링해서 재매각한다.

미국 디벨로퍼들의 회의를 살펴보면, 건물이 낮은 매매가격으로 나온 원인을 찾아내고 이를 해결하기 위해 기획회의를 한다. 시장 거래가격 이하의 부동산을 5~6개 고른 뒤 그에 대한 해결책을 찾아내고 해결방안을 기획하며, 이를 통한 사업성 검토를 분석하는 방식이다. 이때 5~6개의 부동산 중 하나를 선택하는 과정이 참 재미있다. 나는 방송을 볼 때마다 그들의 회의에 함께 참석하는 기분으로 프로그램에 심취해 하나를 골라낸다. 디벨로퍼들이 나와 같은 부동산을 선택할 때면 나도 미국으로 진출해볼까 하는 도전의식이 생긴다. 선택한 부동산이 같다는 것은 리노베이션을 통해 경제적 부가가치를 높이기 위해 상대적으로 저평가된 부동산, 즉 공사 후 재매각 시 높은 시세차익을 실현할 수 있는 매물을 매의 눈으로 집어냈다는 뜻이다.

우리나라는 미국에 비해 땅덩어리가 작아서 원하는 물건이나 정보를 언제든지 찾을 수 있다. 주변에 내가 하고자 하는 일을 도와줄 만한 인력도 많다. 인터넷이 발달해 정보검색도 쉽고 데이터화해 정리하는 것도 간편하다. 인근 거래사례도 금방 찾아볼 수 있고, 객관적인 데이터에도 쉽게 접근할 수 있다. 그러니 미국과 비교할 때 우리나라에서 토지가치 사업지 규모 검토 시 의사결정 하기가 훨씬 편하다고 볼 수 있다. 적어도 내 생각엔 그렇다.

매매계약 전
반드시 확인할 사항들

기본적인 서류를 꼼꼼하게 체크한다

수익형 부동산 개발을 위한 토지 및 건축물의 매매 계약진행에서 기본적으로 확인할 사항은 서류와 현황의 일치 여부다. 매매계약 진행 시 매도인과 매수인 모두 계약금액과 협의조건을 우선시하며, 기본적인 서류도 검토하지 않은 채 공인중개사 사무소만 믿고 계약하는 경우가 많다. 공인중개사 사무소에서는 명확하게 작성했는데, 매수인이 제대로 이해하지 않고 서명 날인하는 경우가 종종 있다. 기본 서류를 제대로 확인하지 않고 계약을 진행했다가는 매수인과 매도인 모두 예기치 못한 골치 아픈 문제에 직면할 가능성이 매우 크다.

1 ㅣ 서류와 실제 면적이 일치하는가

우선, 등기사항증명서의 면적과 토지대장 및 건축물대장의 면적이 일치하는지를 기본적으로 확인해야 한다. 이와 관련해 우리가 실제로 10년 전에 직접 경험한 일을 소개한다. 당시 토지대장상 면적과 등기사항증명서상 대지면적이 상이하기에 토지대장상

면적을 우선시했다. 우리는 주로 강남 지역의 소규모 수익형 부동산의 개발 업무를 진행했기 때문에 한두 평만 착오가 있어도 손해가 적지 않았다. 당시 평당 가격이 최소 2,000만원이었는데 실제 면적과 5평(16.53㎡)이나 작았으니 작은 금액이 아니었다. 등기사항증명서에 기재된 대지면적과 실제 면적이 달랐는데, 요즘처럼 시세가 서너 배 오른다면 매수인이 얼마나 손해를 보게 될지 짐작이 갈 것이다.

이런 착오는 매도인도 제대로 인지하지 못한 사항이었다. 노후한 단독주택이었는데, 그 주택이 건축되던 시점에는 사람이 직접 대지면적을 계산하고 수기로 작성했던 시절이라 아마도 착오가 생긴 모양이었다. 토지대장과 등기사항증명서 중 토지면적은 토지대장상 면적을 기준으로 잡아야 한다. 실제로 측량해 보니 결과적으로 매도인이 알고 있는 면적보다 5평 정도가 더 작아서 1억 정도 금액을 조정해 매매계약을 체결했다. 이런 사항들은 매매계약서 작성 전에 서류 검토를 통해 확인해야 한다.

2 | 개발 시 제한사항이 있는가

토지이용계획확인원과 지적도는 보면 일반적으로 매도인과 매수인 모두에게 생소한 서면이다 보니, 매매계약을 체결할 때 그다지 중요하게 여기지 않는다. 하지만 수익형 부동산 개발을 위한 부동산의 매매계약 시 반드시 중요하게 확인해야 한다. 토지의 가치를 평가할 때 우선적으로 검토 개발이 가능한지, 제한사항 유무를 확인해야 하기 때문이다. 토지이용계획확인원은 부동산종합정보 포털인 일사편리에서 주소만 입력하면 간단하게 확

자료: kras.seoul.go.kr

인할 수 있다(kras.seoul.go.kr 참조).

　우리는 해당 토지가 꼬마빌딩 개발에 적합한지 알아보기 위해 기본적으로 축적을 1200과 300으로 확인한다. 그리고 실제 현황은 현장 임장으로 확인한다. 축적을 300으로 확대해 혹시라도 내가 매입하려는 부동산 앞에 얇게 실선으로 나누어진 다른 소유자의 대지가 있는지 확인한다. 축적을 확대해 육안으로는 보기 힘든 타인 소유의 대지가 자리 잡고 있는지를 확인하는 것이다.

　실수는 누구나 할 수 있다. 하지만 투자자라면 기본적인 서류를 어떻게 확인하는지 알고 매매계약을 체결해야 실수를 줄일 수 있다.

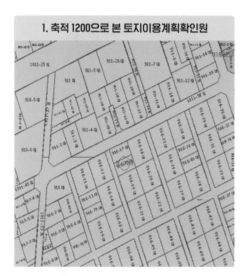

자료: kras.seoul.go.kr

　사업지 규모 검토를 위한 사전 설계는 건축 허가 전에 이루어지는 단계다. 따라서 사전 설계 시 문제가 발견됐다면 매매계약을 체결하기 전에 각 지자체 건축과에 의뢰해서 앞뒤 상황을 설명하고 해결방법을 문의해야 한다. 만약 이것을 놓친 채 매매계약을 체결한다면, 결국 분쟁의 소지 및 시간낭비의 대상이 될 뿐만 아니라 자칫 돌이킬 수 없는 손실로 이어진다.

3 | 공부상 서류와 현황이 일치하는가

현장답사와 기본 서류 검토를 철저히 하지 않았다면 자칫 큰 손해를 볼 수 있었던 또 다른 실제 사례를 소개한다. 2018년 1월 중구 신당동 1종일반주거지역 코너에 위치한 오래된 단독주택 물건이 매도 호가 8억 4,000만원에 시장에 나왔다. 현황을 살펴보니 1975년 이후 건축된 노후주택으로 대지 59.90평(198.0㎡), 연면적 77.60평(256.51㎡)에 지하 1층, 지상 1~2층으로 구성된 건물이었다. 평당 1,400만원대로 인근 주변시세인 평당 2,000만~2,500만원에 비해 매우 저렴한 사업부지였다.

개발 전 모습

고객의 요청으로 현장답사부터 시작했다. 사업개발 예정 부지는 사진에서 보듯 노후한 주택으로 화단을 끼고 있었다. 대지의 북서쪽 도로에 접한 곳의 반대편인 남동 측의 경사면 차이가 약 3~4m였기에 이 차이를 활용해 도로에서 진입할 수 있는 지하 주차장을 계획할 수 있을 것으로 보였다. 그리고 이를 통해 1종 일반주거지역임에도 불구하고 지하 1층부터 지상 4층까지 총 5층 규모의 꼬마빌딩으로 개발이 가능할 듯했다.

현장답사를 마치고 지적도와 토지이용계획확인원을 확인했다. 다음은 축적 1200으로 본 토지이용계획확인원이다.

A: 의뢰받은 사업부지
B: 화단이 있는 대지
C: 계획도로

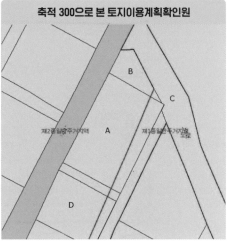

A: 의뢰받은 사업부지
B: A 소유의 화단이 아닌, 타인 소유의 대지
C: A 부지를 침범해 도로를 확장하려는 계획이 있음

현장답사에서는 코너 건물에 경사면까지 활용할 수 있으며 인근 지역에 비해 저평가된 부지로 판단했으나, 토지이용계획확인원을 확인하니 현황과 서류가 달랐다. 현장답사 시점에는 코너 건물로 보였으나, B가 A의 화단이 아니라 다른 사람이 소유한 대지의 화단이었던 것이다.

B는 10.29평(약 34㎡) 규모로 별도의 대지였다. 또한, 일반적인 토지이용계획 확인원과 다른 점이 있었는데, 지적도에서 빨간색 실선으로 표시된 부분이었다. C의 빨간색 선이 A 소유 부지까지 침범한 것을 볼 수 있다. 토지이용계획확인원을 확인한 결과 도로가 계획되어 있어서 신축개발 시 일부를 도로에 편입하고 사용부지 면적에서 제척하게 되어 있었다. 즉, 실질적으로 부지 평당 매입가격을 따져보면 저평가된 토지가 아니었다.

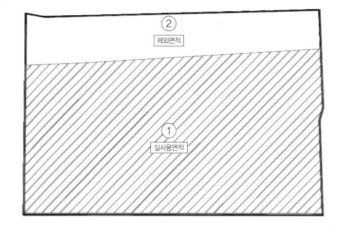

실제 개발부지에서 계획도로로 빠지는 면적

■ 구적도 (SCALE A3 : 1/200)

번호	산출식	면적(㎡)	비고
①	Auto CAD	153.00	실사용면적
②	Auto CAD	45.00	제외면적
합계	① + ②	198.00	공부상면적

자료: 여름건축사무소 김형수 소장

　　서류(공부)상과 실제 현황이 다른 경우에는 합의점을 찾아내야 한다. 이번 사례의 특징을 정리해 보면 첫째, 개발을 통해 1종 일반주거지역의 단점을 상쇄하지 못해 가치상승이 불가능했다. 59평(195㎡)의 부지에서 계획도로로 빠지는 부지가 13평(43㎡)이나 되었다. 즉, 저평가된 부지를 매입하는 것이 아니라 매매금액이 시장매도 호가와 같았던 것이다. 둘째, 코너 건물의 경사면을 활용한 지하 주차장 계획도 불가능했다. 옆에 붙은 화단 B가 타인 소유의 대지이기 때문에 북측 일조권 사선을 불리하게 적용받아 개발하기에 그다지 유리한 부지가 아니었다. 셋째, 차량이 진입할 실제 도로폭이 2.5m 남짓으로 매우 협소해 난공사로 인한 공사비용 상승이 예견되었다.

임대사업을 위한 꼬마빌딩 개발 목적이 아니라면 이 토지 자체는 괜찮았다. 역과의 접근성도 뛰어나고 뒤쪽으로는 작은 산도 있어서 쾌적했다. 적은 투자자금으로 접근해 게스트하우스나 개인이 주거로 사용하면서 업무를 볼 수 있는 사옥 겸용으로 활용하기에는 훌륭한 물건이었다. 다만, 우리는 임대사업을 위한 꼬마빌딩을 개발하는 것이 목적인 데다, 매매금액을 낮춘다고 해서 땅의 가치(경사면 차이도 활용할 수 없고 부지가 B와 D 사이에 낌)가 달라지지는 않았기 때문에 합의점을 찾지 않고 과감히 매매를 포기했다.

이 사례에서 보듯 임대사업을 위한 꼬마빌딩 개발에서 인근 시세보다 금액이 낮다는 이유로 무턱대고 매매계약을 체결했다가는 자칫하면 손해를 볼 수도 있다. 선매입 후개발을 실행할 경우 자칫 매입 목적에 맞지 않는 부지도 존재한다. 개인 투자자여도 토지이용계획확인원이나 지적도 등 기본적인 서류 확인은 직접 할 수 있어야 실수가 줄어든다.

투자자의 목적에 맞는 꼬마빌딩을 얻기 위해서는 매매계약 체결 전 현황을 최대한 꼼꼼하게 살펴봐야 한다. 매도인과 매수인 모두 몰라서 문제가 발생하는 것이지, 문제를 알고서도 그대로 진행하는 경우는 없을 것이다. 따라서 매매계약을 체결하기 전 협상 시 매수인은 매매목적을 매도인에게 전달해야 하고, 신축개발이 아닌 리모델링의 경우 매도인으로부터 도면을 확보해 현장을 확인해야 정확하다.

해당 건축물을 보유한 지 오래된 매도인이라면 지금까지 건물을 개·보수한 이력들을 잘 알고 있을 것이다. 매도인도 마찬가지로 이런 내용을 명확하게 전달해야 추후 분쟁의 소지가 없다. 어차피 매각하기로 결정했다면 보유한 부동산의 사용설명서를 충분히 전달해야 한다.

계약 전 부동산 명도기간을 협의한다

꼬마빌딩 신축개발의 대상은 대부분 준공된 지 적어도 20년 이상 경과한 노후 건물이다. 매매잔금시점은 일반적으로 3개월 정도로 협의한다. 이 기간 동안 매도인이 거주한다면 매도인 포함 임차인들의 명도를 진행하게 되며, 매수인은 그 기간에 신축허가를 위한 철거와 설계 작업을 진행한다. 설계는 길게 잡으면 6개월 이상 소요되는 중요한 작업이다. 이는 꼬마빌딩 개발의 모든 사항을 담은 중요한 데이터가 된다.

계약서 작성 시점에 매도인으로부터 토지사용 승낙에 대한 서류에 협조하기로 미리 협의해 두면 보다 빠르게 개발을 진행할 수 있다. 특히, 매도인이 미리 신축허가를 신청해 허가를 받아두면 매수인이 잔금시점에 승계해 바로 철거할 수 있다. 이렇게 미리 해두지 않고 매매잔금 완료 후 신축허가를 신청하면, 약 20일 이상 기간이 추가로 소요되고 실제 철거 및 착공까지 1개월 이상 시간을 허비하게 된다.

명도 문제는 매도인과 매수인 간에 계약 전 미리 협의해야 한다. 보통 노후한 건물의 경우 매도인 측에서 명도를 진행하는 것이 유리하다. 이런 건물에서는 시장 임대료보다 저렴한 금액에 거주하는 세입자가 많으므로, 매도인이 매매를 원인으로 해서 명도 문제를 정리하는 것이 빠르다. 매도인이 매매를 고려하고 있다면 아파트처럼 빠르게 거래가 성사되지 않으므로, 임차인 명도와 관련한 사항들을 사전에 준비해 두는 게 매매 시 유리하다.

꼬마빌딩의 개발 시 임차인 명도, 건축설계, 건축허가까지 매매잔금 지급일 전에 마무리하기로 협의하면 편하다. 매수인 입장에서는 임차인 명도 문제로 개발이 지연되는 문제가 사라지기 때문이다. 시장 매매가격보다 현저하게, 누가 봐도 명백히 저평가된 부동산을 매입하는 경우에는 매수인이 명도 문제까지 떠안기도 한다.

노후한 부동산의 매매 시 빨리 매각하려면 임차인 명도문제를 직접 해결하는 것이 매도인 입장에서도 유리하다. 개발 또는 리모델링을 앞두고 정신적으로 부담스러운 매수인에게 명도까지 해결하라고 하면, 그만큼 시장 매매가격보다 낮게 팔아야 하거나 매각 성사가 지연될 수밖에 없다. 매매계약 시점으로부터 잔금 시까지 매도인과 매수인 모두 할 일이 많다. 따라서 임차인 명도 관련 사항을 미리 협의해 두는 것은 매각 성사와 개발에 걸리는 공사기간을 최소화할 수 있는 합리적인 방법이다.

이상으로 개발에 따른 매매계약 시 빈번하게 발생하는 주의사항들을 살펴보았다. 이외의 문제점들은 공인중개사 사무소에서 확인해 줄 것이다. 매도인과 매수인 모두 권리관계를 해석하는 것은 매매계약의 기본 중 기본이다. 압류, 가압류, 가처분, 매매계약, 가등기 등 소유권에 관한 권리관계 해석처럼 법률적인 문제들이 복잡할수록 오히려 매매 진행 시 매수 경쟁자가 줄어드는 효과가 있다. 하지만 관련 업무를 해 보면 소유권에 관한 권리관계가 복잡한 부동산은 매매가 성사될 가능성이 낮은 것도 사실이다. 개발에 따라 해야 할 일들도 많으니, 초보 투자자라면 권리관계까지 복잡한 물건은 좀 더 경험이 많은 전문적인 투자자에게 양보하자.

시공업체,
얼마나 중요할까?

건축비 절감에만 몰두하지 마라

공사비 단가에만 맞춰 임대료를 받기 위해 꼬마빌딩 가장 기본 형태의 개성 없는 건물로 건축하는 경우가 있다. 아직도 9개층 이하의 꼬마빌딩 개발공사 현장을 둘러보면 개성 없는 건물을 건축하는 경우가 많다. 우리는 오직 꼬마빌딩의 연구를 위해서 다른 지역이나 지방도 자주 임장을 다닌다. 누가 봐도 탐내는 토지에 짓다 만 느낌의 건물들을 볼 때면 안타까움을 금할 수 없다. 저렇게 훌륭한 사업부지에 같은 공사비를 투입해도 이보다는 훨씬 좋게 얼마든지 개발할 수 있는 건물을 볼 때면 무척이나 속상하다.

개인 투자자들은 신축개발이라는 어려운 과정을 거쳐 건물주가 된 것만으로도 만족하곤 한다. 공사비용에만 맞추어 시공업체가 주체가 되어 개발한 경우 건축주는 완공된 꼬마빌딩에서 아쉬운 부분들을 쉽게 찾아내지 못한다. 이 점을 이용해 아산 지역에서 꼬마빌딩 개발에 성공한 실전 후기를 뒤에서 설명할 것이다.

전문가와 함께하면, 같은 건축비용을 투입해 최대의 효용가치를 지닌 감각적인 건물을 충분히 만들어낼 수 있다. 공사원가에만 치우치다 보면 자칫 짓다 만 느낌의 건물이 될 수도 있고, 무엇보다 제한된 토지에서 최대의 효용가치를 끌어내지 못해 아쉬운 건물로 건축되기 쉽다. 이런 개발은 옛날 방식이다. 사실 건물을 짓는 개발 비용은 수도권이든 지방이든 비슷하다. 자재비용은 수도권이나 지방이나 동일하기 때문이다.

건물의 경우 토지와는 달리 감가상각이 이루어진다. 즉, 시간이 흐를수록 노후해 건물 가치가 낮아진다. 건물을 건축하는 데 투입된 자본을 회수하는 시간이 길어질수록 투자수익률은 낮아지다 보니, 개발 행위를 하는 건축주는 최대한 비용을 적게 투입해 임대료를 받고 싶어 한다.

그런데 투자자들은 건물을 개발할 때 건물의 가치증가보다는 준공 자체에 목적을 두고 신축하는 경우가 많다. 이런 모습을 볼 때마다 안타깝기만 하다. 같은 비용을 지불하고 최대의 가치를 끌어올릴 수 있는 기회는 건물의 개발에서 판가름 난다. 이것은 특히 임대사업을 위한 꼬마빌딩의 개발에서 더욱 중요하다. 동일한 자재를 사용해 건물을 건축하는 데 현저한 차이가 나는 이유 중 하나는 건축사무소와 시공업체의 선택이다. 건축사무소의 비용이 조금이라도 높으면 그만큼 설계에서 차이가 나타난다. 마찬가지로 시공업체도 비용이 조금이라도 높으면, 마감에서 지불한 비용 이상의 만족을 얻을 수 있다.

어차피 공사자재 원가는 동일하다. 다만, 소규모 개발도 전문 인력을 고용해 설계하고 시공한다면 이에 따른 가치 차이를 충분히 느낄 수 있을 것이다. 건물개발비용에서 인재를 고용하는 비용이 차지하는 비중은 매우 낮다. 꼬마빌딩 개발을 위해 전문 인력을 고용한다고 해서 공사비가 증가한다고 생각하는 것 자체가 옛날 방식이다.

과거에는 노동력이 흔했다면, 지금은 전문가들이 흔한 시대다. 대한민국에는 훌륭하고 열정적인 인재들이 넘쳐난다. 전문가들과 함께 일하고 그들의 아이디어를 받아 건물에 투입하자. 한번 건축되면 30년 이상 존재할 건물의 가치 극대화는 바로 이 부분에 달렸다. 무턱대고 공사비 단가만을 따져 개발할 게 아니다. 뒤에서 설명할 논현동과 신사동의 꼬마빌딩 개발에서도 이 사실을 충분히 깨달을 수 있을 것이다. 같은 석재를 활용해도 유능한 인재를 만나 건축한 건물의 차이점은 명확하다.

우리가 개발에 참여한 꼬마빌딩 중에도 건축상을 받은 건물이 두 곳 있다. 건축상을 받은 두 꼬마빌딩에는 공통점이 있는데, 건축주가 건축사와 전문가들의 의견을 경청하고 최대한 협조했다는 점이다. 이때 주의할 점은 감각적인 건축을 추구하려는 건축사의 욕심이다. 개발 목적으로 기대하는 임대료를 잘 받기 위한 임대공간의 최대 가치추구에 소홀하지는 않았는지 반드시 검토해야 한다. 자칫 잘못하면 건축사의 욕심을 앞세워 임대공간의 효용가치를 후순위로 두고, 감각적인 건축만을 고집하는 건축사를 만나면 개발 목적이 흔들릴 수 있다. 임대수입을 얻기 위한 개발 시행이라는 목적을 잊지 말고 임대공간 가치 극대화를 추구해야 한다. 임대공간 가치 극대화와 임차 수요자의 니즈에 맞는 개발을 위해 전문가의 의견을 경청하자. 건축주가 직접 참여해 의견을 반영하는 것은 기본적인 사항들로 제한해야 한다.

다시 한번 강조하지만 같은 비용으로 최대 가치 극대화를 위해서 인재활용 비용을 아끼지 말자. 임대시장도 하나의 경쟁시장이다.

2012년 강남 지역의 꼬마빌딩 개발을 위한 투자분석 자료를 예시로 들어보자. 토지 규모는 40평(약 132㎡)이었는데 누구나 고개를 절레절레 젓는 매우 작은 토지였다. 그러나 작을수록 제한된 토지에 건축물을 제대로 만들어 넣으면 그 가치가 상승하며, 이것이 바로 개발의 핵심이다. 지금부터 자세히 알아보자.

❶ 예상 시뮬레이션

논현동 주상복합 신축 예상 시뮬레이션

주소		서울 강남구 논현동				단위: 천원 작성: 2014년		
용도지역		2종 일반거주지역		부동산 매입	매입가		1,320,000	
대지면적		약 40평			소유권이전		50,160	
건축면적		약 24평			중개수수료		11,880	
연면적(지상)		약 80평		건축 비용	설계감리비		50,000	
건폐율		59.89%			건축공사비		631,838	
용적률		199.86%			기타지출		100,000	
규모(층수)		지하1층/지상5층			건축비 합계		781,838	
구조/승강기		철근콘크리트/없음		임대	중개수수료		10,995	
건축공사비/평		6,000		연간 예상 손익	총투자금액		2,174,873	
건물 운용 비용(연간)	관리비용		13,200		대출금	50%	1,090,873	
	공실율	5%	6,543		실투자금액		1,000,000	
	이자비용	4.00%	43,635		연간총수입		130,860	
	합계		63,378		연간순이익		67,482	
					세전수익률		6.75%	
층별 내용								
층구분		용도	면적(㎡)	보증금		임대료		관리비
지층	B01호	근린생활시설	83.70	20,000		2,385		150
1층		주차장		–		–		
	101호	근린생활시설	55.15	20,000		2,148		150
2층	201호	근린생활시설	55.35	20,000		1,040		150
3층	301호	다가구주택1	90.49	20,000		1,800		100
4층	401호	다가구주택1	32.51	2,000		1,430		100
5층	501호	다가구주택1	49.75	2,000		1,352		100
합계			283.25	84,000		10,155		750
참고 사항	◆ 보증금 이자소득 무시함. ◆ 재산세 및 사업소득세 등의 지방세/국세 고려되지 않음. ◆ 건축공사비 6,000,000원/3.3㎡로 가정. ◆ 대출금리 4% 적용. ◆ 위의 규모는 실제 허가기준에 따라 변경될 수 있음. ◆ 위의 매출과 비용은 예상값이며 실제 상황에 따라 변동될 수 있음.							

❷ 개발 실행 결과

논현동 주상복합 신축 개발 실행 결과

주소	서울 강남구 논현동					단위: 천원 작성: 2015년
용도지역	2종 일반거주지역		부동산 매입	매입가		1,320,000
대지면적	약 40평			소유권이전		50,160
건축면적	약 24평			중개수수료		11,880
연면적(지상)	약 80평		건축 비용	설계감리비		50,000
건폐율	59.89%			건축공사비		631,838
용적률	199.86%			기타지출		100,000
규모(층수)	지하1층/지상5층			건축비 합계		781,838
구조/승강기	철근콘크리트/없음		임대	중개수수료		10,995
건축공사비/평	8,347		연간 예상 손익	총투자금액		2,422,100
건물 운용 비용(연간)	관리비용		13,200		대출금	54%	1,300,000
	공실율	3%	4,896		실투자금액		996,100
	이자비용	3.45%	44,850		연간총수입		163,200
					연간순이익		100,254
	합계		62,946		세전수익률		10.06%

층별 내용						
층구분		용도	면적(㎡)	보증금	임대료	관리비
지층	B01호	근린생활시설	83.70	40,000	2,800	200
1층		주차장		–	–	
	101호	근린생활시설	55.15	70,000	4,000	200
2층	201호	근린생활시설	55.35			
3층	301호	다가구주택1	90.49	10,000	3,000	200
4층	401호	다가구주택1	32.51	3,000	1,400	100
5층	501호	다가구주택1	49.75	3,000	1,600	100
합계			283.25	126,000	12,800	800

참고 사항	◆ 보증금 이자소득 무시함. ◆ 재산세 및 사업소득세 등의 지방세/국세 고려되지 않음. ◆ 건축공사비 8,347,000원/3.3㎡ 실행 (고급 자재 마감으로 인하여 비용상승) ◆ 대출금리 3.45% 실행. ◆ 근린생활시설은 부가가치세 10% 별도임. ◆ 위의 규모는 실제 허가 및 사용승인결과에 따라 작성됨. ◆ 위의 매출과 비용은 사용승인 후 임대완료 시점 기준이며 변동될 수 있음.

이 보고서는 2012년 강남 지역에 개발했던 꼬마빌딩 투자분석 보고서다. 지금은 재매각이 완료되어 건물주가 바뀐 탓에 사진을 인용하지 못해 매우 아쉽다. 개발 예상 시뮬레이션 제안서 상의 투입비용에서 추가 투자비용의 투입 없이 개발에 성공한 덕분에, 예상했던 임대료보다 20% 상승한 금액으로 임대를 완료함으로써 실제 수익률은 예상 수익률 6%대보다 높은 10% 이상을 기록했다. 건축주가 건축 방향을 선회해 고급화로 변경함에 따라, 단순히 용적률 극대

화에 따른 건물의 부피감을 키우는 데 그치지 않고 내부 인테리어에까지 과감한 투자를 실행했다.

강남구 제2종 일반주거지역의 용적률은 200% 이하다. 비스듬한 경사면을 활용하고 넓은 도로 폭을 활용해 지하 면적까지 합산해 용적률 262%로 건물 가치 극대화를 실현했다. 투자자가 토지면적에 욕심을 부리지 않고 합리적으로 의사결정을 한 결과였다. 덕분에 강남 2종 일반주거지역의 약 60평(198㎡) 규모 토지에서나 공급할 수 있는 건물 연면적을 대지 132㎡(40평)에서 확보할 수 있었다.

만약 강남에서 누구나 선호하는 보편적인 대지면적의 기준으로 60평(198㎡)의 토지를 매입하려면, 2012년 매입시점 기준으로 최소 19억원을 지불해야 했다. 이번 투자자는 소형 건물개발에 요구되는 최소 토지 면적을 과감히 포기하고, 입지가 인정된 지역에서 가치를 극대화한 꼬마빌딩을 건축했다. 대부분 대지 40평(132㎡)에 지어봤자 얼마나 건축하겠느냐는 회의적인 시각으로 인해 상대적으로 소외된 부지였다. 이런 경우 가치가 저평가된 부동산을 찾았다고 볼 수 있다. 건물을 다 짓고 나니 매각한 기존 매도인도 아쉬워했다. 누구나 원하는 부동산 건물의 매입 시에는 누구나 알고 있는 가격으로 거래가 성사된다. 꼬마빌딩을 개발하는 재미는 바로 이렇듯 아무도 몰라본 가치를 찾아내 만들어 내는 것에 있다. 안정적인 현금흐름을 확보할 수 있는 임대사업과 더불어 가치 상승이라는 두 마리 토끼를 잡을 수 있는 꼬마빌딩 개발이 우리의 목적이라는 점을 잊지 말자.

2012년 당시만 해도 아파트의 실거래가 데이터도 충분하지 않았을 때라 노후한 소규모 건물 매입 가격의 적정성을 평가하는 것도 어려웠다. 우리는 이 문제점을 보완하기 위해 매입가격과 투입되는 개발비용, 제반비용을 합산했다. 총 투자비용에서 매월 지불해야 하는 대출이자비용과 건물관리비용, 공실에 따른 비용을 제외하고 임대료를 산출했다. 강남 지역 입지임을 감안했을 때, 이 시점에 산출되는 임대수익률이 연 6% 이상이면 해볼 만한 프로젝트였다. 때로는 기대수익률이 8~10%에 육박하는 경우도 있었는데, 우리는 그런 경우엔 주저하지 말고 시작해야 한다고 보았다.

숙련된 시공업체 &
건축사무소 만나기

한번 건축하면 끝, 장기적 과정으로 바라보자

부동산 신축개발은 처음이자 마지막이 될 수도 있는 만큼 설레면서도 두려운 일이다. 다만, 직접 개발해서 임대수입을 얻기 원하는 투자자(건축주)라면 내 건물의 도면 정도는 직접 볼 수 있도록 공부해야 한다. 평면인 도면을 보고 입체적인 모양을 파악하기는 다소 어렵겠지만, 설계 기간 동안이라도 집중해서 감각을 익혀야 한다.

꼬마빌딩의 개발 규모가 크든 작든, 건축주(투자자) 입장에서 시공업체와 건축사무소의 선택기준을 비용원가로 잡는 것은 바람직하지 않다. 그보다는 시공업체와 건축사무소의 규모와 이력, 투입원가와 실행 이익의 적정성을 분석하는 것이 더 합리적이다. 비용이 조금 더 들더라도 그 이상으로 가치에서 차이를 만들어 낼 수 있는 건축사무소와 시공업체를 선택하는 것이 좋다. 한번 건축되면 바꾸기 힘든 건축물이라는 꼬마빌딩의 개발이 목적이라면 말이다.

건축사무소, 어떻게 고를까?

건축사무소는 꼬마빌딩 개발의 용도에 맞춰 선정해야 한다. 내가 개발하고자 하는 꼬마빌딩이 상업용인지, 사옥용인지, 펜션 사업용인지, 주택 임대사업용인지 선택했다면 그에 맞는 건축사무소 선정이 중요하다. 어떤 건축사무소에서 펜션 설계를 멋지게 해냈다고 해서 도심지의 꼬마빌딩 주택임대사업장에도 최적화된 설계를 해낼 수 있는 것은 아니다.

꼬마빌딩의 개발을 위한 건축사무소의 선정 시 우선 염두에 둬야 할 것은 각 사업지의 용적률과 건폐율을 최대한 활용하는지 여부다. 적어도 수도권 도심지에서는 공간을 설계할 때 임대수입의 극대화를 추구하는 건축사무소를 선택해야 한다. 감각적인 인테리어와 공간구조의 독창성을 요구하는 것은 그다음이다.

1 ㅣ 설계도면은 최소 2곳 이상 받아본다

설계도면 의뢰는 최소 두 곳 이상의 건축사무소에 할 것을 추천한다. 두 곳 이상의 건축사무소와 미팅해 이전에 설계한 건축물을 현장에서 보고, 충분한 회의를 통해 최종 선택한다. 초기 비용이 들더라도 최소 두 곳의 건축사무소에서 기본적인 사업지 규모 검토의 설계를 받아 완성된 설계도면을 기준으로 시공업체의 견적을 받아보자. 설계가 명확해야 시공업체에서 건축비용 산출 시 오류가 줄어든다. 건축비용을 산출하기 위해서는 시공업체에서 제공하는 시방서를 확인한다. 최소한 두 곳 이상 시공업체에서 견적서를 받으면 시방서를 기준으로 비용산출의 타당성을 더욱 객관적으로 평가할 수 있다. 때로는 제외된 업체의 견적서와 아이디어를 활용하기도 하는데, 이는 설계도면을 바탕으로 교차 체크도 할 겸 아이디어도 활용하며 투입된 비용의 가치를 뽑아낼 수 있는 방법이다.

2 | 단가가 낮은 게 능사는 아니다

내가 지으려는 건축물의 규모가 작다고 해서 옆집을 지은 건축업자, 아는 선배, 혹은 친한 지인의 소개로 만난 업자가 "알아서 잘 지어주겠지." 하는 구시대적 발상으로는 치열한 임대경쟁 시장에서 밀려날 수밖에 없다. 특히, 비용원가가 가장 낮다는 이유로 선택하는 것은 위험하다. 주택이라면 거주하는 데 편리한 동선을 기본으로 소소한 것들을 놓치지 않고 설계할 수 있는 건축사무소를 선택해야 한다. 즉, 개발 대상 부동산 유형에 적합한 건축사무소와 시공업체를 선택하는 것이 중요 포인트다.

3 | 바뀌는 지역 조례와 법규까지 챙기는 건축사무소

매번 바뀌는 각 지역의 조례와 법규도 충분히 검토해야 한다. 이 부분은 각 지역의 건축 법규와 허용범위를 잘 아는 건축사무소의 노련함과 섬세함이 요구되는 부분이며, 일반 개인 투자자가 임대사업을 위한 꼬마빌딩을 개발할 때 더욱 중요한 부분이다. 겉으로 보이는 화려함보다는 법규에 따른 효율적 규모 검토 및 대관업무에 충분한 경험이 있는 건축사무소를 섭외하는 것이 중요하다.

4 | 반드시 자격증을 소유한 건축설계사에게 의뢰하라

특히 조심해 하는 것 중 하나는 건축사 자격증이 없는 건축설계자를 만나는 것이다. 간혹 건축사 자격증이 없는데도, 단지 관련 전공이고 실무 경험이 풍부하기 때문에 건축사와 동일한 역할을 할 수 있다고 홍보하며 접근하는 건축사무소가 있다. 지인의 소개로 또는 저렴한 비용에 현혹되어 그런 부류와 함께 진행하다가 큰 곤혹을 치르는 경우가 의외로 많다. 나도 오래전 그런 경험으로 곤욕을 치른 적이 있다. 이런 경우를 당하지 않도록 반드시 조심해야 한다.

5 | 지인이라고 다 믿을 순 없다

꼬마빌딩 개발에서는 규모의 경제를 구축하기 어렵기 때문에 건축비용이 상대적으로 높게 산정된다. 결국 투자비용의 증가는 수익률 감소에 영향을 미치므로, 건축주(투자자)는 어떤 방법으로 건축사와 시공업체를 선택할지 고민해야 한다. 아는 업체라고, 지인이라고 해서 무조건 믿고 맡기는 것은 추천하지 않는다. 그랬다가 건축주(투자자)들이 후회하는 모습을 우리는 곁에서 자주 봐왔다.

6 | 포트폴리오가 말해준다

건축사무소와 시공업체를 더욱 쉽게 선정하는 방법은 열악한 환경에서 번듯한 건축물을 지어낸 업체를 찾는 것이다. 누가 봐도 노후한 건물들이 비탈진 경사면에 즐비해 공사하기 열악한 지역인데, 그 가운데 우뚝 솟아 있는 감각 있는 건축물이 보인다면 선택 대상이다. 투자자(건축주)가 직접 매입희망 지역을 임장하면서 본인이 개발하고자 하는 수익형 부동산 콘셉트에 맞는 건물들을 눈여겨봐야 한다. 대로변에 멋지게 건축된 건물을 찾으라는 게 아니다. 구석진, 소외된, 경사도가 매우 심한, 좁은 골목길에 건축된 건물일수록 좋다.

고령화에 따른 불안한 노후와 지속적인 저성장 및 저금리에 대비하려는 개인이 투자하는 것인 만큼, 꼬마빌딩 개발 규모는 대부분이 200평(660㎡) 이하의 소규모가 많다. 젊은 시절 열심히 일해서 모은 자금을 사라지지 않는 부동산이라는 안정적인 자산에 투자하여 적절한 임대료를 받아 안정적인 생활을 영위해 보자.

전문가를 믿되, 모든 공정을 숙지하자

신축건물의 허가와 준공절차가 점점 더 까다로워지고 있다. 그동안에는 건축주가 지정해서 선택할 수 있었던 감리자도 이제는 해당 지자체에서 지정해 주는 것으로 바뀌었다.

시공의 안전성과 투명성을 제고하려는 차원에서다. 소방시설도 복잡해지고 엘리베이터 안전관리 강화와 책임보험까지 의무화하는 등 기획설계부터 한층 더 까다로워지면서 소규모 수익형 부동산 개발의 투입비용도 점점 높아지고 있다. 아무리 규모가 작더라도 임대사업자(건축주, 투자자)가 이런 사항을 다 챙기며 직접 건물을 신축할 수 있을까? 들어도 잘 모르는 일반 임대사업자가 대부분일 것이다.

시공관리가 어려운 것은 각 공정의 '분업' 때문이다. 하나의 건축물을 완공하기까지 철거, 토목, 골조, 전기, 설비, 창호, 보일러, 에어컨, 페인트, 엘리베이터, 가구, 타일, 도기, 조경 등등 하나의 건물을 짓는데 필요한 공정은 대규모 아파트와 크게 다를 바가 없다. 시공업체도 건축사가 제공한 도면대로 충실하게 실행하면서 도면에서 놓칠 수 있도록 것들을 현장에서 수정, 보완해 줄 수 있는 숙련된 곳으로 선택해야 한다. 또한, 공사의 투명성과 안정성 제고를 위한 감리자의 역할까지 모든 중요 공정들이 분업되는데, 이러한 분업형태의 개발업무에서는 현장소장의 역할이 무엇보다 중요하다. 현장소장은 소통과 협업으로 개발완료(준공) 시점까지 공사현장을 관리한다. 요즘에는 임대수입을 얻기 위한 꼬마빌딩 개발 시 전문시공업체 한 곳을 선정해 일괄 위임하는 경우가 많다. 이러한 문제를 보완하기 위해서 프로젝트 매니저(PM)라는 전문가들이 중간에 대리인 역할을 하는 경우가 증가하고 있다.

충분한 시간 속에서
좋은 설계가 완성된다

대부분 건축주는 도면을 이해하기도 어렵다

맨 처음 꼬마빌딩 개발을 위한 건축사무소와 시공업체를 선택하고, 미팅했을 때의 긴장과 설렘을 잊을 수 없다. 우리가 기획한 대로 나온 도면을 바탕으로 설계회의를 시작했다. 참석한 인원은 건축주(투자자), 나와 대표님, 시공업체 대표 그리고 건축사였다. 이때만 해도 우리는 건축주(투자자)와 같은 수준이었다. 도면회의에 참석하기는 했는데, 평면 도면을 보면서 입체적인 공간 감각을 전혀 파악할 수 없었다. 건축주(투자자)도 같은 느낌이었을 것이다. 이날 회의는 시공업체 대표와 건축사의 대화로 끝났다.

그 이후 우리는 일반 투자자가 도면 회의에 참석하기 위해서는 도면을 이해해야 한다고 생각하고, 건축사에게 제안했다. 그래서 두 번째 회의에서는 건축사가 대략적인 입체 평면도를 그려왔고, 볼륨 감각을 익힐 수 있도록 모형도 만들어 왔다. 그제야 조금 알 것 같았다. 어디가 도로에 접하고, 어디가 입구인지, 어떤 식으로 건물이 만들어지는지 이해할 수 있었다. 아마 건축주(투자자)가 이해한 시점도 우리와 같았을 것이다.

건축사가 만들어온 모형1

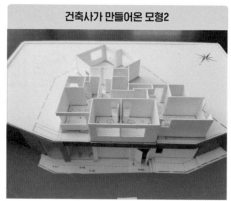
건축사가 만들어온 모형2

자료 제공: 여름종합건축사무소

맨 처음 설계회의 시점에 대해 언급하는 이유는 꼬마빌딩을 개발해 임대수입을 얻기 원하는 건축주(투자자) 대부분이 처음 개발하는 초보이기 때문이다. 이때 우리가 투입되는 시점은 골조 마무리 이후부터였다. 우리도 신축공사에 미숙한 시기여서 그나마 골조가 완성되어야 도면과 현장의 일치 여부를 현장에서 익힐 수 있었다.

다음 사진처럼 콘크리트 주요 골조가 완성되면 집중해서 현장을 확인해야 한다.

1. 콘크리트 타설 골조

2. 콘크리트 타설 골조

건축사, 시공업체 대표, 건축주(투자자)가 한 공간에 모여서 회의하기에는 우리 회사가 편했다. 이 시점에 우리 역할은 장소제공과 건축주(투자자)의 정신적 의지자 정도였다. 우리 입장에서는 이윤추구보다 새로운 것에 대한 정보 습득과 경험이 더 중요한 시기이도 했다. 건축법상의 생소한 법규단어들을 들으면서 습득하기 시작했고, 이를 현장에 대입해 이해하기 시작한 시점이었다.

우리는 매일 새벽 공사가 시작되면 출근 전에 현장부터 확인했다. 사실 아는 것은 하나도 없었다. 가서 커피나 한잔 얻어 마시는 것 외에는 별로 도움도 안 됐다. 그래도 골조 한 층당 공사 기간이 얼마나 공사가 걸리는지 확인하고, 콘크리트 타설이 두껍게 잘 진행되는지도 확인했다. 이때 우리는 강남 전 지역을 통틀어 누구도 대적할 수 없을 만큼 전투력과 열정으로 탄탄하게 무장한 상태였다.

회의는 모두 참석하고 검토는 여러 번 하라

시행착오에 따른 에너지 소모를 줄이고 비용을 최소화하기 위해 착공 전 설계회의는 길면 길수록 바람직하다. 다양한 설계회의에 참석해 본 결과, 설계기간이 길수록 공사 현장에서 문제가 최소화되고 최적화된 건축물이 완성된다. 건축사와 시공업체 대표의 설계회의는 이미 기획한 설계에서 보다 효율적인 임대공간의 창출을 놓고 연구하는 것이다. 연구와 검토는 많이 할수록 좋다. 그 시간에 건축주(투자자)도 학습과 경험을 쌓을 수있고, 내 건물의 이해도도 높일 수 있다. 물론 이것도 하기 싫어서 전문가에게 맡기더라도 설계허가를 위한 회의 참석은 건축주(투자자)의 중요한 역할이라는 것을 잊지 말자. 회의에 건축주(투자자)가 존재하는 것만으로도 도면이 한층 세련되고 기발해진다.

설계회의가 지속되다 보면 처음 기획한 부동산 임대형태가 바뀔 수도 있다. 오픈형 스튜디오에서 세미분리형으로 변경될 수도 있고, 분리형 원룸에서 투룸으로 변경될 수도 있다. 기획에서 부동산의 유형(주거용, 업무용, 또는 상가주택 등)을 잡아두고, 기본적인 설계를 기준으로 공사비용을 미리 산출한다. 그러므로 설계허가를 위한 회의에서 내부 공간의 변경은 얼마든지 가능하다. 설계를 수정, 보완하다 보면 임대공간이 늘어나는 경우도 있다. 이러한 결과를 이끌어내는 것이 설계도면의 반복적인 수정과 보완이다.

이 과정에서 건축주(투자자)는 추상적인 방법을 제안하면 안 된다. 그저 결정을 미루고 경청하자. 결정을 미룬다는 것은 설계허가를 받기 위한 실행을 늦추는 것을 말한다. 우리가 개발하는 꼬마빌딩에 최적화된 설계를 뽑아내기 위해서 결정을 미루는 것이다. 의견 제안은 내 건물의 도면과 현장에 익숙해지고 이해가 되었을 때 하는 것을 추천한다. 건축주(투자자)가 판단하기에 이 정도에서는 더 이상 크게 변경될 것이 없다는 확신이 섰을 때 설계허가를 신청한다. 이때 걱정할 필요는 없다. 설계허가 후에도 어느 정도의 변경이나 수정은 충분히 가능하기 때문이다. 개발은 이미 기획에서 연면적 최유효 활용의 확보방안과 사업부지의 수지분석을 놓고 충분히 검토한 결과를 토대로 실행한다.

첫 개발공사에서 착공 6개월 만에 지하부터 지상 5층의 근린생활 시설 및 주택이 준공되었다. 개발경험과 정보가 전무한 건축주(투자자)와 우리가 공사기간만을 타이트하게 조여서 탄생시킨 이른바 '실험실'이었다. 이 건물은 강남 입지의 튼튼함을 바탕으로 지금까지도 공실 없이 임대수입이 만족스럽게 유지되고 있다.

10~13개월 동안은
개발현장으로 출근하자

골조가 마무리되면 모두가 바빠진다. 기둥을 세우고 방수공사를 하고 창호공사를 하는 것은 물론, 누수가 없도록 꼼꼼하게 체크해야 한다. 누수는 창호공사와 방수공사의 미흡에서 주로 발생한다. 가끔은 발코니나 옥상 바닥의 높낮이(우수관 쪽의 하수 구멍으로 경사도를 맞추어야 하는데, 미장이 제대로 되지 않아 경사도가 잘못되면 물이 고인다)를 제대로 실행하지 않아 물고임 현상으로 인해 누수가 발생하기도 한다. 미장까지 마무리되면 비가 올 때마다 열심히 공사현장을 확인해야 한다. 사람이 작업하는 것이다 보니 가끔 창호 쪽 마감이 미흡하면 누수가 발생한다. 골조가 마무리되면 공사현장에 천장을 마감하지 않은 상태로 공간을 확인한다. 층고는 높을수록 좋다. 건축법에서 허용하는 한계 내에서 기본 층고보다 높게 층고를 확보하면 건물 전체에 볼륨감이 생긴다.

변수는 늘 있게 마련

지금 생각해도 아찔했던 현장이 있다. 2012년의 여름 어느 일요일이었다. 새벽 6시에 건축주(투자자)에게서 문자가 왔다. 오전 9시 30분에 골조공사가 끝난 공사현장에서 미팅을 하자는 요청이었다.

건축주와 미팅하기 전에 도착해 현장을 한번 둘러봤다. 그런데 공용공간 계단의 층고에서 뭔가 이상한 점이 느껴졌다. 중개를 하기 위해 건물들을 방문했을 때와 느낌이 달랐다. 이를 확인하기 위해 키 191cm인 동료를 급하게 공사현장으로 불렀다.

골조완료 현장 확인

신축공사 골조 완료 후 공용계단 하자 발견

한 층씩 조심스럽게 올라가 보라고 했다. 한 층에서 머리가 닿았다. 머리끝도 아니고 이마가 닿는 것을 보니 무서웠다. 그때 심정은 더운 여름철 등에서 한기가 느껴질 정도였다. 머리가 하얘지고 아무 생각도 나지 않았다. 골조가 끝났는데, 머리도 아닌 이마가 닿아버리는 공용공간의 계단을 어떻게 해야 하나? 그건 더 이상 우리 몫이 아니었다. 현 상황을 보고하고 논의해야 했다. 보고를 들은 건축주는 오히려 침착했다. 골조시점에 알게 되어 다행이고, 본인들은 이미 현장을 둘러봤는데도 몰랐다며 오히려 고마워했다. 결과적으로는 다행히도 잘 마무리되어 역삼동의 이 건물은 지금도 우리가 임대관리를 맡고 있다.

앞서 꼬마빌딩 한 채를 건축하고 책을 집필한 작가도 있다고 이야기한 것처럼, 직접 개발을 실행해 보면 기획과 설계 기간 동안 투자자(건축주)도 어느 정도 내 건물의 공사 현장이 이해된다. 투자자(건축주)는 적어도 공사기간인 10~13개월 동안은 개발 현장에 집중해야 하며, 대리인이나 PM업체에 위임하더라도 주요 비용의 지출과 기본적인 내외 장의 콘셉트 결정 등은 직접 해야 한다.

골조가 마무리되면 본격적으로 의사결정할 것들이 많아진다. 이때 우리는 다양한 샘 플을 놓고 시뮬레이션을 통해 건축주의 이해를 돕는다. 건축 잡지나 인테리어 잡지를 보 면 다양한 사례들을 접할 수 있다. 소규모 개발의 경우 시공업체의 단편적인 샘플은 의 미가 없다. 그 샘플을 사용한 현장을 직접 보는 것이 가장 효과적이다. 고민하는 시간이 줄어들고 결정이 빨라진다. 이는 곧 공사기간을 효율적으로 단축하는 방법이기도 하다. 특히, 외벽은 공사비에서 비교적 높은 비중을 차지하는 항목이다. 높지 않은 비용으로 모던하고 감각적인 외장을 선택하려고 해도 현장에 답이 있다. 직접 가서 보고 이해하는 것이 빠르다.

어느 순간이 되면 현장이 도면 그대로 실현되고 있는지가 보인다. 그러므로 건축주 (투자자)는 공사비용이 큰 부분들 위주로 확인하면 된다. 골조, 외장, 엘리베이터 등 공사 비용에서 비중이 가장 큰 부분들을 현장에서 확인한다.

참고로 시공업체 선정의 성공 여부는 현장소장에게 달렸다고 해도 과언이 아니다. 이는 우리도 확실하게 체감하는 부분이다. 시공업체의 현장소장은 공사현장에서 지위 가 가장 높은 사람이며 발주부터 시작해 공사스케줄의 모든 것을 관리 감독한다. 현장소 장과 친해져 그의 정보를 마음껏 공유하자. 아무리 인지도 높은 시공업체여도 파견되는 현장소장의 능력이 떨어지면, 건물에 하자 문제와 공사기간의 지연이 발생한다.

현장에 답이 있다

무슨 일이든지 현장에 답이 있다. 잘 알지 못하더라 부지런히 공사현장에 드나들며 회의에 참석하다 보면 보다 효과적인 방법을 제안할 수 있게 된다. 우리가 개발 경험이 충분하지 않았던 2012년 시점에 하자를 찾아낼 수 있었던 것도 공사현장을 꼼꼼하게 확인한 결과였다.

만약 골조 시점에 하자가 발견되지 않은 채로 준공까지 갔다면 어땠을까? 생각하기도 싫다. 사용승인허가도 안 나올뿐더러 육체적, 정신적, 자본적 지출의 출혈도 심각했을 것이다. 시공업체와 건축사 간에도 필연적으로 분쟁이 생겼을 것이다. 이럴 경우 고스란히 피해를 보는 건 건축주(투자자)라는 사실을 명심하자.

잔금 지불 전 하자 체크리스트
- 내부 -

꼬마빌딩 준공이 완료되면, 준공 청소를 시작으로 건물의 하자를 본격적으로 체크해야 한다. 이것을 개인 투자자가 혼자 하기는 쉽지 않다. 특히, 준공이 완료된 후 비가 많이 내리거나 기온이 영하로 떨어지는 여름과 겨울에는 체크 시 놓칠 수 있는 하자들이 늘어난다. 일반 민간 임대사업자가 건물 준공과 동시에 건물의 하자를 찾아내기는 어렵다. 따라서 시공업체에서는 준공이 완료되면 하자보증보험 증권을 건축주(투자자)에게 발급한다.

하자보증보험 증권이란 건물 완공 후 하자보수 문제가 발생했는데, 시공업체 측에서 하자공사를 하지 않을 때를 대비해 발행하는 보험증권이다. 일반적으로 시공업체 측이 건축주에게 발행한다. 준공이 완료되면 시공업체는 건설공제조합, SIG 서울보증보험에서 증권을 발부받아 해당 관청 또는 건축주(투자자)에게 전달해야 한다.

꼬마빌딩의 준공이 완료된 이후 가장 크게 맞닥뜨리는 문제가 바로 하자보수 책임이다. 준공이 완료되고 나면, 건축주(투자자)는 임대수입을 얻기 위해 임차인들의 입주를 서두른다. 이때 실질적으로 각 호실을 직접 사용해 보지 않고 임대를 주게 되면, 하자 발생으로 인한 피해를 임차인이 고스란히 보게 된다. 법적으로 하자 담보책임은 시공업체에 있으니 급한 마음에 건축주(투자자)는 시공업체에 연락을 취한다. 그런데 시공업체에서 준공 시 하자이행보증금을 공탁했으니 서울보증보험에 보험금을 요청하라고 하는 경우가 있다. 그에 따라 다시 서울보증보험에 연락해 상황을 설명해도 복잡한 각종 서류만 우선 준비해 오라고 한다. 건축주(투자자)로서는 답답할 따름이다.

이러한 일들을 예방하려면 도급계약서를 작성할 때부터 신축건물 인도 후 담보책임 기간을 계약서에 작성한다. 신축할 경우 대부분 종합건설 면허를 갖춘 시공업체를 선택하게 되는데, 이때 하자담보책임 범위를 1년에서 10년 이상까지 시공업체가 부담하는 것으로 정해 보험증권을 발행한다. 하자 내용에 따라 그 기간이 다르므로 준공 임박 시점에는 공사대금 잔금 지불 전 집중해서 하자를 체크해야 한다.

건물에 하자가 발생하면 일차적으로 시공업체 측에 통보해 수리이행을 촉구한다. 그래도 원만히 처리되지 않을 경우, 이차적으로 보증보험 회사에 하자수리비용을 청구한다. 직접 해 본 결과 공사대금 잔금 지급 전에 하자를 최대한 체크해 이상이 있다면, 수리완료 후 대금을 지급하는 것을 추천한다.

준공이 완료되었다고 해서 당장 현금흐름을 확보하려고 임대차 계약을 성급하게 진행해서는 안 된다. 준공된 건물의 상태부터 최상의 컨디션으로 만들어 놓는 프로다운 자세를 갖추도록 하자. 문제는 소소한 것에서 출발해 중대한 문제로 확장된다.

지금까지 우리가 준공한 건물들을 기준으로 가장 소소하면서도 빈번하게 발생하는 하자들을 아래에 정리해 보았다.

내부의 하자

우선 내부 임대호실의 하자체크방법이다. 건물의 하자는 외부와 내부로 나눠 체크하는데, 외부의 하자는 시공업체 측에서 정확한 확인이 가능하다. 외부는 투자자(건축주)도,

시공업체의 현장소장도 수시로 들락거리는 장소라서 문제가 발생하면 누구나 쉽게 알아차릴 수 있다. 반면에 내부 호실의 하자는 소소한 것들이어서 놓치기 쉽다. 공사대금 지불 전에 확인해서 시공업체 측에 전달하지 않으면, 정말 소소한 것에 드는 시간적·정신적 스트레스가 만만치 않다. 그래서 우리는 외부보다는 임대공간 내부의 하자체크에 신경을 쓰는 편이다.

❶ 전체 호실의 내부 시설물을 사용해 본다. 에어컨이 있다면 틀어 놓고 보일러도 가동한다(에어컨과 보일러는 최소 1시간 이상 틀어놓아야 한다). 가스레인지 후드, 전기레인지 등 설치된 모든 집기들을 틀고, 켜고, 사용해 본다. 에어컨에서 빈번하게 발생하는 문제는 응축수 배관의 누수다. 1시간 이상 사용해서 물이 흐르지는 않는지 확인해야 한다. 보일러는 여러 세대일 경우 가끔 마무리 설치가 안 되는 경우가 있다. 가장 마지막에 도시가스를 연결하기 때문에 가장 늦게 하자를 발견하게 되니 난방과 온수 확인을 놓치지 말자.

❷ 싱크대와 욕실의 물을 전부 틀어놓고, 드럼세탁기가 설치되었다면 작동해 본다(세탁기 내부에 사용설명서를 넣어 두는 경우가 있으니 내부 확인 후 작동한다). 직접 사용해 보는 이유는 배수문제와 배관의 누수현상을 확인하기 위해서다.

❸ 전기레인지와 드럼세탁기가 싱크대 쪽에 빌트인으로 설치되는 호실은 내부에 전기 콘센트가 제대로 꽂혀 있는지 확인한다. 전기선을 연결하지 않았다면 결국 다시 세탁기를 빼내고 재설치해야 하기 때문이다. 이건 하자도 아니어서 육체적 노동이 필요하다. 현장소장과 시공업체가 나가기 전에 반드시 확인해야 한다.

이번에 직접 개발을 실행했던 아산시 꼬마빌딩에서 우리는 혹독한 육체적 노동을 경험했다. 전체 호실 중에서 70%가 전기 콘센트를 꽂지 않은 상태로 세탁기가 빌트인으로 설치된 것이다. 사전 하자체크에 대해 누구보다 잘 알고 있는 우리였지만, 안타깝게도 지리적으로 멀고 시간이 없다 보니 현장소장이 모든 공사를 끝내고 철수한 시점에야 문제를 발견했다. 결국 내가 전체 호실의 전기 콘센트 연결을 마무리했다.

인덕션 구멍으로 들어가 전기 콘센트를 꽂는 모습

인덕션과 드럼 세탁기의 전기 콘센트를 꽂지 않고 설치한 모습

❹ 각 호실의 마감을 확인한다. 창문 쪽에 특히 코킹 작업들을 특히 꼼꼼하게 확인한다. 보일러실이 외부에 있다면 누수나 동파예방 여부를 확인한다. 외부에 보일러실을 설치하면 엉성하게 마무리하는 경우가 많다. 보일러 연통마감과 누수가 없는지, 열선작업이 잘되었는지 확인한다. 보일러 사용을 위한 도시가스업체와 사용승인이 정상적으로 마무리되었는지도 확인하자. 시공에만 열중하다 보면 도시가스 업체의 사용승인이 지연되는 경우가 종종 발생한다.

❺ 도배와 페인트 마감 확인 및 전기구 스위치를 확인한다. 전등이나 각종 스위치가 이상 없이 정상적으로 작동되는지 확인하자. 도배 또는 페인트 마감을 확인하는 이유는 결로현상이나 창호 사이의 누수를 확인하기 위해서다. 가끔 도배 자체가 찢어지거나 훼손되는 경우도 있지만, 누수나 결로 흔적을 찾기 위한 중요한 작업이므로 반드시 체크해

야 한다. 가끔 스위치의 온오프가 반대로 설치되는 경우도 있다. 이런 소소한 것들을 나중에 하려면 시공업체에 전화하고 전기담당이 현장에 나와 마무리해야 하므로 시간이 지체된다. 등기구를 설치하다가 도배가 찢어지는 경우도 종종 발생한다. 신축건물인 만큼 시공업체가 철수하기 전에 소소한 하자들까지 면밀히 확인해 재시공을 요구한다.

❻ 변기 등의 도기 설치 후 매지 마감과 타일 매지를 확인한다. 가끔 공사 과정에서 방수가 미흡하거나 창호마감이 불량이어서 그 틈을 타고 누수가 발생하는 경우가 있다. 이미 천장 마감이 끝났다면 할 수 없이 천장에 구멍을 뚫어야 한다. 경미한 문제로 쉽게 해결되면 좋지만, 장기적으로 확인이 필요할 때는 다시 천장 마감을 요청하기보다는 점검구를 설치하는 것도 방법이다. 시공업체 측에서 재시공한다 해도 근본적 원인을 찾지 못한 채 공사를 마무리하는 경우가 발생하고, 결국 시간이 흐르면 같은 지점에 누수가 발생할 확률이 높다. 따라서 누수 원인을 파악하기 위해 누수발생 지점을 재시공할 때는 천장에 점검구를 설치하는 방법을 추천한다.

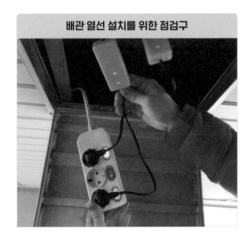
배관 열선 설치를 위한 점검구

누수가 발생한 천장에 점검구를 설치

하자는 놀라거나 화낼 일이 아니다. 이미 발생했으니 해결해야 할 문제일 뿐이다. 그러기 위해서는 작업자들이 최대한 문제점을 정확히 찾아내서 마무리할 수 있도록 기다려야 한다. 준공이 끝나도 아직 시공업체 측과 할 일이 많이 남아 있다. 하자체크를 하며 찍은 사진과 자료를 잘 정리해 보관해 두자.

이상에서 꼬마빌딩의 개발 시 준공 완료 후 놓치기 쉽고 가장 빈번하게 발생하는 하자들을 상세하게 설명했다. 이것은 우리가 신축개발에 이어 준공건물의 관리까지 20여 개 이상의 신축건물들을 운영하며 하자를 체크해 피드백한 내용들이다. 이외의 큰 문제점들은 시공업체 측에서 더 잘 알고 있다. 공사잔금을 받기 위해서라도 이들은 하자를 바로잡기 위한 공사를 최선을 다해서 빠르게 진행한다.

하자는 처음 건물을 시공한 업체에서 마지막까지 잘 마무리해 주는 것이 가장 좋다. 시공업체에서 "우선 중요한 것부터 하고 나중에 하겠다."라고 하는 경우가 종종 있는데, 나중은 없다. 호실이 여러 개인 꼬마빌딩의 경우에는 소소한 하자수리에도 기간이 상당히 소요되니 물러나지 말자. 공사잔금 지급을 이유로 끝까지 붙잡고 현장에 업체 사람들이 있을 때 마무리해야 한다.

잔금 지불 전 하자 체크리스트
- 외부 -

외부의 하자

내부 호실의 시설물과 마감확인을 완료했다면, 건물 외부와 테라스 공용부분의 누수 및 마감을 확인한다. 가장 좋은 방법은 담수작업이다. 물론 시공업체 측에서는 굉장히 싫어할 수도 있지만, 비가 오지 않는 상황에서 하자를 체크하기엔 이만한 방법이 없다. 각 호실의 테라스와 옥상이 있다면 이틀 정도 물을 채워뒀다가 전체 호실을 확인한다. 테라스와 옥상의 하수구를 비닐과 페트병을 이용해 막은 뒤 물을 채우면 된다.

하수구를 페트병으로 막은 뒤 테라스에 물을 채운 모습

　만약 겨울에 건물이 준공되었다면 담수 작업이 어려울 수 있으니, 누수 체크 대신 결로 체크를 하는 것도 방법이다. 가끔 신축 건물 전체 호실 중 일부 호실에서 결로가 심하게 발생하는 경우가 있다. 시공업체 측에서는 결로현상이 생기면 콘크리트가 굳어지는 과정에서 나타나는 일시적인 현상이라며 얼버무린다. 결로는 대부분 창문 근처, 외벽과 가까운 곳에서 가장 빈번하게 발생한다. 결로가 발생하는 이유는 외벽과 인접한 곳의 단열에 문제가 있기 때문이다. 결로 방지를 위해서 창문을 작게 만든다거나, 창호는 조금 더 비용을 지불해도 단열이 확실한 자재를 쓰는 것이 좋다. 무엇보다 외장 공사를 위한 단열 시 결로 현상이 내부까지 발생하지 않도록 시공하는 것이 중요하다.

　겨울철에는 곰팡이 문제까지 발생하기 때문에 결로는 건축물에서 무척 중대한 하자다. 한번 생긴 곰팡이는 쉽게 사라지지 않는다. 결로는 시공의 하자이며, 콘크리트 타설이 자리 잡기까지 일시적으로 발생하는 현상이 아님을 분명하게 말하고 싶다. 시공 과정에서 조금만 주의를 기울이면 결로 현상이 없는 건물을 건축할 수 있다.

　이와 관련해 10여 년 전 전투력만 가득하고 순수했던 시절의 경험담이다. 꼬마빌딩 준공이 완료된 후 임대를 시작하기 전 하자를 체크하며 결로현상을 확인했다. 시공업체 측에서 1년 정도 지나면 괜찮아진다고 하기에 철석같이 믿었다. 입주자의 온갖 민원에 시달리면서도 착하게 기다렸지만 결국 알고 보니 시공상의 하자였다. 옥상 지붕 쪽 징크 접합부 부분에 마감이 제대로 이루어지지 않아 누수가 발생하면서 곰팡이가 생긴 거였다. 목마른 사람이 우물을 파는 심정으로 간절하게 살피면 모든 하자가 눈에 잘 들어온다. 그에 대한 해결 방법도 머릿속에 그려진다. 임차인의 빗발친 민원에 눈에 뵈는 것이 없었다. 오직 결로 원인을 찾기 위해 몰두해 서류 작성과 현장 확인을 마무리했다.

건물의 가장 꼭대기 징크 부분에도 문제가 발생해 스카이차를 이용한 작업이 필요했다. 고소공포증이 없는 사람도 안전띠 하나에 의지해 일반 사다리차를 타고 올라가서 확인하기는 어렵기 때문이었다. 이미 1년이 지난 시점이라 명백한 확인을 거쳐 시공업체의 과실을 주장해 재시공 비용을 청구할 수 있었다. 그 과정에서 겪은 정신적, 육체적 고단함은 이루 말할 수 없다.

그러니 공사 잔금 지불 전 하자 체크에 집중하자. 그 시점에서 그냥 넘어가면 추후 재시공을 위한 노력과 시간이 엄청난 스트레스로 느껴질 것이다. 다음에 소개하는 하자 체크리스트 작성 방법은 지금까지 해 본 하자 체크방법 중 가장 단순하고도 효과적인 방법이다. 어쩌면 무식해 보일 수도 있지만, 준공된 건물의 하자를 체크하기에는 이만한 방법이 없다.

2017년 준공 완료 시점 내부 호실의 하자를 체크한 하자 체크리스트의 일부다. 각 호실마다 내부 시설 하자 체크리스트를 사진과 설명으로 첨부해 작성한다. 작성한 서류는 공사잔금 지급 전에 시공업체로 전달하고, 재시공이 완료되면 공사잔금을 지급하기로 협의한다. 시공업체 측에서도 적절한 재시공 시점을 놓치면 시간적으로나 비용적으로 지출이 커지니, 하자 체크리스트 작성은 시공업체와 건축주 모두에게 이로운 작업이다.

하자 체크리스트(예시)

1. 작성일: 2017년 4월 8일 지하 및 1층 근린생활시설과 외부 공용공간 외에 내부 호실의 하자 체크 먼저 발송합니다.
2. 작성자: ○○○

전체 하자 공통사항 – 화장실 배관, 도기, 환풍기, 액세서리 등 설비가 95% 불량으로 설치됐으며, 전선 마무리 작업 필요합니다.

중요 사항 – 4층, 5층의 경우 징크와 외벽의 접합부, 창호 쪽에 누수가 발견되어 재시공을 요청합니다.

전체 호실 공통사항

창호 실리콘 마감 재시공 요청	주방 쪽 전선 마감 전체 불량	싱크대 레인지 후드 상부장 자석 불량

욕실 세면대 배관 누수	보일러 가스 연결 불량	화장실 배관 마감 불량

환풍기 설치 불량	각 호실 말발굽 재시공	출입구 등 미설치

201호 하자 체크리스트

싱크대 레인지 후드 쪽 상부장 전선 노출	침실 문 옆 훼손 바닥 간섭 심함	화장실 샤워기 헤드 누수 교체 요망

세면대 아래 타일 벽면 쪽 누수 의심	싱크대 냉장고 벽 설치 안 됨	침실 문에 도어 스토퍼 필요

202호 하자 체크리스트

화장실 천장 몰딩 벌어짐	화장실 문 마감 불량	화장실 누수 (점검구 윗편 배관 소켓 불량)
가운데 2번 스위치 작동 안 됨	방충망 찢어짐. 재시공 요청	

내부 호실별로 하자 체크를 마무리했다면, 이 내용을 문서로 작업해 시공업체 측에 전달한다. 소소한 문제들을 놓치는 경우가 많으므로, 편하고 깔끔하게 마무리하기 위해서는 각 호수별, 층별, 위치별 사진과 함께 문서로 일괄 작성해 전달하는 것이 효과적이다. 전달받은 자료를 확인하며 하나씩 처리하면, 시공업체 측에서도 놓치지 않고 하자문제를 처리할 수 있다.

조금 번거롭게 생각될 수도 있지만, 언젠가는 큰 문제가 되어 건축주에게 책임이 돌아올 수 있으므로, 시공업체 측에서 빠트리지 않고 깔끔하게 마무리할 수 있게 해야 한다. 하자공사가 완료되면, 문서로 작성한 하자 체크리스트를 하나씩 지워나가면서 확인한다. 재시공 여부를 체크하다 보면 또 다른 문제가 확인될 것이다. 이런 방법으로 2~3회 정도 반복하면, 공사잔금 지불 전에 빠르게 하자 수리를 마무리할 수 있다.

건축주(투자자)는 건물에서 의심되는 모든 것들을 메모해야 한다. 사진을 찍어서 문서로 한 번에 정리하는 것 또한 임대사업자가 갖추어야 할 기본적인 자세다. 앞으로 계속해서 강조하겠지만, 꼬마빌딩 임대사업도 이제 어엿한 하나의 사업인 것을 잊어서는 안 된다. 전문적으로 운영 및 관리해야 한다. 건물이 준공되면 임대사업자(건물주)의 역할이 본격적으로 중요해지므로, 내 건물의 자료를 꾸준하게 문서화하고 데이터화해 저장해야 한다.

4부

스트레스 없는
임대관리 시스템
만들기

건물관리의
4대 원칙

체계적인 시스템을 마련하자

9개층 이하 20세대(호) 미만의 꼬마빌딩은 통상적으로 건물주(투자자)가 대리인(관리인)과 함께 운영하는 것이 일반적이다. 특히, 최근 들어 주택임대사업자로 등록한 민간임대주택 수가 급격하게 증가하고 있음에도 불구하고, 꼬마빌딩의 임대관리를 위한 체계적인 시스템은 부족한 실정이다. 앞으로 꼬마빌딩 임대사업의 이슈는 임대사업자의 운용 및 관리능력과 입주자들의 민원 해결방법이 될 것이다. 임대사업자의 길을 꾸준히 안정적으로 가려면, 운영 및 관리를 어떻게 효율적으로 할 수 있을지 고민해야 한다.

1 | 공실 최소화: 임대료 인하 & 디자인 차별화

수익형 부동산의 핵심 업무 중 가장 어려운 것이 공실의 최소화다. 특히, 주택임대사업자의 경우 공실이 오래 지속될 때 공실 회전을 위해 월 임대료를 ±10만원 정도 유연하게 조정하는 전략을 구사하기가 사실상 어려워졌다. 주택임대사업자의 세제혜택에는 임대료상한제(연 5% 이내)를 지킬 의무가 뒤따르기 때문이다. 주택임대사업자라면 반드시 임대료 상한가능 금액을 계산해 보고 임대계약을 체결해야 한다. 이때 임대등록시스템이 있는 렌트홈을 참조하면 편리하다(www.renthome.go.kr 참조).

공실을 최소화하는 핵심은 임대호실의 정상작동 확인과 청결 유지다. 가장 간단한 일이지만 사실은 가장 어렵다. 꾸준히 시간과 공을 들여서 건물을 확인하는 것밖에 방법이 없기 때문이다. 또한, 인근의 부동산에서 내 건물을 제대로 광고하는지 체크해야 한다. 이때 SNS와 개인 블로그 홈페이지 등을 구축해 적극 홍보하는 것도 좋은 방법이다. 현수막 설치도 괜찮다. 만일 장기간 공실이 지속될 경우 효과적인 방법은 파격적인 임대가격 할인을 실시하는 것이다.

건물주 입장에서는 시장 평균 임대료에서 10~20% 낮추더라도 장기사용 우등임차인을 만드는 것이 중요하다. 결과적으로 공실률이 줄어들고 임대차계약을 진행하는 과정의 비용지출도 줄어들기 때문이다. 무엇보다 임대 공간을 사용하는 임차인의 이동이 현저하게 줄어든다. 임차인 입장에서도 어차피 인근으로 이사하려다가 임대료 대비 임대공간에 질적인 차이가 크게 없다면 계속 사용하는 것을 선택하게 된다. 건물 전체의 임대관리를 놓고 보면 임대가격의 인하는 공실을 최소화하기 위한 가장 효과적인 방법이다. 하지만 위에서 언급했듯이 주택임대사업자의 경우 임대료상한제로 인해 한 번 임대료를 정하면 크게 올릴 수 없기 때문에 재정흐름을 고려해서 실시해야 한다.

어떤 방법도 효과가 없다면 부동산의 리모델링이나 신축을 고려할 수 있다. 임대시장에서 가장 민감하게 반응하는 것은 가격경쟁력인데, 파격 할인에도 임대수요가 없다면 내 수익형 부동산의 임대공간에 질적인 문제가 있다는 뜻이다. 이는 주변 임대부동산의 공실들 중 임대가격이 비슷한 두세 곳만 방문해 봐도 알 수 있다. 강남 지역에서는 임대공간의 크기가 같은데도 월 임대료가 80만원부터 150만원까지 크게 차이를 보이는데, 이 차이는 바로 임대공간의 차별화에서 생긴다. 일대일 지정 주차공간, 감각적인 인테리어, 단독 개인 테라스 등 다양한 방법으로 임대공간의 품질을 높이면 경쟁우위를 확보할 수 있다.

2 | 임대료의 철저한 수금

그동안 꼬마빌딩의 임대관리를 해온 경험에 비추어 보면, 주거 월세 임대차계약의 경우 보증금은 통상 2년치 월세다. 보증금이 지나치게 넉넉하면, 임대인과 임차인 모두 납부 확인을 게을리하게 된다. 전세 임대차계약에서 관리비 미납이 가장 높고, 보증금이 높은 반전세(반월세) 형식의 임대차계약에서는 임대료 납부 불성실 문제가 가장 빈번하게 발생한다. 임대인(관리인)은 매월 납부일에 임대료를 수금하는 것을 원칙으로 하는 시스템을 만들어야 한다.

꼬마빌딩 임대사업에서 임대료의 미납은 현금흐름에 지장을 주는 가장 큰 문제점이다. 경험에 비추어 볼 때 꼬마빌딩에서 임대사업을 운영하는 임대인(건물주)은 현금과 부채 비율을 평균 6(현금) : 4(부채) 정도로 운영한다. 그러다 보니 주택, 사무실, 상가 임대료가 1개월만 미납되어도 현금흐름에 문제가 발생하므로, 보증금이 적으나 많으나 첫 임대료 납부일부터 수금 관리를 철저히 하고 마지막 퇴실 시까지 집중 관리해야 한다.

임대료를 수금하는 방법은 단순하다. 매월 놓치지 않고 반복적으로 하면 된다. 매월 납부일에 임대료 금액과 계좌를 문자로 발송한다. 일정기간(10~15일)이 지나도 납부 확인이 되지 않으면, 임대료 납부안내 문자를 추가로 발송한다. 이후에도 어떠한 답변이나 임대료 입금이 확인되지 않는다면, 유선통화로 납부안내를 인지시킨다. 유선통화 시 부재중일 경우에는 호실에 직접 방문해 본다. 호실 방문 시 부재중이라면, 임대인이 방문했다는 것을 호실에 메모로 남기고 온다.

대부분의 임차인은 문자발송 시점에 밀린 관리비나 임대료를 납부한다. 매월 납부일에 문자를 발송하는 것은 임대사업 운영의 기본업무다. 우리 건물에 입주한 입주자들의 편의를 위한 서비스로 생각하면 된다. 임대수요자들이 언제 계약서를 들춰보고 계좌번호를 찾아서 입금하겠는가?

안녕하세요. ○○건물 임대인(관리인)입니다. 매월 ○일은 임대료(관리비) 납부일입니다. 납부계좌 ○○○-○○-○○○○, 납부금액 ○○만원 납부 부탁드립니다. 오늘도 좋은 하루 되세요.

추운 겨울이나 더운 여름에는 임차인의 건강까지 염려해 주면 더욱 좋다. 명절이 있는 달에는 명절인사를 남기는 세심함과 따뜻함이 입주자들에게는 큰 힘이 된다.

임대료 미납으로 인해 명도소송까지 가는 경우도 있는데, 사태가 여기까지 진행되지 않도록 미연에 방지해야 한다. 법으로 가면 장기화되고 현금흐름이 막힌다. 임차인과 굳이 법적 분쟁을 벌일 필요가 있을까? 감정과 이성의 양면을 적절히 활용해 퇴실시키는 것이 답이다. 만일의 경우 명도소송으로 밀린 임대료와 부동산을 명도 받겠다면, 건물주는 임차인과 계약서를 작성하는 시점에 그 사실을 명확히 알려줘야 한다.

> 임대료 연체 시 연체 1개월 이후부터 연 ○(%)의 연체 이자가 임대료에 가산되며, 2기 이상 임대료 미납 시 임대인은 별도의 서면통보 없이 즉시 명도소송을 진행할 수 있다. 이 경우 소송비용은 임차인의 보증금에서 차감하며, 명도완료 시까지의 임대료와 연체이자, 각종 공과금과 원상복구 비용은 임차인이 부담한다.

이 정도로 작성해 두면, 임대료 장기 미납 시 조금 수월하게 명도소송을 진행할 수 있다.

3 | 민원처리

신속한 민원처리 시스템은 우리가 강남 지역에서 꼬마빌딩의 임대관리를 하면서 가장 중요하게 여기는 부분이다. 문제는 대부분 아주 사소한 것에서 발생해 확장된다. 긴급한 사항들은 즉시 처리하지만, 입주자 민원접수에 소홀히 응대하다가 큰 문제로 비화하는 경우가 많다. 명심할 것은 입주자의 민원전화에 스트레스부터 받지 말고, 입주자를 위한 서비스 마인드와 입주자에 대해 내 건물의 임대료를 지불하는 소비자(수요자)라는 자세를 갖추는 것이다. 타당하고 합리적인 민원전화 응대 역시 임대사업자(건물주)가 준비해야 할 자세다.

건물주 입장에서 사실 가장 힘든 것이 민원전화 응대다. 특히 주거용의 경우에는 휴일이나 퇴근 후 저녁시간에 민원이 접수되는 경우가 빈번하다. 대한민국 누구나 꿈꾸는 임대료를 받는 건물주의 삶도 규모가 소형인 경우에는 녹록지 않은 것이다.

계약시점에 민원전화 시간을 지정하는 것은 민원전화의 스트레스를 줄일 수 있는 방법이다. 간단한 수리를 위한 AS 연락처 정도는 각 입주자에게 미리 고지하자. 물론 그에 앞서 건물주에게는 임대공간 시설물의 정상작동과 청결은 기본으로 제공해야 할 의무가 있다는 점도 잊지 말자.

⊚ 민원 처리 체크사항

- 민원전화 응대시간: 입주자들의 민원접수 연락이 가능한 시간을 미리 지정한다. 예를 들어, 휴일 제외 오전 10시 ~ 오후 5시.

- AS 문의: 기본적인 AS 처리는 직접 할 수 있도록 연락처를 제공한다. 가전 AS, 도시가스업체 연락처, 전기(한전) 연락처, 인터넷 케이블 연락처, 설비업체 연락처는 입주시점에 미리 안내한다.

- 임대사업자(건물주)의 자세: 임대료를 지불하는 임차인과 대화할 때 서비스마인드로 친절하게 접근하는 것이 무엇보다 중요하다. 이때 기준을 정하고 응대하는 것이 좋다.

4 | 시설관리

임대사업을 위한 수익형 부동산의 사업자(임대인, 건물주)는 부지런해야 한다. 무슨 일을 하든 한자리에서 10년 이상 버티다 보면 답이 보인다는 말을 들어 본 적이 있을 것이다. 더욱이 부동산은 말 그대로 움직이지 않는 부동자산이다. 10년이 흘러도 변하지 않고 토지와 건물은 묵묵히 그 자리에 버티고 있다. 특히, 꼬마빌딩의 경우 한자리를 지키고 있는 것만으로 임대인에게 돈을 벌어준다. 이것은 적어도 수도권이나 역세권이라면 변함없는 진리다.

임대사업을 위한 꼬마빌딩을 보유하고 있다면, 수시로 시간을 활용해 내 건물의 상태를 확인해야 한다. 운영 및 관리를 직접 한다면 일주일에 2회 정도는 건물에 방문해 외관을 꼼꼼하게 둘러보고 공용공간의 소소한 사항들을 체크하자. 건물을 오가면서 인근 상권의 변화를 알 수 있고, 낯익은 사람들과 적당한 거리로 인간관계도 유지할 수 있다. 건물을 둘러보면서 공용공간의 센서등이나 청소 상태가 정상적으로 유지 및 관리되고 있는지 확인한다.

이렇듯 작은 관심을 꾸준히 기울이는 노력은 건물이 노후할수록 가치를 발휘한다. 이것은 우리가 10년이라는 기간 동안 건물을 관리하면서 알게 된 사실이다. 당장은 알 수 없지만, 내 건물에 대한 관심과 꾸준히 관리하는 습관은 시간이 흘러 재매각 시점에 그만큼의 가치 차이로 돌아온다.

📍 꼬마빌딩 시설관리 체크사항

- 청소상태와 쓰레기 정리정돈, 청결상태 확인
- 각 층의 센서등과 엘리베이터, 화재경보기 등의 정상작동 확인
- 한파 및 폭우 시 겨울철이나 여름철 공용공간의 창문 단속 관리
- 겨울철 외부 보일러나 수도 시설 보온작업
- 여름철 에어컨 실외기 화재예방 확인을 위한 갤러리창의 개폐 여부 확인 및 외부에 노출된 에어컨 배관 테이핑 보강작업
- 건물 외벽 누수 흔적이나 크랙 여부 확인(특히 후면부나 보이지 않는 곳)
- 주차현황 관리와 입주자들의 우편물 확인(공과금 미납이나 세금 미납 여부를 미리 확인할 수 있음)

내 꼬마빌딩
홍보하기

내 꼬마빌딩을 알리는 효율적인 방법 중 하나는 젊고 빠른 공인중개사들을 찾아가서 적극적으로 홍보하고 친해지는 것이다. 원룸 임대를 중개하는 데 감각적이고 센스 있으며 열정이 넘치는, 젊고 패기 있는 공인중개사 사무소에 맡긴다면 더욱 효과적이다. 이런 중개사무소의 경우 인터넷 광고도 공격적으로 하고, 30분 미만의 차량 이동을 통한 손님 안내도 적극적으로 추진한다. 공인중개사 사무소마다 토지전문, 아파트전문, 오피스텔전문, 사무실이나 상가전문, 주택 원룸 전문 등 중개 대상에서 명확하게 비중을 차지하는 포지션이 매우 다양하므로 건물주가 자신의 꼬마빌딩 유형에 맞는 적절한 중개사무소를 찾아내는 것도 능력이다.

준공 후 건물주가 할 일

건물이 준공되면 건물주는 부지런히 움직여야 한다. 인근 모든 부동산 중개소에 지정한 오픈 날짜를 알려주고 그날 직접 와서 볼 수 있도록 초대한다. 드문드문 호실을 보러 올 때마다 일일이 설명하고 안내하는 건 비효율적이다. 이렇게 한번 행사를 치르면 임대금액을 매번 전화로 알려주는 번거로움과 소통의 오류를 최소화할 수 있다. 임대인(관리인)은 임대현황 자료를 만들어 출력 또는 문자발송을 통해 공인중개사들에게 나누어 주고, 충분히 설명해 주어야 한다. 공인중개사들은 각 건물의 특이사항을 명확하게 알지 못한다. 예를 들어 주차장이 넓어서 주차가 가능하다고 이야기했는데, 계약서 작성 시점에 주차가 불가하다고 이야기하면 계약 성사가 어려워진다.

1 | 자료를 만든다

임대현황 출력물이 있으면 임대사업자(건물주)와 공인중개사 모두 편하게 일할 수 있다. 내부 시설을 사진으로 찍고 임대현황을 출력물로 만들어 공인중개사 사무소에 나누어준다. 연락처를 확보해 건물 상세내역까지 문자로 발송을 마치고 나면, 공인중개사들이 유선전화로 궁금한 것이나 의문이 생기는 것들을 확인하는 빈도가 확실하게 줄어든다. "그런데 그 호실에 베란다가 있었나요? 혹시 세탁기가 있었나요? 현관 출입문에 도어락은 설치되어 있었죠?" 등등 불필요한 문의에 대한 응답과 임대금액 안내 오류를 최소화할 수 있다.

부동산 중개사무소에서는 임장도 했고 내용도 충분히 알고 있는 만큼, 손님이 오면 가장 먼저 내 건물을 안내해 줄 것이다. 이건 내가 강남 지역의 수많은 건물들이 준공이 완료되고 임대개시가 시작되면 자주 쓰는 방법이다. 누구나 할 수 있는 방안이라고 생각하겠지만, 누구나 다 실행하지는 않는다. 한번 시도해 보자.

다음은 2020년에 노후한 근린생활시설 꼬마빌딩을 매입해서 리모델링 완료 후 실행한 임대계획이다. 전체 호실을 사무실 임대공간으로 리모델링했다. 초역세권이기 때문에 1인 사업자들을 위한 소형 임대공간도 만들고, 인근 상권을 고려해 의류 업종을 위한 20평형대의 사무실을 혼합해 리모델링했다. 임대사업자(건물주)는 냉난방기 설치 여부, 주차 여부, 공과금 납부기준, 간판 설치기준까지 미리 준비하고, 자신의 수익형 부동산

종로구 숭인동 임대계획

㈜ 알이디 자산관리 임대계획									
주소	서울시 종로구 ○○○						단위: 천원		
용도지역	준거주지역				규모(층수)		지하 1층/지상 5층		
대지면적	약 83평				구조/승강기		철근콘크리트/4인승		
건축면적	약 44평				주차		5		
연면적	약 240평				리모델링연도		2020		

층별 내용

층구분		용도	임대(㎡)	전용(㎡)	임대(평)	보증금	임대료	부가세	합금액
B1	B01	근생	82.57	75.74	24.98	15,000	1,400	140	1,540
	B02	근생	46.06	42.24	13.93	15,000	1,000	100	1,100
1층		주차장				—			
	101호	근생	75.73	35.55	22.91	20,000	1,500	150	1,650
2층	201호	사무소	76.60	64.53	23.17	20,000	1,700	170	1,870
	202호	사무소	61.74	54.19	18.68	20,000	1,300	130	1,430
3층	301호	사무소	40.16	29.35	12.15	10,000	850	85	935
	302호	사무소	33.61	26.61	10.17	10,000	750	75	825
	303호	사무소	34.22	27.10	10.35	10,000	750	75	825
	304호	사무소	30.36	24.04	9.18	10,000	650	65	715
4층	401호	사무소	24.48	16.35	7.41	1,200	600	60	660
	402호	사무소	17.42	13.31	5.27	1,200	500	50	550
	403호	사무소	20.80	15.89	6.29	1,200	550	55	605
	404호	사무소	16.49	12.60	4.99	1,200	500	50	550
	405호	사무소	16.49	12.60	4.99	1,200	500	50	550
	406호	사무소	16.49	12.60	4.99	1,200	500	50	550
	407호	사무소	26.15	19.89	7.91	1,200	600	60	660
5층	501호	사무소	20.83	16.15	6.30	1,200	550	55	605
	502호	사무소	21.77	16.88	6.59	1,200	550	55	605
	503호	사무소	16.02	12.42	4.85	1,200	500	50	550
	504호	사무소	16.02	12.42	4.85	1,200	500	50	550
	505호	사무소	16.02	12.42	4.85	1,200	500	50	550
	506호	사무소	25.64	19.88	7.76	1,200	600	60	660
	507호	탕비실							
합계			735.67	572.76		145,600	16,850	1,685	18,535

참고 사항	◆ 2020.2.15. 기준 ◆ 각 세대 냉난방기/인터넷 포함 1층, 2층, 3층, 4층, 5층/지층 인터넷 개별설치 ◆ 수도요금 지하 매월 1만원 선불 별도 1층 상가에서 매월 1만원씩 회수하여 납부하는 조건임. ◆ 1층은 간판설치 가능. 임대인 지정해 줌/나머지 호실은 간판설치 불가 ◆ 1층은 관리비 15만원 별도 조건임. ◆ 주차 b01호, 101호, 201호, 202호 각 1대 가능. 나머지 호실 주차 불가 ◆ 4~5층은 퇴실청소비 7만원, 2~3층은 퇴실청소비 15만원

에 기준을 만들어서 자세히 안내함으로써 계약 성공률을 높여야 한다. 하나라도 어필할 수 있는 장점이 있다면 아낌없이 설명해 주자. 사무실 건물이라 24시간 개방이 가능하다는 점, 인터넷 이용이 무료라는 점, 주차가 1:1로 편리하다는 점 등 인근 경쟁 임대건물들과 비교해서 장점이 될 만한 게 있다면 충분한 어필하는 것만이 내 꼬마빌딩을 빠르게 임대할 수 있는 방법이다.

2 | 소셜미디어에 홍보한다

이 방법 외에도 요즘 누구나 휴대한 스마트폰의 광각기능과 접사 기능을 활용해 내부 호실을 직접 촬영하고, 소셜미디어를 통해 내 수익형 부동산을 홍보하자. 혹은 부동산 중개사무소에서 활용할 수 있도록 사진자료들을 호수별로 예쁘게 찍어서 이메일로 전달하자. 즉, 부동산 임대사업자도 1인 기업이라는 자세로 접근하자.

블로그를 만들어 내 건물을 홍보하는 것도 좋은 방법이다. 거창하지 않아도 소소한 일상을 무료로 올릴 수 있는 개인 블로그의 이메일 계정을 통해 건물의 호실별 사진과 금액을 기재해 두자. 공실이 나올 때마다 저장해 둔 전체 호실의 사진과 특성을 인근 공인 중개사무소에 문자로 발송하면, 서로 편한 상호 관계가 형성될 것이다. 말보다는 문자와 서류가 중요한 시대다. 임대수요층에 맞추어 사업을 추진해야 한다. 내가 경험한 바에 의하면 간단, 명료, 정확한 문자 발송과 사진 전송만으로도 임대계약을 진행할 수 있다.

우리도 블로그에 건물마다 주소와 이름으로 나누어 호실별로 사진과 내용을 담아 홍보하고 있다. 임차수요자 입장에서는 임대공간을 실제로 보고 왔더라도 나중에 떠올리면 생각나지 않는 경우가 빈번하다. 공인중개사들도 통상 여러 개의 물건을 한꺼번에 안내하기 때문에 혼동하는 경우가 많다. 이때 온라인에 내 건물의 실제 현황과 사진 그리고 특이사항을 별도로 정리해 둔 것이 있다면, 임대를 진행하는 데 엄청난 효과를 볼 수 있다. 궁금해한다는 것은 관심이 있다는 뜻이다. 임차수요자가 궁금해하는 사항에 친절

하게 응대하고, 공인중개사에게 곧바로 온라인 주소를 링크해서 보내주면 전달도 쉽고 계약 성공률도 높아진다.

서울의 강남, 서초, 송파, 마포, 종로를 제외하면 꼬마빌딩의 홍보를 위한 광고노출이나 마케팅이 매우 약하다. 그런데 이것은 거꾸로 말하면 그 외의 지역에서는 수익형 임대사업자(건물주)로서 조금만 노력하면 경쟁우위에 설 수 있다는 뜻이기도 하다. 책이나 소셜미디어, 다양한 TV채널이나 지인, 혹은 다른 사람의 이야기로 들을 때는 이런 일들이 매우 쉽게 느껴진다. 하지만 누구나 할 수 있음에도 실제로 실행하고 정리해서 내 건물의 데이터를 만드는 임대사업자는 많지 않다.

사진 촬영에 공을 들이고 별것 아닌 장점이라도 강하게 어필해야 한다. 임대를 위한 내 건물의 사진과 임대금액을 정리한 자료는 앞으로 발생할 입·퇴실과 건물의 시설 유지관리에 반드시 필요하다. 그러니 각 호실의 사진과 건물별 특이사항들을 지속적으로 사용할 수 있도록 데이터로 깔끔하게 정리해 저장해 두자.

대치동 학원가 인근 주거 임대 정책

대치동에 원룸 주택 건물을 보유한 건물주가 있었다. 대치동은 학원가라는 지리적 특성으로 인해 3개월에서 6개월의 짧은 기간 동안 학원을 다니기 위해 원룸을 임대하는 수요가 많다. 인근에 같은 평수와 컨디션의 원룸 임대료가 월 80만~100만원으로 형성되어 있지만, 이 대치동 건물주는 월 70만원이라는 임대료를 신축 준공 이후 3년이 지난 시점부터 12년째 그대로 유지하고 있다. 총 9가구 원룸 임차인 70%의 평균 거주기간이 5년에 달해, 학원 강사나 인근 직장인이 임대계약을 체결한 후 특별한 사정이 없는 한 계속 사용하고 있음을 알 수 있다.

임차인이 자주 바뀌면 중개수수료는 물론이고 이사에 따른 호실 수리비용, 공실에 따른 비용이 드는 것은 물론이고 잦은 입·퇴실에 따라 건물주의 일이 많아진다. 그런데 이 대치동 건물주는 임차 수요가 풍부한 입지에서 파격적인 임대료를 고수해 안정적으로 임대사업을 유지하는 전략을 취하고 있었다.

요즘 임차 수요자들은 건물주(임대인)보다 검색능력과 정보수집능력이 뛰어나다. 우리가 관리하는 강남 지역 꼬마빌딩들의 임대관리 방법 중에서도 가장 효과적인 방법이 임대가격 경쟁우위다. 인근 수익형 부동산과 비교해 시장평균 임대료에서 10~20%의 낮은 임대료는 장기우등사용인을 선택할 수 있는 기회가 된다. 물론 이 방법 또한 임차 수요가 풍부하고 입지가 인정된 지역에서 빛을 발휘한다.

상가의 경우에도 핫 플레이스로 소문이 나면 임대료가 상승한다. 이에 임대료 부담이 높은 상가 임차인들이 결국 사업장을 옮기면서 젠트리피케이션(Gentrification)이 왕

왕 발생한다. 성동구에서는 성수동 핫플레이스 일대 상권이 임대료 상승으로 인해 슬럼화하는 것을 방지하기 위해 '임대료를 시세 70%만 받는 장기안심상가'를 만들었다. 이는 민간기업이 기부채납 방식으로 지자체와 업무 협약을 맺고 젠트리피케이션을 방지하는 사례로 손꼽히고 있다.

상권이 활성화되면 건물주(투자자)는 임대료를 높이고, 이는 결국 부동산 가격의 상승으로 이어진다. 수익형 부동산의 임대수익률은 매매가격과 임대료로 산출된다. 이때 건물주(임대인)가 상승한 임대료를 기반으로 건물 재매각에 나설 경우, 새로 매입한 매수인(새로운 건물주) 입장에서는 임대료를 낮추기가 어렵다. 하지만 임대료를 올리지 않더라도 충분히 임대사업을 위한 꼬마빌딩 운용 및 관리할 수 있다. 결과적으로 어떤 방법이 꼬마빌딩 임대사업의 본질을 지키며 효율적으로 운영 및 관리하는 방법인지는 각자 고민해 보자.

분쟁 없는
임대차계약서 작성법

계약의 본질에 집중하자

신축 건물의 공실 문제가 해결되지 않으면, 해결방안을 고민하기보다는 이것저것 내 마음대로 안 된다는 이유만으로 온갖 탓을 하기 쉽다. 마음고생이 이어지면서 임대계획의 기준도 흔들리기 시작한다. 이럴수록 임대인은 초조한 나머지 임대차계약서 작성과 더불어 사전 협의 없이 계약금부터 덜컥 받는 일이 없도록 주의해야 한다.

건물주(임대인)는 임대차계약 시 남에게 의존하거나 믿지 말고, 계약의 내용을 스스로 충실히 검토해야 한다. 계약을 진행하는 과정에서 혹시 임차인에게 알려줄 사항이나 특이사항이 없는지 직접 확인한 뒤 임대차계약을 진행해야 한다. 임대차계약의 경우, 공인중개사 사무소를 통해 계약협의 사항을 임차인에게 충분히 전달해야 한다.

대부분의 임대사업자(건물주)가 공인중개사무소 실장이나 대표에게는 잘 이야기하고 편하게 대한다. 하지만 정작 자신의 부동산에 입주하는 임차인에게는 의견을 제대로 전달하지 못하고, 계약의 본질을 벗어나는 매우 형식적인 이야기들만을 하는 경우를 종종 본다. 그 이유는 건물주 자신도 어떻게 응대해야 할지 잘 모르거나 두렵기 때문이다. 다 사람이 하는 일이니 너무 많이 알려고 할 필요 없다. 적어도 본인이 제공하는 수익형 부동산의 컨디션과 현황만 명확하게 알면 임차인의 질문에 얼마든지 응대할 수 있다. 계약을 성사시키겠다는 욕심이 임대공간의 사용설명보다 우선하면 안 된다는 것을 명심하자.

계약서 작성 시에는 반드시 참석해 앞으로 최소 1년간은 내 건물, 내 집, 내 부동산을 사용하게 될 임차인과 여러 가지를 협의한다. 이때 임차인에게 내 건물을 장기적으로 사용하도록 유도하는 관점으로 접근한다. 직업이 뭔지, 부모님은 어디에 계신지, 왜 이사를 하는지 등 수익형 부동산의 임대공간을 사용하기 위한 협상과 계약의 본질에서 벗어나는 대화는 그만두자. 내 부동산을 잘 사용해 주길 바라는 마음으로 건물의 특이사항들을 요약 정리해 특약사항에 명확하게 기재해야 한다. 그래야 임차인이 입주 이후 거주기간 동안 깔끔하게 사용하는 것은 물론, 퇴실 시까지 분쟁의 소지를 최소화할 수 있다.

다음은 꼬마빌딩의 주택 임대사업을 위한 특약사항 작성 시 주요사항을 정리한 것이다.

1 | 계약서 작성시점에 전세권 설정등기 가능 여부

주택의 경우 이사전입신고와 확정일자를 받을 수 있음에도 불구하고, 임차인이 전세권 설정등기를 요구하는 경우가 있다. 따라서 전세권 설정등기가 불가한 경우와 가능한 경우를 계약서 작성 시점에 미리 정리해 두어야 한다. 전세권 설정등기에 협조한 임대인이라면 임차인이 퇴실 시 직접 전세권등기말소를 하도록 해야 한다는 사실을 잊지 말자. 오래전에 임대계약 진행을 위해 등기사항증명서를 확인하니, 임차인이 퇴실하고 3년이나 지난 전세권 설정등기가 말소되지 않아 처리과정에서 곤혹스러운 경험을 한 임대인도 있었다.

주거용 부동산에서 전세권 설정등기가 불가한 경우의 특약사항은 다음과 같이 기재한다.

본 부동산에 전세권 설정등기는 불가하며, 전입신고와 확정일자로 대체하기로 임차인과 임대인이 쌍방 합의한다.

다음은 전세권 설정등기를 수락하는 경우다. 이때 전세권 설정과 말소비용 부담의 주체는 임차인이다. 설정을 원하는 사람이 비용을 부담하는 것이 당연하다. 말소 시에도 마찬가지이며 이를 특약사항에 기재하면 더욱 명쾌해진다.

전세권 설정과 말소비용은 임차인이 부담한다.

임차인이 전세권 설정등기를 하면 최소 2년 이상 거주하게 된다. 퇴실 시점에 임대인이 설정등기가 된 사실을 깜빡 잊어버리고 전세보증금을 반환해 줬다가는 퇴실한 임차인에게 말소 요청을 해야 하는 번거로움이 발생한다. 이때 특약사항에 다음과 같이 해당 사항을 명시해 두면 임대인과 임차인 쌍방이 안전하게 거래할 수 있다.

퇴실 시 전세권 설정등기 말소와 전세보증금의 반환은 동시이행으로 한다.

2 | 임차인이 주거 사용을 위해 전세자금 대출을 받는 경우

임대인은 계약서 작성시점에(계약금 입금 받기 전) 임대인이 준비해야 할 서류와 처리 절차를 구체적으로 알아두어야 한다. 임대인은 임차인이 주택 전세자금 대출을 받을 경우 협조해야 한다. 단, 전세자금 대출이 불가한 주택도 있으므로 임대인은 계약서 작성 시점에 임차인의 대출 여부를 미리 확인해 두어야 한다.

만약 내 주택이 위법건축물이거나 대출금액이 높아 전세자금 대출이 불가하다면, 미리 확인해서 임차인에게 알려 주는 게 가장 좋다. 하지만 임대인도 모를 수 있으니 특약사항에 작성해 두는 게 좋다.

> 임대인은 임차인이 전세자금 대출을 받는 데 협조한다. 단, 임차인이 전세자금 대출 가능 여부를 미리 확인하고 계약하는 것이므로 전세자금 대출의 책임은 임차인에게 있으며, 임대인은 잔금 불이행 시 별도의 서면통보 없이 계약을 해지할 수 있다. 이 경우 임차인이 입금한 계약금은 해약금으로 추정되어 반환 받을 수 없다.

임차인도 임대인도 너무 당연하게 여기는 것에서 문제가 발생하는 경우가 종종 있다. 전세의 경우 대부분 기존 입주자의 전세금 반환과 동시에 새로운 임차인이 입주한다. 이때 덜컥 전세계약을 했는데 전세자금 대출 불가 통보가 온다면 임대인과 임차인 모두에게 분쟁의 소지가 충분하다.

3 | 계약만료 퇴실통보 의무와 계약의 묵시적 갱신

계약기간의 연장이 묵시적으로 갱신되었을 때 임대인에게는 임차인이 퇴실의사를 통보한 날로부터 3개월 이내에 보증금을 반환할 의무가 성립한다. 임차인이 계약 만료에 따른 퇴실의사를 밝힐 때는 계약만료 1~6개월 이내에 통보하면 된다. 따라서 보증금이 많은 전세나 월세의 경우에는 이에 관해 특약사항을 미리 작성해 두면 임대인과 임차인 쌍방의 의무사항들을 사전에 조율할 수 있다.

> 전세 또는 보증금이 많은 월세 임대차계약만료 퇴실통보: 계약만료에 따라 퇴실의사가 있을 경우 임차인은 계약 만료 3개월 전에 임대인에게 통보해야 하며, 보증금 반환을 위한 제3의 새로운 임차인을 맞추는 데 적극 협조해야 한다.

4 | 임대 계약기간 만료 전 퇴실

다양한 임대 수요자층이 사용하는 만큼 계약기간 만료 전 퇴실의 기준을 작성해 두면 분란의 소지를 줄일 수 있다.

> 임차인은 계약기간 만료 전 퇴실 시 제3의 새로운 임차인의 입주일까지 임대료, 공과금 등을 부담하며, 임대인 측 중개수수료는 임차인이 부담한다.

5 | 주차 가능과 불가능 여부

이 내용도 계약서에 명시해 두면 공동주택이나 상가주택에서 입주자들 간의 분쟁이나 임대인의 감정소모가 줄어든다.

- 주차가능 시: 임차인은 임대인(관리인)에게 주차에 대한 민원을 제기하지 않는 조건으로 선착순으로 1대 주차가 가능하다.
- 주차불가 시: 주차는 불가하며, 주차로 인해 다른 세대 입주자의 민원이 3회 이상 발생 시 임대인은 계약을 해지할 수 있다.

6 | 반려동물 입주 가능 여부

반려동물의 입주와 관련해 계약시점에 기준을 두지 않을 경우, 특히 원룸 형태의 주거용 건물에서는 관리의 어려움이 빈번하게 발생한다. 반려동물 입주가 불가할 경우에는 주차불가에 대한 특약사항을 준용하면 된다. 입주자가 반려동물 입주 불가에 대해 임대인과 협상했음에도 불구하고 동반 입주하더라도 소음과 벽지 및 몰딩 훼손, 청결주의 의무를 준수할 경우에는 문제가 되지 않는다. 하지만 그 반대의 경우에는 계약서 작성 시점에 협상이 없었다면 감정노동을 피할 수 없다. 따라서 반려동물 입주가 가능한 경우에도 민원이 발생한다면 공동주택인 만큼 계약을 해지할 수 있다는 내용을 특약사항으로 작성하자.

반려동물의 입주가 가능하다면 구체적으로 협의하는 것이 좋다. 예를 들어 고양이나 강아지처럼 종류를 지정해 두자. 임대인 입장에서 입주자를 배려해 공동주택임에도 불구하고 흔쾌히 반려동물 입주를 수락했다가는 미처 상상하지 못한 수준의 다양한 반려동물이 입주할 수 있다.

우리가 관리하는 건물 중 반려동물 입주가 가능한 9.08평(30㎡) 미만 규모 원룸에 한 임차인이 대형견과 함께 입주해 곤란한 일이 발생한 적이 있다. 그리고 임차인이 전기인덕션의 잠금장치를 하지 않은 채 외출한 사이에 고양이가 화재를 일으킨 적도 있어서 반려동물 입주가 가능한 건물의 경우에도 종류를 강아지로 제한한다. 마리 수와 몸무게도 제한한다. 현장에서 다양한 사례들을 겪고 해결해 보면 왜 이렇게 구체적인 기준을 두는지 알 수 있다. 계약서 작성 시점에 충분히 설명하고 특약사항에 기재하는 것이 임대인과 임차인 모두에게 이롭다.

임대면적 9.08평(30㎡) 미만의 반려동물 입실: 강아지 한 마리를 원칙으로 하며 몸무게는 10kg 이하로 제한한다. 이를 위반해 민원이 3회 이상 발생 시, 임대인은 해지 통보일로부터 3개월의 유예기간을 두고, 임차인에게 계약의무 위반에 따른 계약 해지를 주장할 수 있으며, 기간 전 퇴실의 위약금은 임차인이 부담하고 퇴실한다.

7 | 원상복구

수익형 부동산의 임대사업에서 해결하기 어렵기로 손꼽히는 주요 민원이 바로 원상복구와 관련한 분쟁이다. 가장 빈번하게 발생하며 다툼을 야기한다. 퇴실 시 내부시설의 원상복구 기준에 관한 부동산 관례와 상식을 넘어서는 상태로 부동산을 명도하는 임차인이 종종 있다.

내부 옵션과 시설물의 파손이나 훼손에 따른 비용발생 시 임차인에게 비용부담의 주체를 인지시키는 과정에서 발생하는 분쟁은 누구도 원치 않는 스트레스다. 경제적·시간적 손실이 발생하는 것은 물론이다. 그럼에도 불구하고 아직까지 임대에 따른 사용인의 책임과 시설사용물에 대한 주의의무의 인지, 해결방법이 미흡한 실정이다. 추후 옵션 체크리스트에서 구체적으로 설명하겠지만, 원상복구에 대해서도 특약사항에 구체적으로 명시해야 한다.

> 본 계약은 현 시설 상태의 계약이며, 임차인이 퇴실 시 원상복구하는 조건이다. 퇴실 시 분란의 소지를 최소화하기 위해 입주시점에 옵션 체크리스트를 작성한다.

현 시설 상태의 계약 시에는 글로만 작성하지 말고, 건물주(투자자)가 모든 시설과 비품이 정상작동하는지 확인한 뒤 깔끔한 임대공간을 제공해야 한다. 공인중개사무소에서 작성하는 현 시설 상태의 계약은 굉장히 광범위해서 퇴실 시 임대인과 임차인 간에 분쟁과 갈등의 소지를 줄이는 데 별 도움이 되지 않는다. 임차인의 입주시점에 임대공간 시설의 정상작동 확인 의무는 임대인에게 있다. 임차인과 임대인은 현 시설 상태에 대해 충분히 논의한 뒤 계약하자. 옵션 체크리스트 작성 방법은 다음 장에 구체적으로 설명해 두었다.

8 l 입주 이후 시설수리비 부담과 해결주체

추후 설명하겠지만, 시설수리 관련 비용의 부담 주체와 해결의 주체를 계약시점에 정해서 작성해 두어야 한다. 예를 들어, 노후한 보일러의 비품수리비는 임대인이 부담하지만 동파에 관한 비용은 임차인이 부담해야 한다. 한겨울철 기온이 영하 5도 이하로 떨어질 때 보일러를 잠시라도 꺼 두면 동파가 된다. 동파 예방을 위한 고지는 임대인이 해주어야 한다.

그 밖에 전등이나 건전지 교체 등 소소한 사항은 임차인 비용 부담으로 특약사항에 기재해 두면, 임대인(또는 관리인) 입장에서는 늦은 밤이나 휴일에 입주자의 민원전화를 받는 일이 줄어든다.

입주 후 변기 막힘, 하수구 막힘, 임차인의 관리 부주의로 인한 보일러, 수도 동파, 건전지 교체, 전구 교체 등 입주자의 사용으로 인한 소소한 비품의 구입비용과 임차인의 사용부주의로 발생하는 수리비용은 임차인이 부담한다.

이외의 특약사항들은 공인중개사무소에서 기본적으로 작성해 준다. 이상으로 계약 시점에 짚고 넘어가지 않으면 분란의 소지가 빈번하게 발생하는 사항을 중심으로 간단하게 작성해 보았다. 간단하지만 알아두면 계약서 작성 시 협의를 통해 민원과 분쟁의 소지를 최소화할 수 있는 현장실무 주요민원들이다.

건물주(투자자)가 초조해하면 합리적인 의사결정을 내릴 수 없다. 자금압박이나 당장의 현금흐름을 위해 임대계획을 급하게 변경하거나, 임대계약서 작성시점에 쌍방 협의 없이 계약금부터 입금 받는 것을 우선해서 진행하지 말자. 정리되지 않은 의사를 전달하거나 감성적인 대화는 자제하는 것이 좋다. 임대차계약서를 작성하는 목적은 분쟁의 소지가 될 만한 여지를 최소화하고, 충분한 검토와 협상을 통해 안정적으로 임대사업을 운영하기 위해서라는 사실을 명심하자.

체크리스트가
일을 한결 덜어준다

10년 전 수익형 부동산의 매입을 위한 중개와 기획을 거듭하며 신축건물의 관리가 점점 증가하던 시점의 일이다. 이 시점에 우리는 투자자들의 의뢰로 5개의 수익형 부동산 건물을 신축개발한 뒤 임대관리를 시작했고, 호실로 치면 약 65개 정도를 관리 중이었다. 당시에는 중개업무의 비중이 월등하게 높았고 나와 대표님 둘이서 관리를 맡고 있었다. 이후 3년 정도 지나자 신축건물 5개가 추가되면서 순식간에 임대 호실이 100여개가 넘어갔다. 소소한 TV리모컨 분실부터 바닥 훼손, 방화문 구멍, 타일 파손을 놓고 임차인과 분쟁하며 우리는 나날이 지쳐갔다.

입주하면서 퇴실하기까지 임차인은 임차인대로 억울했고, 관리인은 관리인대로 더 억울했다. 100여개 호실의 100명 이상 임차인들을 혼자서 상대한다는 것이 쉽지 않았다. 슬슬 임대관리에 지쳐갈 때쯤 우리는 옵션 체크리스트를 만들었다.

번거롭더라도 처음에 체크리스트를 작성하자

마치 호텔에 체크인할 때처럼 각 호실의 비품들을 전부 엑셀 파일에 작성하고, 입주자의 민원이 빈번한 AS 연락처도 기재해 두었다. 옵션 체크리스트를 호실별로 사진과 함께 파일로 만들어 두고, 첫 입주시점에 입주자와 관리인이 동행해 호실의 상태를 동시에 확인한 뒤 퇴실 시까지 보관해 두었다. 처음 이 업무를 추가했을 때는 대단히 복잡하게 느껴졌지만, 이전까지 퇴실로 인해 입주자들과 감정싸움을 했던 것에 비하면 원상복구와 관련한 분쟁이 확실히 사라졌다. 퇴실 후에는 새로운 임차인의 입주를 위해 청소하고 시설 상태를 점검한 뒤 다시 옵션 체크리스트를 수정했다. 그렇게 8년이라는 시간이 흐르는 동안 점점 관리의 질이 높아지는 것을 느끼면서 스스로 뿌듯해했다.

처음 옵션 체크리스트를 작성해 도입할 때는 인근 공인중개 사무소에서도 매우 귀찮아했다. 잔금만 처리한 뒤에는 아무 때나 입주하면 되지, 관리인이 입주하는 동시에 체크하려면 그 시간 맞추기도 귀찮고 빡빡하다는 이유에서였다. 하지만 우리는 관리직원 고용을 위한 추가 비용을 지출하더라도 이 일을 매우 중요한 업무로서 지속했다. 지금은 이러한 옵션 체크리스트 작성을 많은 곳에서 활용하고 있고, 임차인들도 결국엔 본인들을 위한 것이기 때문에 적극 협조하는 모습을 볼 때면 뿌듯하다.

옵션 체크리스트 작성은 우리가 소규모 수익형 부동산의 전체 평균 임대관리 기간인 8년 동안 수많은 시행착오를 겪으며 확립한 방법이다. 변기 하수구 정상작동 확인, 내부 시설물 정상작동 확인, 보일러 사용주의 의무(겨울철), 쓰레기 배출방법, 기타 가전제품 AS 연락처 등을 기재한다. 소소한 내부시설물 체크와 입주자의 사용주의 의무에 관해서는 임차인 입주시점에 동행해 안내한다. 인터넷 이용방법이나 도시가스업체, 한국 전력공사, 수도사업 본부처럼 간단한 공과금 문의 연락처도 미리 기재해 둔다.

주거용과 업무용에 상관없이 입주시점에 시설상태를 확인하는 것은 임대인과 임차인 쌍방에게 매우 이로운 행위다. 사무실이나 상가의 경우에는 간판을 설치할 수 있는 자리까지 지정해 안내해 주면, 입주자들 사이에 생길 수 있는 분란의 소지도 미연에 방지할 수 있다. 또한, 업무용이나 상가용의 경우 현 시설상태, 즉 벽면과 바닥 내부 시설상태를 사진을 첨부해 입주시점에 안내해 주면 퇴실 후에도 자료로 활용할 수 있어서 편리하다.

수익형 부동산 중 주거용 옵션 체크리스트

옵션 품목 체크 리스트				
1. 주소안내		인터넷 케이블 AS 연락처		
2. 호실안내		도시가스 연락처		한전 연락처
3. 옵션 품목 리스트	신축 첫 입주 모든 비품(옵션) 첫 사용			
거실 + 주방 + 중정(미니 테라스)		복층 = 침실 + 드레스룸 + 책상 + 욕실 + 루프탑		
(1층) 붙박이 신발장 + 거울	시세 · 정상	2층 패브릭 3인 소파 + 스툴 + 소파쿠션 2개 + 소파테이블(유리) + 거울 (핑크색)	시세 · 정상	
(1층) 빌트인 드럼 세탁기	시세 · 정상	복층 그레이 철 계단	시세 · 정상	
(1층) 전기인덕션 + 레인지 후드	시세 · 정상	변기 + 세면대 + 세면대 아래 선반유리 + 샤워부스 + 샤워기 + 부스 내 선반유리 2개 + 수건 및 휴지걸이 + 욕실 거울 + 환풍기 + 배수	2층 (욕실) 시세 · 정상	
(1층) 전자레인지 + 밥솥 (주걱 + 계량컵)	시세 · 정상			
(1층) 싱크대 (수전 + 배수 + 그릇건조대)	시세 · 정상	(2층) 32인치 TV + 멀티탭 + 멀티탭박스 (블랙) + TV 리모컨 2개	시세 · 정상	
(1층) 빌트인 냉장고 + 멀티탭	시세 · 정상	(2층) 검정 책상(유리) + 의자 1개 + 휴지통 + 라인조명 + 빨간 선(스위치)	시세 · 정상	
(1층) 아일랜드 식탁 + 빌트인 수납장 + 식탁 의자 2개	시세 · 정상	(2층) 드레스룸 + 드레스룸 입구 접이식 미닫이 유리문	시세 · 정상	
(1층) 인테리어 의자(송치 + 가죽) 2개 + 원형 테이블 1개	시세 · 정상	(2층) 타공판 6개 + 긴 걸이 4개 + 짧은 걸이 10개 + 집게 2개 + 수납통 4개 + 천 수납통 1개	시세 · 정상	
(1층) 창가 아래 대리석 선반	시세 · 정상	(2층) 협탁(유리) + 방수커버 2장 + 민트 매트리스 커버 1장 + 면스프레드 + 라인 조명 + 빨간 선(스위치)	시세 · 정상	
(1층) 55인치 TV + 붙박이 TV장	시세 · 정상	(2층) 침대 블랙 프레임(수납장) + 침대(퀸) 매트리스	시세 · 정상	
공유기 + 인터넷 모뎀 + 케이블 셋톱박스 각 1개, 총 3개, TV 리모컨 2개	시세 · 정상	(2층) 코랄블루 서랍장(유리) + 가죽 의자 + 거울(보라색)	시세 · 정상	

천장형 시스템 에어컨 총 3개, 에어컨 리모컨 2개	시세 · 정상	(2층) 창가 아래 선반(대리석)	시세 · 정상
그레이우드 블라인드 1층(5개), 2층(10개), 총 15개	시세 · 정상	(2층) 사각 디자인 시계	시세 · 정상
(1층) 중정 + 나무 의자 + 한지 스탠드 조명	시세 · 정상	(바닥) 1층 폴리싱타일 + 2층 데코타일 + 천장, 벽면 페인트	시세 · 정상
(1층) 중정 벽걸이 스탠드 조명	시세 · 정상	(2층) 화이트 허니콤 3개, 그레이 허니콤 2개, 총 5개	시세 · 정상
천장 팬던트 조명	시세 · 정상	방충망 총 11개 1층 3개, 2층 4개, 루프탑 계단 4개, 옥상입구 방충망 1개 불량	시세 · 정상
인터폰 + 번호키 E/V 카드키 2장	시세 · 정상 카드키 분실 시 1장당 10만원	완강기 + 소화기 + 화재감지기 4개	시세 · 정상
보일러	시세 · 정상	1층 중정, 2층 욕실, 침실, 테라스 입구 유리 벽면, 복층 침실 입구 유리 바닥(접합유리)	시세 · 정상
미니 사다리 + 빨래 건조대	시세 · 정상	1층, 2층 창문 자외선 열차단 필름 부착	시세 · 정상
휴지통	시세 · 정상	아래층 벽면 페인트 한 면 + 검은 철제 기둥 페인트 스크래치	확인함

옵션의 분실 · 훼손 · 파손 시 원상복구 및 옵션의 시세만큼 비용부담 후 퇴실조건임. 분란의 소지를 방지하고자 입주 시 사진을 첨부하며, 복층 계단 사용인 주의의무 현장 다시 한번 인지하고 입주함. 도시가스 사용에 있어 도시가스 업체에 사용인 개인정보 제공에 동의함.
이외의 가구, 욕실 비품, 계단 등 파손이나 훼손 시 시세대로 측정된 금액 부담 후 퇴실 조건임. 관리인과 옵션 품목을 확인하였습니다.

	사용인:	(인)
와이파이 아이디 및 비밀번호 안내	임대인(관리인):	(인)

임차인 입주 시 임대인이 동행하며 옵션 체크리스트를 확인하면 일반 임차인이 우등 임차인으로 변화한다. 또한, 이를 통해 입주자 민원도 최소화할 수 있다.

임대관리의 핵심은
실시간 알림

임대유형에 따라 밤과 낮, 휴일 없이 발생하기 때문에 꼬마빌딩의 임대관리에서는 시스템과 매뉴얼이 필수적이다. 임대사업을 위한 꼬마빌딩의 임대관리에서 알림판의 역할은 특히 더 중요하다.

　주차현황 및 쓰레기 버리는 방법과 긴급상황 발생 시 비상연락망 등을 건물 내부에 비치해 안내함으로써, 긴급사항 발생 시에 입주자들이 먼저 스스로 해결할 수 있도록 조치하면 문제예방에 효과적이다.

　옆의 안내문은 우리가 각 건물에 특이사항에 맞

춰 작성한 것이다. 누구나 만들 수 있지만, 막상 내 건물의 입주자들을 위해 어떻게 만들 것인지 생각해 보면 어려울 수도 있으니 예시의 안내문을 참고해 작성해 보자.

- 화재 발생 시 밖으로 대피하고, 119에 즉각 신고할 것.
- 호실 누수 발생 시 두꺼비집 차단기를 내리고, 밖으로 나와 주변 건물 전체 정전인지 확인 후 연락할 것. 전체 정전 시에는 한전 123에 신고할 것.
- 엘리베이터 고장 시 사용을 금지하고, 즉시 엘리베이터에 있는 비상연락망을 통해 연락을 취하며, 응급상황이면 119에 신고할 것.
- 급작스러운 태풍이나 집중호우 시 각 호실의 창문을 닫을 것.
- 여름철 에어컨 가동을 위한 실외기실이 있다면, 화제예방을 위해 반드시 갤러리 창을 열어둘 것 (사진 첨부 시 더욱 효과적).

이외에 주차 알림판 작성 시 적어도 건물 내 차량이 몇 층(몇 호) 소유인지 명시하고, 쓰레기 배출 방법(재활용, 일반, 음식물)도 상세히 안내한다. 여름철과 겨울철의 안내가 달라야 하며 상황마다 알림판을 적절히 업데이트하는 것은 매우 중요하다. 얼핏 보기엔 입주자들이 각 건물에 비치된 알림판을 읽지 않는 것 같아도 사실은 열심히 챙겨 본다.

입주자들에게 전화보다는 문자로 알리는 것이 필요한 사항을 명확하게 알려줄 수 있어서 바람직하다. 여기서 핵심은 입주자들에게 주의의무 사항을 명확하게 전달하는 것이다. 각 건물에 비치할 알림판이나 문자 통보 내용도 심사숙고해서 제대로 이해할 수 있도록 정해야 한다.

1 | 겨울철 입주자 주의의무 안내 문자 샘플

안녕하세요. ○○건물 관리인(임대인)입니다. 기온이 영하 5도 이하로 내려가는 겨울철에는 보일러 희망온도를 18도로 유지해 주세요. 영하 10도 이하로 떨어지는 한파에는 수도를 뜨거운 물과 차가운 물 중간으로 두고 한두 방울 떨어지는 수준으로 틀어놓으시기 바랍니다.

각 세대 보일러와 수도는 개별로 설치되어 있으므로 입주자분들의 관리소홀로 수도 동파, 보일러 동파(보일러 동파로 인해 배관이 얼었다 녹으면서 터지는 경우) 문제 발생 시 직접 비용부담으로 수리하셔야 합니다. 추운 날씨에 감기 조심하시고 동파 피해가 없도록 각 입주자분들의 주의의무를 부탁드립니다.

또한, 공동으로 사용하는 임대공간인 만큼 촛불 사용을 자제해 주시고, 전기난로나 전기장판의 사용은 화재원인이 될 수 있으니 각별히 주의해 사용 부탁드립니다.

2 | 설이나 추석, 여름휴가 기간 건물관리 업무 일시 중지 안내 문자 샘플

건물 관리 일시 업무중단 기간: ○○월 ○○일~○○일

안녕하세요. ○○건물 관리인(임대인)입니다. 상기 기간 동안 유선접수가 안 되오니 불편함이 없으시도록 미리 공지해 드립니다. 휴무기간 동안 문제 발생 시 문자로 접수해 주시면, 휴무일이 끝나고 순차적으로 처리해 드리겠습니다.

상기 기간에는 입 · 퇴실이나 유선 민원 접수가 안 되오니 확인 부탁드립니다. 장기간 집을 비우실 경우 문단속을 철저히 해 주시고, 휴무기간 동안에는 쓰레기 수거가 안 되오니, 불편하시겠지만 연휴가 끝나면 버려주시고, 미리미리 분리수거해 주세요.

행복한 연휴 되시길 바랍니다.

휴무 예정일 15일 전부터 건물에 휴무 안내문을 부착하고, 일주일 전에는 입주자들에게 문자를 발송한다.

꼬마빌딩의 임대관리 시 효과적인 방법은 철저한 실시간 알림(Notice)이다. 앞에서 설명한 방법으로 실행하면 확실히 안정적으로 운용 및 관리할 수 있다는 것을 알게 된다. 건물의 호실이 100개, 200개, 300개 이상으로 증가하는 동안에도 우리는 각 건물의 알림 안내가 수익형 부동산 건물 관리의 50% 이상을 차지한다는 것을 실무경험을 통해 체감했다.

기업에 비유하자면, 9개층 이하의 임대사업을 위한 꼬마빌딩은 대기업이 아니라 중소기업으로 보면 된다. 건물주는 자신이 보유한 건물의 설비, 임대 진행 방식, 세무정리, 입주자 유형을 모두 알아야 한다. 직원을 고용하더라도 일의 내용을 직접 확인할 수 있어야 한다. 또한, 고용한 관리인이 10분이 걸리는 일을 건물주는 3분 만에 끝낼 수 있을 만큼 능력을 갖추고, 건물의 준수사항이 입주자들에게 편하게 제공되는지 확인할 수 있어야 한다.

임대사업을 위한 소규모 수익형 부동산 건물에도 시스템이 필요하다. 각 부동산의 건물주(임대인)는 자신이 소유한 건물의 특성과 운용 및 관리 전체를 알아야 한다. 이러한 시스템이 정착될 때 비로소 감정노동이 줄어들고, 건물 입주자들의 주의의무를 준수하면서 건물상태가 저절로 양호해지고 쾌적해지는 등 보람 있게 임대관리를 운영할 수 있을 것이다.

민원,
어떤 내용이 있을까?

다음은 임대사업을 위한 꼬마빌딩 중 주거용을 중심으로 비용을 줄이고 시간을 절약하기 위해 정리한 민원사례. 업무용이나 상가의 경우는 대부분 공용화장실 청소와 주차문제 이외의 임대공간 사용에 따른 민원접수가 주거용보다 현저하게 낮다. 그렇다고 해서 업무용이나 상가의 수익형 부동산 관리가 더 편한 것은 아니다. 빈번한 민원접수는 주거용에 비해 확실히 적지만, 계약법률 분쟁이나 명도 문제, 원상복구 분쟁에서는 주거용보다 더욱 세심한 관리주의 의무가 요구된다. 주거용 민원사례 중 가장 빈번한 민원들을 소개한다.

전등이 나갔어요

아주 사소한 것이다. 입주자들은 전등 하나를 교체해 달라며 임대인에게 전화를 건다. 요즘처럼 바쁜 일상생활에서 전등 교체 정도는 임차인이 하면 좋겠지만, 1인 거주가구 증가 시대에 30대 미만인 임대수요 연령층을 고려하면 이해가 간다. 귀하게 자란 이들

LED 등 교체 전후

은 대한민국의 성장을 주도하며 치열하게 살아온 베이비부머 세대와는 확실한 차이가 있는 수요층이다.

입주시점에 등을 전체적으로 확인하고 교체하자. 입주일로부터 1개월 기간만 무상으로 처리해 주고, 이후에는 직접 교체하도록 입주시점에 설명하자. 전등 교체 후에도 깜박거린다거나 아예 안 된다고 연락이 온다. 이 경우에는 안전기에 문제가 있으니 애초에 LED로 교체하자. 전구를 교체할 필요 없이 오래간다. 교체 시기가 오면 전체 전등을 교체하면 되므로 LED 교체는 안전기 교체보다 관리가 수월하다.

변기가 막혔어요

변기가 막혔다며 연락이 오면 건물주(임대인)가 직접 관리하는 경우 정말 난감하다. 본인이 사용한 변기가 막혔는데, 왜 임대인에게 연락하는 것일까? 난감해하지 말고 인근 잘 아는 설비업체 연락처를 주고 직접 수리한 뒤 비용은 임차인이 부담해야 한다고 알려준다. 모든 사람들의 상식 기준은 다르기 때문에 앞서 설명한 옵션 체크리스트와 계약서 작성이 종종 빛을 발할 때가 있다는 점을 알아두자.

변기 막힘, 하수구 막힘의 경우 입주시점에 현장안내와 함께 정상작동 유무를 명확히 확인해야 한다. 하수구 막힘도 대부분 머리카락이나 먼지를 청소하지 않아서 발생한다. 사용방법을 알려주고 청소방법까지 알려주면 변기나 하수구 막힘에 관한 민원은 사라진다. 쓰레기 종량제 봉투, 음식물 종량제 사용 별도 배출, 재활용 분리수거까지 입주자의 주의의무를 임대인이 직접 컨트롤하기는 쉽지 않다. 임차인이 귀찮은 나머지 음식물을 변기에 버려서 막히는 경우도 빈번하게 발생한다. 임대기간 동안 건물주의 감정노동을 최소화하기 위해서는 계약서 작성시점과 입주시점에 자세한 설명과 안내를 빠뜨리지 않는 것이 중요하다.

곰팡이가 생겼어요

결로인가? 누수인가? 겨울철 환기부주의와 여름철 냉방기 과다 사용으로 인한 기온 차에 의해 발생하는 결로 문제는 임대인과 임차인 간 다툼에서 상당한 비중을 차지한다. 특히 준공된 후 1년 동안에는 콘크리트가 단단하게 굳고 건물의 틀이 잡히는 과정에서 한두 개 호실에 유난히 결로가 심하게 나타나는 경우가 있다. 이 경우에는 단열재를 보완하고 제습지를 추가해서 다시 도배해 주는 것이 좋다. 한번 발생한 곰팡이를 제거하기는 어렵다. 그 원인을 즉시 찾아서 조치하고 경과를 지켜보는 것이 좋다. 반면에 준공 완료된 지 이미 수년이 흘렀고 이전에는 아무 이상이 없다가, 유난히 이번에 곰팡이 민원이 접수되었다면 결로인지 누수인지 세심하게 살펴봐야 한다.

누수와 결로를 구분하는 방법은 간단하다. 누수는 대부분 위에서 아래로 흐른다. 천장부터 물길이 잡혔거나 창문 아래쪽부터 물길이 잡혔다면 누수다. 창문 주변에서 퍼짐현상이 발생했다면 결로다. 장롱이나 침대 헤드가 놓인 부분이 외벽일 경우가 많은데, 이때도 천장부터 곰팡이 흔적이나 물길이 잡힌다면 누수지만, 한가운데 가구가 배치된 인근으로 곰팡이가 피었다면 결로일 확률이 높다. 모서리나 창문 주변, 외벽 모서리 주변의 결로를 방치하면 곰팡이로 변해 간다.

이미 입주자는 곰팡이가 생기기 전의 전조증상을 알 것이다. 물방울이 맺히고 도배가 축축하게 젖어 든다. 소형 주거용 임대 부동산의 거주 연령층을 고려할 때, 특별히 자신에게 피해가 되는 부분은 없다 보니 방치하다가 어느 순간 곰팡이로 변하면 민원을 접수한다. 1인 거주가구 시대의 콤팩트한 초소형 미니원룸은 욕실과 침실이 분리되어 있지 않다. 따라서 샤워 후나 추운 겨울에 환기를 하지 않으면, 크기가 작은 원룸일수록 환기 부주의에 의해 결로현상이 빈번하게 발생한다. 입주자의 연령대가 어려진 만큼 임대 공간 사용관리 주의의무의 사전안내가 더욱 중요해졌다. 소형 원룸일수록 한겨울철과 더운 여름철에 결로 방지를 위한 환기 주의의무를 입주시점에 미리 설명하도록 하자.

택배가 없어졌어요

당일배송 시스템이 보편화하면서 다양한 상품들이 각 호실 앞에 하루가 멀다 하고 도착해 쌓인다. 특히, 우리가 관리하는 건물의 1인 거주가구를 대상으로 접수되는 민원 빈도를 분석하면 택배 수령의 어려움이 상당히 크다.

건물에 설치된 무인택배함

이에 대한 해결방법으로 어느 시점부터 꼬마빌딩 건물마다 무인 택배함이 설치되기 시작했다. 우리가 관리하는 건물에 설치된 무인 택배함을 입주자들이 얼마나 사용하는지 확인해 본 결과, 사실 입주자 전체가 활용하지는 않았다. 정상 작동되는 무인 택배함을 비치하고 입주시점에 사용방법을 안내하면 적어도 택배 수령문제나 분실에 대한 민원은 사라진다.

임대인이나 관리인에게는 이런 소소한 민원들이 비용을 환산할 수 없는 스트레스

요인으로 작용한다. 입주 시점에 택배를 보관할 수 있는 곳이 있다면 알려준다. 반면에 택배수령을 할 만큼 마땅한 곳이 없는 건물이라면, 입주자가 스스로 방법을 알아보거나 해결해야 한다고 사전에 고지하면 된다.

자꾸 벌레가 나와요

언택트 시대에 바퀴벌레나 지네의 사진 한 장이 문자나 카카오톡으로 어느 날 불쑥 전송된다. 그러고는 건물주(투자자)에게 해결해 달라고 한다. 건물주(투자자) 입장에서는 참 난감한 민원이다. 우리가 건물을 신축하면서 서서히 증가한 신축 수익형 부동산 임대관리 민원사례에서도 높은 비중을 차지하는 민원이기도 하다. 신축인데도 바퀴벌레나 기타 벌레들이 나타났다면 이삿짐과 함께 따라왔을 확률이 높다.

이러한 민원을 최소화하기 위해서 우리는 매년 여름철 전체 건물의 방역을 실행한다. 건물 외벽과 하수구 정화조부터 각 호실의 싱크대 배관 및 욕실 하수구까지 집집마다 방문해 방역을 실행한다. 이런 방역은 9개층 이하의 꼬마빌딩 건물주(임대인)에게는 아직 낯설게 느껴질 것이다. 하지만 꼬마빌딩의 건물주(투자자)라도 임대사업을 위한 매뉴얼을 규모에 맞게 만들어 실행해야 한다.

방역과 소독을 매년 1회 이상 실행하면 벌레와 관련한 민원을 보다 수월하게 처리할 수 있다. 더욱이 무엇보다 임차인의 벌레 민원 접수에 임대인이 보다 유연하게 대처할 수 있는 장점이 있다. 사실 여름이 다가오면서 창문을 열어두거나 실온에 음식물을 장기간 방치하면 벌레가 생기는 것은 자연스러운 현상이다. 여름철에 방역과 소독을 실행하는 행위만으로도 임차인의 벌레 민원접수는 사라진다.

각 호실의 싱크대, 화장실 배수구, 냉장고 뒤편 등을 중심으로 소독과 약품을 비치하고, 건물 공용공간의 하수구와 음식물 쓰레기통, 보일러실을 중심으로 방역을 시도해 보

자. 건물주 또는 관리인의 방역 실행만으로도 각 입주자들의 민원이 최소화된다. 호실 내 방역을 실행하면서 내부 시설의 문제가 있다면 처리해 주는 것도 시간 절약에 효과적이다. 입주자들은 실생활에서 사용하는 데 현저한 불편함이 없다면 문제가 있어도 방치하는 경우가 대부분이다. 임대인 입장에서 각 호실의 방역은 임대공간 내부를 확인할 수 있는 기회라고 할 수 있다.

새벽이나 밤늦은 시간에 민원 전화가 걸려와요

임대인을 가장 당황하게 하고 스트레스를 받게 하는 것은 새벽이나 늦은 시간에 걸려오는 임차인의 전화일 것이다. 앞서 설명한 대로 임대인은 계약시점에 임차인에게 민원접수 가능시간을 충분히 고지했고, 긴급 상황 발생 시 비상연락처도 안내문에 부착하는 등 상세하게 설명했다. 그럼에도 불구하고 새벽 시간 임차인에게서 걸려오는 긴급 전화에서 가장 빈번한 것은 번호키에 문제가 생겨 호실 진입이 불가능한 문제다. 심각한 누수나 화재가 발생하면 임차인 이외에 다른 데서도 동시에 연락이 온다. 하지만 우리의 경험에 따르면 한 명의 임차인이 집중적으로 남기는 새벽 시간 부재중 전화 민원은 현관 출입을 위한 번호키 문제가 대부분이었다. 이 문제 또한 입주 시에 안내해 사전 예방이 가능하다.

새벽 시간 얼큰한 취기에 문도 안 열리고 세상 답답하니, 임차인은 임대인 또는 관리인에게 무작정 연락한다. 취기에 부리는 용기라고나 할까. 하지만 이런 상황을 겪는 임대인은 여간 곤혹스러운 것이 아니다. 이 문제를 해결하기 위해서는 입주 시점에 호실 번호키의 건전지를 새것으로 교체하는 게 가장 좋다. 통상 1년은 끄떡없이 사용할 수 있다. 다만, 건전지 교체에 따른 번호키 문제는 임차인이 직접 해결해야 한다고 계약 체결 시점에 설명하자.

임차인 퇴실 시 원상복구 문제

가장 빈번하게 발생하고 다툼을 야기하는 문제는 임차인 퇴실 시 내부 시설상태의 원상복구 문제다. 주택임대차뿐만 아니라, 상가나 사무실 임대관리에서는 원상복구 다툼을 해결하는 것이 가장 큰 비중을 차지한다. 임차인이 부동산 관례와 상식을 넘어서는 상태로 부동산을 명도할 경우에는 원상복구 문제를 반드시 해결해야 한다.

임대인은 임차인에게 임대료를 받고 입주시점에 정상적인 임대공간을 제공했다. 그런데 임대 기간이 종료되고 임차인의 퇴실 시점 내부를 확인했더니 입주 시점과 다른 문제점들이 발생할 수 있다. 이 경우 임차인은 이사를 위해 보증금 반환을 독촉하지만 임대인 입장에서는 새로운 임대차를 진행하기 위해 수리비용이 지출된다.

이렇게 내부 시설물이나 임대공간의 훼손이나 파손, 고장에 따른 비용 발생 시 임차인과 벌여야 하는 원상복구 분쟁은 임대인에게 매우 어려운 문제다. 옵션과 시설물의 파손이나 훼손에 따른 경제적·시간적 손실이 발생함에도 불구하고, 자칫 잘못했다가는 임대인의 갑질 횡포로 빈번하게 이슈화되는 문제이기도 하다.

아직까지 소규모 수익형 부동산의 경우 건물을 사용하는 임차인의 임대공간 사용주의 의무 안내와 고지가 부족한 것이 현실이다. 계약서 작성 시점에 임차인에게 건물의 특약사항들을 고지하고, 옵션 체크리스트를 활용해 임대공간의 사용설명을 안내하는 것은 건물주(투자자)가 지속적으로 실행해야 할 기본사항이다. 모든 분쟁의 해결방법은 기준이 명확해야 한다. 원상복구 분쟁에서도 기준이 명확하면 분쟁의 소지가 줄어든다. 다음에서 원상복구 민원사례를 정리해 보았다.

1 ㅣ 도배지 훼손에 대한 원상복구

우리가 관리하는 건물의 도배 실행 평균기간을 환산해 보면 월세 임대차 2년 이상 사용 시 5년마다 다시 도배를 실행한다. 따라서 기준을 5년으로 잡고 2년 이상 장기 사용한 임차인에게는 오염이나 얼룩에 관한 비용은 청구하지 않는다. 월세 임대차 1년 미만 사용 시 발생하는 얼룩이나 오염은 면당으로 수리비용을 청구한다.

다음 입주자가 임대공간을 사용하는 데 문제가 없다면, 옵션 체크리스트에 도배지 얼룩 부분들을 명시해야 한다. 임대공간은 계속 비었다가 차기를 반복하는 사업이다. 면당 차감 비용을 모아 두었다가 일정 시점에 전체 도배를 다시 한다. 입주자 입장에서는 전체 도배비용에 대한 부담을 줄일 수 있고, 임대인 입장에서는 수선비에 보탬이 된다.

2 ㅣ 몰딩이나 타일 깨짐과 파손

몰딩의 원상복구는 어렵다. 같은 크기와 색상으로 통일해 손상된 부분만 원상복구할 수 있으면 좋겠지만, 여의치 않을 때는 전체 몰딩을 교체해야 한다. 이때 비용청구 문제가 발생한다. 건물주(투자자) 입장에서도 이런 경우에는 난감하다. 어디까지 어떻게 비용을 청구할 수 있을지 잘 모를뿐더러 임차인과 분쟁하고 싶지 않아 자꾸 회피하게 된다.

이때 입주시점에 작성한 옵션 체크리스트가 매우 유용하게 활용된다. 이 경우 인근의 인테리어 업체 등에 의뢰해 비용을 산출해서 금액을 받아 두도록 하자. 만약 같은 날에 이사와 퇴실이 이루어진다면 원상복구할 시간적 여유가 여의치 않기 때문에 들어오는 임차인에게 양해를 구해 수리하든지, 퇴실 이후에 수리하는 것으로 옵션 체크리스트에 체크해 두어야 한다. 비용의 산출은 몰딩 자재비 + 인건비(+ 페인트 보강작업이 필요할 경우 페인트 인건비)로 책정하면 된다.

요즘은 임대건물의 바닥에도 장판이나 데코타일보다 폴리싱타일(대리석 느낌의 타일) 등을 시공하는 경우가 증가하고 있다. 임차인이 잘 사용해 주면 좋겠지만 실수로 바닥에 무언가를 떨어트려서 타일이 깨지는 경우가 있다. 타일 수리에 드는 인건비도 매우 비싸고 동일한 타일을 찾아서 수리하는 것 또한 쉽지 않다. 이때는 인건비+자재비를 계산해 임차인에게 청구하면 된다. 리모델링이나 신축을 통해 바닥에 타일 시공을 했다면, 동일한 타일 자재를 넉넉하게 보유해 둔다.

중요한 것은 임차인에게 비용을 인정받으려면, 임차인의 입주시점에 내부의 모든 시설과 비품이 청결하게 정상 작동하는 형태였어야 한다는 것이다. 임대인이 관리의무를 다한 다음 명확한 기준을 임차인에게 제시할 때, 비로소 원상복구 분쟁은 사라진다.

3 | 폐기물 처리 문제

보유한 수익형 부동산 건물에서 임차인의 퇴실일이 잡혔다면, 임대인은 공용공간의 주차장 쪽이나 쓰레기 버리는 장소를 유심히 지켜봐야 한다. 이삿짐을 정리하는 과정에서 잡다한 폐기물들을 건물에 버리고 이사하는 임차인이 종종 있기 때문이다. 우리도 한 임차인이 각 층에 비치된 보일러실에 대량의 폐기물을 투기하고 이사한 것을 뒤늦게 발견해 당황한 적이 있다. 보증금 반환 전 폐기물 처리 신고가 접수되었는지 확인하고, 안되었다면 폐기물 수거 업체에 연락해 비용을 산출한 뒤 미리 차감해 두어야 한다.

임차인의 입주시점에 내 건물의 시설과 비품들을 꼼꼼하게 작성한 옵션 체크리스트는 이외에도 임차인의 퇴실시점에 일어나는 다양한 분쟁의 해결에 많은 도움이 된다. 다만, 사람과 사람의 관계에서 협의하는 과정이므로, 임대인은 건물의 시스템을 기준으로 유연하고 합리적으로 사고해야 한다. 우리가 관리하는 건물 중 주거용의 경우 1년이라는 임대기간을 기준으로, 월 임대료 금액의 50% 정도를 수선비용으로 충당할 때는 임대인 비용 부담으로 처리하고 있다(매월 임대료 50만원을 받았고 12개월 이상 사용했다면, 25만원 미만의 원상복구 비용은 임대인 부담으로 처리한다). 다만, 입주자들이 성향이 매우 다양하기 때문에 퇴실 시 필요한 비용청구의 기준을 명확하게 잡아둔다.

⊙ 원상복구 비용

- 도배 훼손 시: 면당 + 인건비 + 시세 자제비
- 페인트 훼손 시: 인건비 + 시세 자제비
- 타일이나 바닥 훼손 시: 인건비 + 시세 자재비
- 가전 파손 훼손 시: 동일모델 시세 또는 AS 수리비용
- 화장실 도기 배관 수전 훼손 시: 인건비 + 시세 자재비
- 주방 싱크대 훼손 시: 화장실 청구비용과 동일
- 주방 대리석 상판이나 타일 파손 시: 인건비 + 시세 자재비

내 꼬마빌딩에
불이 난다면?

9개층 이하의 꼬마빌딩 임대사업에서 가장 최우선으로 고려해야 하는 것은 입주자들의 안전이다. 우리는 안전을 위한 매뉴얼이 정립되어 있지 않은 비전문적인 소규모 민간 임대사업자일 뿐이다. 그러나 소규모라고 해도 언제 어떠한 재난이나 사고를 당할지 모르므로, 긴급사항에 능동적으로 대처할 수 있도록 매뉴얼을 만들어야 한다. 적어도 건물주(투자자)라면 유사시 대응방법을 반드시 준비해 두어야 한다.

진짜 불이 나다니!

절대 발생하지 않을 것 같은 상황이 우리가 관리하는 꼬마빌딩에서도 발생했다. 한 입주자가 싱크대 위 전기 인덕션에 옷을 올려두고 고양이를 홀로 남겨둔 채 외출했다. 혼자 놀기 심심했던 고양이가 인덕션 위에서 놀다가 인덕션이 켜졌고, 그 위에 올려 둔 옷가지에 불이 붙으면서 화재가 발생했다. 싱크대 전기 인덕션을 발화점으로 화재가 난 것이다.

이 입주자는 입주시점에 애완동물 입주 불가와 페널티 조항이 있음을 충분히 인지하고 입주했다. 그런데 고양이의 경우 짖지도 않고, 강아지보다는 대소변 처리도 수월하다 보니 몰래 데리고 입주한 사실을 알지 못했다. 결국 밤 12시에 화재가 발생했다. 다행히도 해당 건물은 건물 화재보험에 가입되어 있었다. 소방서에서 조사한 화재원인을 알고 보니 입주자 과실이 명백했다. 이 사례는 계약서 작성과 입주시점에 임대인이 임차인에게 건물 특이사항 주의고지 의무를 충실히 이행한 것이 중요하게 적용된 사례다.

요즘 우리나라는 국가적으로 안전시스템이 풀가동되는 느낌이다. 인근의 대형화재, 폭염, 태풍, 한파 등 안전을 위협하는 상황이 발생하면 행정안전부에서는 문자 메시지를 일괄적으로 신속하게 발송해 준다. 그만큼 사고에 대해서도 신속하게 대응하기 때문에 화재현장은 재빠르게 수습된다.

그러나 임대인 입장에서는 모든 불씨가 전소된 이후부터가 더 골치 아프다. 내부가 전부 그을리고 타서 다시 리모델링해야 하는 상황이 되었다. 우선 화재현장을 동영상과 사진으로 꼼꼼하게 찍어 두었다. 담당 소방관과 경찰의 증언도 있지만, 그 말만 100% 믿고 있다가 나중에 문제가 발생할 경우 그에 대한 입증의 책임은 당사자인 건물주에게 있기 때문이다. 공적 기관에서 신뢰도 있는 자료를 보내주더라도 임대인(관리인)은 직접 현장 상황을 파악해야 하고, 그 과정에서 필요한 모든 자료와 증거들을 충분히 보관해 두어야 한다.

일의 마무리는 화재로 전소된 건물이 원상복구가 완료되고 손해배상 금액이 입금되는 시점이다. 이런 일이 생기면 앞서 충분히 설명한 바와 같이 내 건물의 자료 보관과 데이터 정리가 중요한 역할을 한다. 우리는 이번에도 화재가 난 호실의 입주시점에 작성한 옵션 체크리스트를 활용했다. 원상복구가 필요한 사항들을 엑셀로 꼼꼼하게 정리해 보험회사 측에 전달하면 보다 빠르고 쉽게 비용을 돌려받을 수 있다.

신축 1년 미만 건물의 호실(302호) 내 화재로 인한 파손 목록

인덕션 파손(9S-200T0)

레인지 후드 파손

번호키 파손(C200B2 락프로)

거실 TV 파손(43LH551C)

벽면 및 천장(거실) 페인트 훼손

방 블라인드 2개 훼손

사진에 남은 내부 시설 상태는 누가 봐도 자료의 객관성과 신빙성을 높여준다. 파손되거나 훼손된 비품의 모델명과 현장 사진을 첨부해 비용을 청구한다. 물론 사용연식에 따라 보상 받을 수 있는 금액은 다르지만, 원상복구 진행 시 한층 편하게 활용할 수 있다.

물론 화재 관련 손해사정인에게 맡겨도 된다. 하지만 우리는 건물에 대한 자료를 충분히 확보한 상태였기에, 보험회사 측에서 건물을 이해하고 옵션의 원상복구비용 산출 타당성을 확인하는 과정에서 낭비되는 시간을 최소화하기 위해 직접 자료를 만들어 주었다. 하루라도 빨리 임대수입을 얻기 위해 호실의 원상복구를 원활하게 하려는 목적이었다. 보험회사 입장에서는 자기들이 만들어야 할 자료들을 우리가 다 만들어 준 덕분에 보고서를 올려 승인만 받으면 되어 일 처리 속도가 훨씬 빨라졌다.

각각의 원상복구비용을 이체한 이체확인증과 공사업체 사업자등록증, 영수증과 더불어 화재 당시 사진과 수리완료 사진을 첨부했다. 그리고 각 옵션에 대한 구매비용이 입금될 때까지 훼손된 물품들을 전부 창고에 보관했다.

복구 시 가장 힘들었던 부분이 화재로 인한 그을음 냄새였다. 화재청소 전문 업체를 지정해 청소했지만 냄새는 여전히 남아 있었다. 이럴 경우 재청소에 따른 비용청구가 가능하다. 우리는 화재 그을음 냄새를 없애기 위해 계피 물을 계속 우려냈다. 피톤치드다 소독이다 뭐다 대단하게 얘기하지만 우리가 경험한 바로는 계피 물의 수증기가 효과적이었다. 계피 물과 함께 보일러를 틀어놓고 에어컨도 돌리면서 냄새를 빼내는 데 온갖 심혈을 기울였다.

가장 좋은 것은 우등임차인 선별을 통한 화재예방이다. 호실 내 촛불 사용 시 주의의무, 반려동물을 키우기 위한 기본자세 등을 입주자들에게 끊임없이 고지해야 한다. 입주자 한 사람 때문에 공동주택의 다른 입주자들에게 피해를 끼치거나 생활이 불편해지지 않도록 예방하려는 차원에서다. 나 역시 반려동물을 가족처럼 생각하며 함께 거주하고 있다. 하지만 우리가 관리하는 건물은 꼬마빌딩 중에서도 임대사업을 위한 공동주택이기에 임차인에게 반려동물 입주불가와 호실 내 촛불 사용에 대한 주의의무를 인지시키고 있다. 요즘에는 반려동물과 함께 거주하기 편리하도록 기획부터 설계해서 건축하는 건물도 증가하고 있다. 1인 거주가구 증가시대에 반려동물은 또 하나의 새로운 가족이므로, 이 또한 수익형 부동산의 개발 기획 시 참고하면 좋을 것이다.

📍 화재와 관련해 체크해야 할 사항

- 수익형 부동산의 매입 또는 신축 건물 준공이 완료되면 즉시 화재보험에 가입할 것.
- 건물에 화재가 발생하면 화재현장 확인과 수습을 위한 증거자료를 충분히 확보할 것.
- 원상복구 기간이 짧아야 하며, 화재발생 당일부터 화재현장의 원상복구를 시작할 것.
- 침수, 화재, 태풍, 정전, 한파, 폭염 등 재난에 대비해 조치할 수 있는 응급사항 매뉴얼을 준비할 것.

꾸준한 골칫거리,
건물 누수

불과 5~6년 전까지도 누수민원은 우리에게 너무나 고단하고 어려운 솔루션이었다. 그러다 보니 해결을 오직 설비업체에만 의지했다. 시간이 흐르면서 왜 누수가 발생했는지 원인을 찾기 시작했고, 직접 수리해 가면서 자신감을 갖게 되었다. 이제는 누수 원인을 쉽게 찾아내는 노련함까지 생겼다.

아직도 잊히지 않는 사건이 있다. 2009년쯤 폭우로 강남의 교보타워 사거리가 물에 잠기고, 지대가 낮은 곳 대부분이 침수되는 등 피해가 속출했다. 폭우가 멈출 기세 없이 지속적으로 쏟아지던 추석 휴무일에 나는 관리하던 건물로 급하게 달려갈 수밖에 없었다. 누수가 된다는 민원이 들어왔기 때문이다. 우선 누수가 진행되는 내부 호실에 차단기를 모두 내리고, 김장비닐봉투를 이용해 내부로 흐르는 누수 부위를 외부로 유도했다. 그런 다음 내부에 걸레질을 하는 방법밖에는 별다른 수가 없었다.

너무 오래전 일이라 최근 발생한 임시조치를 위한 물길작업 사진을 예시로 실었다. 누수가 발생하면 대부분 실리콘이나 방수작업을 실행하기 때문에 폭우가 쏟아지는 시점에는 아무런 조치도 할 수 없다. 아래 사진은 입주자들의 피해를 최소화하기 위해 우리가 실제로 사용하는 방법이다. 원초적이지만, 아무런 도움도 주지 못하는 것과 비교하면 추후 입주자와 분쟁의 소지가 줄어든다.

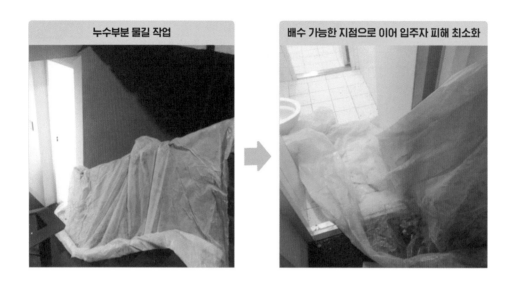

일단 누수가 시작되면, 비가 그치지 않는 이상 조치해 줄 방법이 없다. 하지만 입주자들은 이 사실을 알지 못하므로 일단 임대인(관리인)에게 의지한다. 내부에 누수가 진행되면 현장 방문 시 입주자의 비품이나 물건 중 손상된 것이 없는지 확인하고, 이상 유무를 체크해 두어야 추후 분쟁을 예방할 수 있다.

임대인(관리인)은 설비업체를 부르기 전에 어느 부분에 누수가 의심되는지 확인하고, 설비업체와 동행해 원인을 이해할 수 있을 때 공사를 실행하는 것이 좋다. 무턱대고 수리업체에게 맡겼다가는 건물을 직접 건축한 담당 설비업체가 아닌 이상, 건물의 현황과 상태를 자세히 모르기 때문에 비용이 의도치 않게 과다 지출될 수도 있다. 설비업체를 최소비용으로 활용하는 효과적인 방법은 어느 부위에 누수가 의심되는지 임대인(관리인)이 사전 조치를 시도해 보는 것이다.

누수에 사용하는 비품은 주로 실리콘과 방수액이다. 옥상이나 외부로 노출된 발코니의 방수층이 노후해 방수공사가 분명히 필요한 경우가 아니라면 실리콘으로 누수 부위를 수리해 볼 수도 있다. 실리콘은 실란트라고도 하는데 종류가 매우 다양하다. 화장실 타일 또는 주방가구에서 사용하는 실리콘부터 석재, 금속, 목재, 유리 등 용도에 맞게 구매해서 사용하는 것이 좋다. 각각의 용도에 맞는 실리콘을 준비해 누수가 의심되는 부위에 과감히 실행해 보고, 이후 확인해서 이상이 없다면 그때 설비업체에 맡긴다. 응급조치한 누수 부분을 깔끔하게 재시공하면 비용이 현저하게 줄어든다.

만약 실리콘 사용도 못 하는 임대인(관리인)이라면, 다음에 나오는 누수 의심 체크사항을 숙지하고, 각자의 수익형 건물에 대입해 보자. 그 후 설비업체와 의견을 조율하고 누수 원인이 이해된다면 수리하면 된다. 이때 누수 수리에 대한 내용은 현장 사진과 자료로 반드시 정리해 둔다.

가장 좋은 방법은 예방이다. 누수가 의심되는 부위가 있었다면, 봄이나 가을철로 바뀔 때 꼼꼼하게 손질하고 수선해 두어야 한다. 천재지변이나 급작스러운 폭우, 폭풍의 영향으로 벌어지는 상황들은 어쩔 수 없다. 또한, 휴일이나 추석, 설 등 민족 대명절에는 설비업자를 섭외하기 어렵다. 그러니 임대사업자로서 건물주는 입주자들의 안전과 임대공간의 정상적인 사용을 위해 예방에 중점을 두어야 한다.

전체 건물 입주자들을 대상으로 휴무일이 장기간 이어질 때는 문자 발송과 함께, 혹시라도 고향에 내려가지 않고 집에 머무르는 거주자 또는 사업장에 누수 확인을 부탁해 두는 것도 방법이다. 입주자들의 적극적인 협조의무가 안전하고 쾌적한 임대공간을 함께 만들어가는 데 도움이 된다는 인식을 심어주자.

누수 시 체크사항

❶ 누수는 물이 흐르지 못하고, 고이는 곳에서 발생한다. 소유한(보유한) 건물의 하수구 배수상태를 수시로 확인해야 한다. 특히 여름철 폭우에 하수구가 막혔다면 누수(침수)는 시간문제다. 건물을 청소하는 분에게 특별히 당부해 두고, 건물 방문 시에도 꼼꼼히 확인할 필요가 있다.

방부목 아래 하수구 막힘으로 누수

방부목 아래 하수구 막힘

청소 완료로 하수구 정상 작동

❷ 옥상과 창문 주변 노후에 의한 실리콘 터짐을 확인한다. 건물이 오래될수록 특히 취약한 부분이 실리콘으로 마감한 부분이다. 창문 주변이나 돌과 창문의 경계, 지붕이나 옥상 주변의 실리콘 마감 부분이 들뜨거나 벌어지지는 않았는지 확인한다. 누수는 여름 장마철에 빈번하게 발생한다. 사전에 예방할 수 있는 부분들에는 장마철이 오기 전에 미리 조치해 두는 게 좋다.

창문 주변 누수

창문 주변 누수 실리콘 재시공

❸ 하수구에 이상이 없다면 우수관도 유심히 살펴봐야 한다. 하수구로 연결되는 외부에 노출된 우수관의 배수상태를 확인하고, 필요하다면 즉각 수리한다. 가끔 우수관이 벌어지거나 구멍으로 누수가 발생하는 경우도 빈번하게 발생한다.

건물 외벽 우수관 하수구 막힘

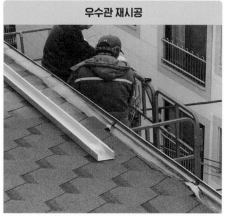

우수관 재시공

❹ 내부 공간에서 누수가 의심되는 부위를 찾지 못한다면, 외부에서 내부로 유입되는 사항들을 체크해 봐야 한다. 외벽의 구멍이나 재질이 다른 접합부의 틈은 누수의 원인이 될 수 있다.

건물 외벽의 크랙이나 배관 매립 시 공사 미흡으로 인한 구멍은 누수의 원인이 된다.

❺ 건물의 실리콘 접합부 터짐과 크랙은 누수의 원인이다. 실리콘이 터지거나 갈라진 곳이 없는지 확인한다.

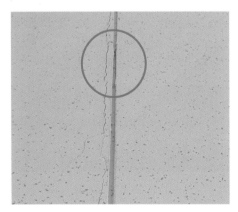 

건물 외벽 크랙과 징크나 돌 접합 부분이 제대로 마감되지 않으면 누수의 원인이 된다.

❻ 누수가 빈번하게 발생하는 내부 공간은 베란다와 욕실 그리고 싱크대 주변이다.

싱크대 배수관에서 누수되기 쉬운 부분이다.

❼ 즉각 수리할 수 없는 원인 모르는 누수가 발생했다면, 앞서 본 사진과 같이 물길을 잡아 한곳으로 흐르게 해 입주자의 피해를 최소화한다. 특히 2020년 여름과 같이 장마가 장기간 이어질 경우 건물 누수로 애를 먹은 사람들도 있을 것이다. 실무에서 빈번하게 발생하는 누수를 사전에 방지 또는 해결하려면 다음과 같은 사항에 유의하자. 그러면 누수 원인을 70% 이상 찾아낼 수 있을 것이다.

◎ 건물 누수 시 체크사항

- 하수구, 우수관 확인
- 창문 틈과 주변 실리콘 마감 확인
- 발코니, 옥상 방수 확인
- 보일러실이나 창고 등 샌드위치 패널로 만들어진 곳의 경계나 틈 확인
- 공용전기 차단기 떨어지는 현상: 대부분 현관입구 센서등이 문제, 당황하지 말고 센서등 분리 후 차단기 올리면 정상작동
- 징크 또는 아스팔트 싱글과 외장 돌 또는 창호 접합부 확인

입주자의 안전과
청결 유지

요즘 들어 임대사업을 위한 수익형 부동산의 건물관리에 대한 관심이 높아지면서, 건물만 매입하면 알아서 임대수입이 창출되는 시대가 저물고 있다. 임대건물 관리가 그만큼 중요해졌고, 그중에서도 청소는 수익형 부동산 임대사업의 기본 중 기본이다. 특히, 월세 임대의 경우 청소는 건물주(임대인)가 기본적으로 해 주어야 한다.

요즘 유튜브에도 보면 임대건물 관리에 대한 노하우를 다루는 채널이 많다. 그중에서도 "뜨겁게 청소해라!"라는 서브타이틀이 가장 마음에 와닿는다. 청소할 때는 창호와 몰딩 청소를 시작으로 욕실과 싱크대 배수구 및 하수구를 청소한다. 빌트인 제품이 있다면 에어컨 필터 교체 및 세탁기 거름망도 잊지 말고 청소해야 오래 사용한다. 전체 전등 이상 유무까지 꼼꼼하게 체크해서 입주 전에 마무리해 두어야 한다.

전등도 안 들어오는 게 하나라도 있다면 임차인이 입주하기 전에 새것으로 교체해 주자. 임대인(관리인)이 건물 청결을 지속적으로 잘 유지하고 있다는 내용이 주변에 자연스럽게 알려지면 내 건물에 입주하고 싶어 하는 입주자들도 생기게 마련이다. 당장의 이득만을 따질 것이 아니라 내 건물의 장기적인 유지관리 측면에서도 청소는 매우 중요한 관리 업무 중 하나다.

임차인이 퇴실할 때마다 다시 새 호실을 만든다는 각오로 열심히 청소해야 한다. 대충 보면 깔끔한 경우가 대부분이다. 꼼꼼히 철저하게 보고 만지고 닦고 조이자. 이렇게 꾸준하게 지속한다면, 10년이 지난 뒤에도 건물의 노후도를 현저하게 줄일 수 있다. 지난 10여 년간의 관리 노하우로 알게 된 사항이다. 깔끔한 임대공간에서는 입주자들 또한 무의식적으로 청결을 유지하기 위해 노력한다. 수익형 부동산 임대관리에서 자연스럽게 우등임차인을 선별할 수 있는 가장 효과적인 첫 번째 방법은 청소다.

다음은 청소 완료 후 업체로부터 피드백 받은 내용이다.

입주자가 퇴실하고 나면, 청소용역 업체를 불러 청소를 한다. 건물주(임대인) 또는 관

리인이 청소를 완료한 호실을 재점검하는데, 이때 주거용의 경우에는 더 섬세한 청소 확인 작업이 요구된다. 강남 지역에서는 꼬마빌딩 임대사업 시 1인 거주가구 임대시장에 맞추어 대부분의 가구와 옵션을 비치한 상태로 임대공간을 제공한다. 에어컨 필터, 세탁기 거름망, 환풍기와 레인지 후드 등 청소상태를 재점검하고, 시설부품의 정상작동 여부를 청소상태 확인 과정에서 한 번 더 확인한다.

이는 깔끔하고 쾌적한 주거공간의 제공을 위해 건물주(임대인) 또는 관리인이 당연히 실행해야 하는 작업이다. 입주가 시작되면 꼬마빌딩의 임대사업이 본격적으로 시작되는 만큼, 입주 전에 시설 정상작동과 호실의 청결을 확실하게 확인해 두면 자연스럽게 민원이 줄어든다. 임대공간의 청결과 시설 정상작동, 원상복구는 임대관리에서 가장 크게 빛을 발하는 중요한 작업 중 하나다.

물론 건물주(투자자)가 직접 청소해도 된다. 우리는 지난 10년간 청소의 딜레마에서 빠져나오느라 무척 애썼다. 임대사업을 위한 퇴실청소는 집안일 하는 것처럼 닦고 쓸고 해서 끝나는 것이 아니다. 새로운 입주자에게 최소한 첫 입주 느낌을 줄 만큼 꼼꼼하게 해야 한다. 건물관리의 승패는 대부분 건물이 준공되고 3년 이내에 청소 문제로 결정된다. 나는 건물이 준공되고 2~3년 미만일 때는 오랜 기간 동안 첫 입주 느낌으로 내부 시설물을 유지 관리하기 위해서 직접 청소상태를 확인한다. 그만큼 임대사업을 운영 및 관리하는 데 청소는 매우 중요한 포지션을 차지한다.

요즘 1인 거주가구, 특히 20~30대 여성 혼자 거주하는 경우에는 특히 보안시설이 있고 없음이 중요하다. 우리는 건물을 신축하거나 기존 건물을 매입해 관리하는 경우에도 추가로 CCTV를 설치한다. 신축할 경우에는 CCTV 설치 공간을 미리 확보해 어느 각도에서든지 진·출입자들을 용이하게 볼 수 있도록 자리를 배치해 둔다. 기존 건물을 매입할 경우에는 CCTV 설치가 더 복잡하지만 입주자들의 안전과 관리통제를 위해 의무적으로 설치하고 있다.

폐기물 무단 투기, 입출입자 확인을 위한 CCTV 영상

CCTV를 설치하는 공간은 쓰레기 분리수거장과 주차장, 공용 공간, 엘리베이터 출입구와 현관이다. CCTV를 설치하면 자연스럽게 쓰레기 무단투기가 줄어들고 주차관리도 수월해진다. 또한, 외부인이 진·출입할 경우 CCTV 양방향 확인 시스템이 있으면 범죄 예방에도 도움이 된다. 우리 회사에서는 매일 오전 아침 출근하자마자 관리하는 건물들의 CCTV를 확인한다. 문제의 소지가 있는 건물이 있다면 즉시 현장으로 이동해 조치한다. 꼬마빌딩의 관리를 위해 관리인을 건물 내에 상주시키기에는 관리비용이 부담스럽다. 꼬마빌딩을 임대사업자가 직접 관리할 경우에는 시간을 아끼고 관리비용을 절감하는 방법으로 CCTV를 활용할 수 있다.

요즘은 기본적으로 현관과 각 호실에 도어 락 시스템을 설치한다. 그런데 배송시스템과 배달시스템이 워낙 일반화되어 있다 보니 현관 비밀번호가 외부인에게 빠른 시간 내에 노출된다. 9개층 이하의 꼬마빌딩 관리 시 배달과 택배로 인한 현관 출입문 비밀번호 노출을 어떻게 하면 예방할 수 있을지에 대해 고민이 많다.

이는 관리인이 상주하지 않으면 현재로서는 제어하기가 불가능하다. 아직까지 CCTV 마이크 기능은 법률적인 문제로 공용공간에서는 사용할 수 없다. CCTV 체크 중 문제점이 발견되더라도 건물 간에 이동할 때 기동력이 빠르지 않으면 통제하기 어려운 상황들이 빈번하게 발생하곤 한다. CCTV에 마이크 기능까지 활성화된다면 임대사업을 위한 꼬마빌딩 관리에 보다 효율적으로 활용할 수 있을 것 같다.

무엇보다 입주자들의 안전을 최우선으로 생각하자. 어떻게 하면 입주자들에게 안전하고 쾌적한 임대공간을 제공할 수 있을지 고민하자. 다시 한번 강조하자면, 임대수입을 얻기 위한 꼬마빌딩의 운영 및 관리에서 안전과 청결은 기본이다.

임차인의 감성을
존중하자

우리가 본격적으로 임대사업을 실행했던 2008년쯤에는, 매월 임대료 납부안내 문자를 보내면 그 즉시 알아서 납부할 테니 이런 문자 보내지 말라는 짜증스러운 반응이 돌아왔다. 현재는 임차인들이 오히려 고맙다고 한다. 번거롭게 계좌번호를 찾지 않아도 되고, 매월 월세 납부일을 확인하지 않아도 되니 말이다.

임대료 납부연체가 생겼을 때 근심만 하고 가만히 내버려 두는 것은 불량임차인을 유발하는 행위다. 임대보증금이 넉넉하다고 해서 임대료 납부 지연을 내버려 두면 안 된다. 임대인과 임차인은 각자 권리와 의무가 있다. 임대인은 수익형 부동산 임대사업에서 진행되는 업무들을 체계적으로 운영 및 관리해야 한다. 임대인의 임대료 납부독촉은 나쁜 행위가 아니다. 오히려 임차인이 임대료 성실납부 의무를 위반하는 것이다.

요즘은 1인 거주가구를 위한 소형 임대주택의 경우, 임대관리 시스템이 체계화되고 정착되면서 임대료 미납 등의 불량 임차인이 현저하게 줄어드는 것을 체감하고 있다. 이전까지는 임대료 납부가 연체될 경우 일명 막무가내식으로 나오는 임차인이 굉장히 많았다. 버티고, 버티고, 거짓말하고, 버티고. 예전에 온몸에 멋진 동물이란 동물은 모두 그려 놓은 남자들 3~4명이 합숙소로 사용하던 호실이 있었다. 누구든지 이런 입주자에게 임대료 납부 독촉을 하기 위해 방문하는 건 어려워할 것이다. 다행히도 다 사람이 하는 일이다 보니, 이 경우에도 대부분 임대료를 납부하거나 퇴실로 원만하게 마무리할 수 있었다.

연체가 발생하면 해당 호실을 직접 방문해서 퇴실을 권유한다. 이번 달의 임대료 연체가 문제가 아니다. 다음 달도 연체될 확률이 매우 높다. 따라서 보증금에 여유가 있을 때 퇴실을 권유하는 것을 추천한다. 사정을 배려하고 이해해 주다 보면, 결국 마지막에는 임대인과 임차인 모두 난처한 문제가 발생한다. 이성과 감성의 균형을 유지하며 임대인과 임차인 양쪽 모두에게 타당한 합의점을 찾기 위해서라도 소형 수익형 부동산의 관리시스템은 중요하다. 임대인은 전체 호실을 우등임차인 선별에 목적을 두고, 임대료를 받기 위한 임대차계약보다 보유한 꼬마빌딩에 맞는 체계적인 임대관리 시스템 정립을 우선하여 임대사업을 운영해야 한다.

예전이나 지금이나 우리가 관리하는 데는 한 가지 공통적인 사항이 있다. 상대방을 배려하고 존중하면 세상에 나쁜 사람은 없다는 것이다. 험상궂게 생기고, 막말을 밥 먹듯이 하는 사람들을 상대할 때도 먼저 예우해 대하면 양심이라는 문을 두드려 진정성을 전달할 수 있다. 임대료 납부독촉으로 싸울 생각은 하지 말자. 저마다 어려운 부분이 있을 거라고 이해하고 접근해야 한다. 시설관리문제도 어렵지만, 미납 임대료의 수금은 모두가 두렵고 하기 싫은 일 중 하나다. 미납임대료 수금관리를 위한 인원을 채용하는 것도 쉽지 않았다. 꼬마빌딩을 위한 임대관리 시스템이 정립된 지금은 최근 5년간 우리가 관리하는 각 건물들의 매입·매출 자료를 확인한 결과 임대료 연체로 인한 손실률을 0%로 유지하고 있다.

그간 임대관리업무를 하면서 어떻게 하면 더 잘할 수 있을지 매일 고민하면서 우리가 만든 시스템이 있다. 바로 계약시점에 직접 임차인에게 계약서에 관해 설명해 주는 시스템이다. 계약서의 내용을 설명하고 대화가 오가는 과정에서 임차인의 성향을 충분히 파악할 수 있으며, 조금이라도 이상하면 그 자리에서 연체이자도 작성한다. 그래도 이상하다면 눈앞의 공실을 줄이고 싶은 유혹에 흔들리지 않고, 과감히 임대계약을 포기한 채 자리를 박차고 일어날 수 있는 대범함도 있어야 한다.

입주자 중에는 공용 공간(복도, 계단, 승강기 내부)에 침을 뱉고 담배꽁초를 버리는 사람이 있다. 음식물 쓰레기를 공용 공간 아무 데나 놔두고 나가 버리는 입주자도 있다. 동거인과 싸워서 내부의 모든 비품과 시설을 망가트리는 입주자도 종종 만난다. 이들을 필터링해 걸러내고 우등임차인을 선별하려면, 계약서를 작성하고 설명하는 자리에 건물주(투자자) 또는 관리인이 계약서 작성시점부터 반드시 참석해야 한다.

우리는 계약금이라는 명목으로 계좌입금을 미리 받지 않는다. 실사용하는 계약자를 만나서 계약내용을 충분히 설명하고, 임차인이 내용을 충분히 인지한 뒤 계약서 작성이 완료되면 그때 계약금을 입금 받는 것을 원칙으로 하고 있다. 계약서 작성 자리에 참여해 내 건물의 주의사항을 설명하고 안내하면 임대인(관리인)의 성의와 관심이 그대로 임차인에게 전달된다.

시설관리, 미납임대료 외에도 집집마다 조용한 날이 없듯이 우리가 관리하는 건물에 조용한 날이 찾아오기까지 10년이라는 시간이 흘렀다. 앞서 설명한 대로 우리는 입주자들에게 임대료를 받기 위한 업무를 충실하게 수행하려고 노력하고 있다. 입주 이후 시설문제, 청소, 건물 사용방법 등의 민원이 접수되면 제대로 처리하지 못했을 경우 시말서 작성을 원칙으로 한다. 이를 통해 같은 일을 다시 놓치지 않고 집중해 실행할 수 있도록 철저히 피드백하고 있다. 이런 일들은 너무나 간단해서 오히려 쉽게 놓칠 수도 있기 때문이다.

우리는 집중적인 관리 피드백을 이용해 결과적으로 이 일들을 습관화하기 위해 노력했다. 그 결과 지금은 약 350여 개 관리 호실에서 일일 평균 걸려오는 민원전화가 1~2통에 불과하다. 이 얼마나 보람 있고 뿌듯한 성과인가. 보통 꼬마빌딩 한 채에서 관리하는 호실이 상가나 사무실을 포함해 20여개 호실 미만인 것을 감안할 때, 계약서 작성 시점의 우등임차인 선별, 입주 전 시설관리 체크와 청소를 비롯해 입주와 동시에 안내사항만 충실하게 설명하면 입주나 퇴실 이외의 민원접수는 거의 없다고 볼 수 있다.

위의 내용을 이해하려면 꼬마빌딩 거주 수요자층을 먼저 이해해야 한다. 꼬마빌딩의 임차 수요자는 MZ세대가 대부분이다. 이들은 복잡한 것을 싫어하고, 혼자서도 무엇이든지 잘할 수 있다고 생각한다. 궁금한 게 있으면 언제든지 스마트폰으로 찾아보고, 자신의 것으로 습득할 수 있는 능력도 갖추고 있다.

우리는 이들에게 부족한 게 무엇일까 고민하다가, 다양한 입주자들과 함께하면서 이들에게 필요한 것은 관심과 배려라는 것을 알아냈다. 가끔 시설문제가 있어서 해당 호실에 방문했다가 설거지가 있으면 간단히 해 두고 나온다. 시설 문제를 처리하면서 청소를 해 주기도 한다. 주거용 건물의 경우에는 겨울철 크리스마스트리를 건물 주 출입구에 설치해 임차인들이 지친 하루를 끝내고 집으로 쉬러 들어오는 길에 크리스마스트리 장식을 보고 따스한 온정을 느끼길 바라기도 했다. 입주자들은 언뜻 무심한 듯 보였던 입주자들이 트리 앞에서 사진을 찍는 모습을 CCTV로 보니 무척 뿌듯했다.

흥미로운 것은 매월 임대료 연체로 고생시켰던 요주의 임차인이 이 크리스마스트리를 설치한 이후 임대료 납부일을 준수하면서 연체하지 않고 납부하기 시작했던 것이다. 모든 일이 그렇듯이 본질에 집중해 최선과 정성을 다하면 뜻이 이루어지는 것 같다. 오직 우리 동료들과 함께 자발적

관리하는 건물에 직접 설치한 크리스마스트리 장식

인 마음에서 시작한 결과를 입주자들은 마음으로 받아주었다. 입주자들이 임대공간을 올바르게 잘 사용할 때 비로소 일의 보람과 자산관리 측면에서 가치증식을 만들어 낼 수 있다.

어느 입주자분은 설거지를 해줘서 고맙다며 커피 쿠폰을 문자로 전송해 왔다. 물론 우리는 입주자와 사적으로 통화하지 않는다. 이들은 자신의 근무시간이나 자기만의 시간을 제3자가 방해하는 것을 좋아하지 않는다. 전화로 통화하는 것을 선호하지 않으며, 전달할 내용이 있을 때 문자로 전송하면 대부분 즉시 응답한다.

지금 우리가 응대하고 함께하는 임대수요자들은 핵가족에서 또다시 분리된 혼밥 세대다. 이들은 합리적이고 체계적인 것을 선호한다. 직접 만나지 않아도 소셜미디어로 소통하고, 문자로 대화하며, 자기만의 독립적인 생활공간을 선호한다. 이들을 상대로 임대사업을 운영 및 관리하기 위해서는 1인 거주가구, 1인 기업의 임차 수요자를 이해해야 한다. 이들은 적당한 거리 유지를 선호하며, 임차인들은 무심한 듯 보이지만 적당한 거리에서 건물의 유지관리가 잘되는지 지켜본다.

임대인은 임차인을 존중하고 그들의 감성을 공유할 수 있어야 한다. 그들의 감성이란 예전의 '정'이 아니다. 임대료를 납부하며 임대공간을 사용하는 입주자들을 위한 배려는 적당한 거리를 유지하면서 그들의 감성을 이해하는 것이다. 임대인과 임차인이 서로 이해하게 된다면, 임대수입을 위한 수익형 부동산을 문제없이 운영 및 관리할 수 있을 것이다.

건물주(투자자)는 자기 건물의 원칙과 시스템을 꾸준히 유지하면서 입주자와 협의 과정에서 제안한 의견은 반드시 지켜야 한다. 또한, 충분히 고민하고 생각한 후 입주자와의 소통은 단 한 번으로 깔끔하게 마무리 지어야 한다. 임대인이 체계적인 시스템을 지속적으로 유지한다면, 임차인들은 이에 충분히 공감하며 건물의 유의사항과 질서를 지킬 만큼 합리적이라는 사실을 잊지 말자.

감정노동은 이제 그만!
시스템을 만들자

입지가 뛰어나 안정적인 수요층이 확보된 지역의 상가를 임대 시에는 권리금이나 시설비 문제가 종종 발생하곤 한다. 임대인(건물주)이 혼자서 이런 문제를 해결하기는 어렵다. 자칫 잘못했다간 임대료 대비 권리금이 더 높아져서 임대인이 임대료 수입보다 권리금에 종속될 가능성이 높아진다. 따라서 임대인 또는 관리인은 계약서 작성 시점에 권리금이나 시설비 부분을 임차인에게 명확하게 설명하는 것이 좋다.

임대인(건물주)은 적어도 소유한 상가의 권리금이 얼마인지 인지하고 있어야 한다. 매월 지불하는 임대료 대비 과다하게 높은 권리금은 임대인이 새로운 임대차계약을 진행하는 데 걸림돌이 될 수 있기 때문이다. 업무용의 경우에는 건물주가 바닥, 벽면, 조명, 냉·난방기 등 기본적인 시설을 제공하고 입주자는 시설비용을 추가하지 않는 것이 좋다.

다음은 건물주가 임대공간에 기본적으로 제공하는 시설 상태의 사진이다.

우리가 임대관리 운영에 관심을 두고, 시스템을 만들어 체계적으로 실행하기까지 10년이라는 시간이 걸렸다. 지금도 우리는 관리 시스템을 지속적으로 개발 중이다. 임대

현판 설치 	화장실 
냉난방 및 조명 	벽면과 바닥 

인과 임차인 양 당사자 간의 중간인 제3자 입장에서 양쪽을 만족시키기란 매우 어렵고 고단한 일이다. 수익형 부동산의 수익 창출원은 임차인이다. 임차인을 위해 쾌적하고 안전한 임대공간을 제공할 의무는 임대인에게 있으나, 두 당사자에 사이에서 임대인의 불만과 임차인의 민원을 수렴하며 임대관리를 운영 및 유지한다는 것이 쉽지만은 않다.

이 문제 때문에라도 임대관리를 위한 원칙과 시스템은 반드시 필요하다. 이제 임대 사업을 위한 9개층 이하 꼬마빌딩에서도 임대관리를 위해 지속적인 보완과 개발을 통해 각 건물에 맞는 시스템을 정립해야 하는 시점이 도래했다. 임대인과 임차인 쌍방 간의 감정노동은 예전의 관리 시스템 아래서 행해졌던 것이다. 불필요한 감정노동을 없애고, 임대사업을 효과적으로 운영하기 위해서 필요한 것이 각 건물에 맞는 시스템과 원칙이 다. 바야흐로 임대관리에서 원칙과 시스템을 기반으로 원만한 협의관계가 뒷받침되어야 하는 시대다.

우리가 관리하는 건물에도 간혹 고집불통으로 성질만 내는 입주자들이 있다. 그런 사람들도 관리시스템을 인지하고 입주한 이상, 그 시스템을 지키려고 노력하는 것을 보면 뿌듯함도 느낀다. 특히, 1인 거주가구 시대를 맞아 수도권 중에서도 강남 지역은 주로 90년생 이상의 연령층으로 구성되어 있다. 이들은 대부분 4인 미만의 거주환경에서 자란 귀한 자녀들이다. 베이비 부머 세대는 대가족 제도 내에는 자연스럽게 배려와 양보를 배울 수 있었지만, 요즘 젊은 층은 합리적인 것을 선호한다. 따라서 예전처럼 관리인에게 욕하거나, 시시비비를 따지며 몸싸움을 하는 입주자들은 거의 없다.

공실회전이 빠르고 입지만 안정적인 지역을 선택하면 공실 리스크를 줄일 수 있는 안전한 부동산 임대사업 유형이라는 점에서, 수익형 부동산의 유형 중 주거용 임대사업의 비중이 증가하고 있다. 이와 함께 주택 임대관리 회사도 증가하고 있다. 임대사업을 위한 부동산 투자관점에서도 주택임대 관리 시스템의 지속적인 성장 요구는 향후 점차 커질 것이다. 우리가 정신적 스트레스와 고단한 하루하루를 겪어가며 만들어낸 관리 시스템도 그중 하나다.

처음 관리시스템을 만들 때는 복잡하다. 하지만 시간이 흐르면서 입주자들과 분쟁에 휘말리고, 그로 인해 낭비되는 시간과 스트레스를 따져 보니 미루고 대충 넘어간다고 해서 해결되는 문제가 아니었다. 수년 전에는 답답한 마음에 임대관리 책을 찾아보려고 서점에 들러도 보았지만, 마땅한 정보를 찾을 수 없었다.

꼬마빌딩의 효과적인 투자비법과 성공적인 투자전략 정보는 넘쳐난다. 그러나 투자에 성공했다면, 이제는 어떻게 성공적으로 운영 및 관리할 것인지도 중요하다. 임대사업을 하는 건물주(투자자)들은 부동산을 개발 또는 매입한 이후 지속해야 하지만, 운영 및 관리에 대한 실전 경험 노하우나 시스템에 대한 관심이 부족하다.

2020년 기준으로 대한민국 인구수는 중위 추계로 약 5,100만명이다. 이 중 국토부

보도자료에 의하면 주택임대사업자로 등록한 사람이 대한민국 전체에 약 52만 9,000명 가량이다. 물론 아직도 구청에 주택임대사업자로 등록하지 않은 사람이 더 많을 것이다. 또한, 주택 이외에 9개층 이하의 꼬마빌딩을 소유한 임대사업자들까지 포함하면, 더 이상은 임대수입을 얻기 위한 꼬마빌딩의 임대관리 시 협의와 상황에 따라 그때그때 대처하면서 운영할 수 있는 시대가 아니다. 기존에 이미 임대사업을 하고 있는 건물주들 외에 앞으로도 부동산 임대사업이 지속적으로 증가할 것으로 보이는데, 이렇듯 치열한 시장경제에서 운영 및 관리를 경쟁력 있게 유지하기 위해서는 규모가 크든 작든 시스템과 전문적인 운영능력을 겸비해야 한다. 임대관리는 더 이상 감정노동이 아니다.

임대사업을 위한 수익형 부동산 임대관리의 중요성

❶ 수익형 부동산이라는 단어는 일반 직장인들이나 개인 투자자들에게 '설마 내가? 임대사업을?'이라는 거부감이 들게 하는, 어찌 보면 굉장히 허세 섞인 단어다. 쉽게 생각하자. 대한민국 전 지역에 최소자본으로 오피스텔 하나라도 임대수입을 위해 매입했다면, 오래된 연립빌라 한 호실이라도 소자본으로 매입해 리모델링한 뒤 임대료를 받을 수 있도록 개발했다면 수익형 부동산 임대사업자다.

❷ 이 책에는 최소 자본금의 기준금액이 없다. 임대수입이 나오는 모든 부동산이 수익형 부동산이다. 임대수입을 얻기 위한 임대사업자의 본질에 충실하고, 수익형 부동산에 접근하는 자세와 기준을 잡아 준다. 누구든지 자기가 지불한 금액의 가치를 인정할 경우에는 소비가 만족스럽다. 임대수입을 얻기 위한 임대공간이 그만큼 가치를 지불할 만한 곳인지, 한 호실의 임대사업자라고 하더라도 철저한 사업자 마인드로 운영해야 한다.

❸ 핵가족에서 더욱 세분화된 1인 거주가구가 증가하고 있다. 따라서 주거용 임대사업

자에 주목해야 한다. 이미 많은 임대인들이 주택임대사업자로 등록한 가운데 주택임대사업의 임대관리가 매우 중요한 과제로 떠올랐다. 효율적인 자산관리를 통해 꼬마빌딩의 자산가치를 유지해야 한다. 지속적인 임대수입을 창출하면서 재매각하기까지 짧게는 5년부터 10년까지 보유해야 하는데, 임대인(건물주)은 임대사업을 위한 주거용 수익형 부동산의 임대관리 시 체계적인 시스템과 매뉴얼을 작성하고 이에 따라 운영해야 한다.

❹ 주거용 임대사업에서 관리의 중요성이 나날이 증가하고 있다. 주택 보급률이 100%를 넘었는데도 지속되는 가구의 분리에 의한 1인 거주가구가 증가하여 소형 임대주택 시장의 공급량이 수도권과 역세권을 중심으로 지속적으로 늘어나고 있다. 수도권(역세권)은 일자리 및 편의시설과 기반시설이 잘 갖추어져 있어서 1인 거주가구에게 인기 있다. 그만큼 주거용 수익형 부동산 임대관리의 중요성은 앞으로 더욱 높아질 것이며, 지금부터는 임대수입을 위한 수익형 부동산의 유지관리 시대임을 명심하자.

❺ 무슨 일이든지 기본에 충실하고, 사업의 본질에서 벗어나면 안 된다. 부동산시장의 패러다임은 자본이득의 부동산 투자에서 운영 및 관리에 따른 임대수입을 얻기 위한 수익형 부동산 투자로 변화하고 있다. 우리는 불안정하고, 급변하는 시장경제와 은퇴 후 길어진 노후설계를 준비하기 위해 안정적인 수익형 부동산 관리의 중요성을 인지해야 한다. 그리고 장기적 관점에서 임대사업을 위해 꼬마빌딩에도 체계적인 관리시스템을 도입해야 한다.

9개층 이하 꼬마빌딩의 임대관리에서 아직까지는 건물주(투자자) 개인이 직접 운영하는 비중이 더 높다. 소규모 수익형 부동산으로서 임대 규모가 크지 않아 전문 인력을 고용하기에는 부담스럽기 때문이다. 특히, 주거용 임대사업을 위한 꼬마빌딩 임대관리의 경우에는 더욱 세심한 관리가 요구된다. 우리 지인들만 해도 건물을 지어 놓고 운영 및 관리를 하지 못해서 난처해하는 모습을 종종 보곤 한다.

꼬마빌딩의 경우 임대계약으로 공실을 채운다고 해서 끝이 아니라, 거기서부터 시작이다. 개발부터 임대관리 유지 후 재매각까지 장기전으로 봐야 한다. 어떻게 개발하느냐에 따라 건물의 가치가 달라지고, 임대관리를 어떻게 하느냐에 따라 현금흐름이 달라진다. 효율적인 임대관리 운영 및 유지에 따라 재매각 시에 부동산 자산의 가치를 인정받을 수 있는지 여부가 좌우된다. 임대관리를 안정적으로 유지한다고 해도 시간이 흘러 재매각 시점에 보유한 수익형 부동산 건물이 인근 건물과 비교해 가치를 인정받지 못하면, 기대했던 매각차익을 실현하지 못할 수도 있다. 따라서 개발부터 재매각까지 수익형 부동산의 메커니즘을 이해한 상태로 사업을 시작해야 한다.

이제 우리나라에서도 미국이나 일본처럼 꼬마빌딩을 대상으로 하는 자산관리 회사가 증가할 것으로 예상된다. 2008년 본격적으로 부동산 임대관리까지 시작할 때 여러 클라이언트들이 나에게 직업을 물어보고는, 부동산 자산관리를 하고 있다고 이야기해도 대부분 잘 이해하지 못했다. 시간이 흘러 지금은 부동산 자산관리를 하고 있다고 하면 70% 정도는 이해한다. 2008년쯤만 해도 부동산 자산관리 업무를 이해하는 클라이언트들은 외국에 부동산을 보유한 건물주들이었다. 우리가 온갖 시행착오를 경험하며 성장시켜가고 있는 업무가 외국에서는 일반적으로 운영하는 시스템이기 때문이다.

우리나라의 부동산 투자형태를 살펴보면 개발은 시공업체와 건축사무소에 맡기고, 관리는 건물주(임대인)가 직접하는 경우가 대부분이며, 매매나 임대는 인근의 공인중개사무소에서 이루어지는 형태다. 꼬마빌딩의 경우 시스템이 하나의 메커니즘으로 통합돼야 하는 데 그렇지 못하고 개발부터 재매각까지 업무 주체가 분리되어 있다. 그렇다 보니 건물주(임대인)는 가장 어렵고 고단한 위치이기도 하다. 이런 부분을 보완하기 위해 우리는 직접 토지를 매입하고 개발에 참여한 수익형 부동산의 자산관리를 맡아 운영했고, 그 과정에서 이에 관한 경험과 노하우를 축적할 수 있었다.

5부

서울·수도권 꼬마빌딩 개발 사례

· 숭인동 ·
임대수요 적중한
소호 오피스

임대수요를 파악하는 방법

먼저, 인근의 임대수요층과 임대수요자들을 분석한다. 우리가 하는 공급은 100세대 이상의 규모 있는 공급이 아니다. 30세대 미만의 꼬마빌딩을 공급하는 것이므로, 역세권이면서 입지만 괜찮다면 평당 매입가격이 낮은 부동산을 집중적으로 검토한다.

주거와 상업, 업무 공간의 분포도를 놓고 지역의 기반시설을 살펴보자. 상가나 업무용 시설이 한 블록에 밀집해 있다면 그 지역에서는 주거용의 임대사업이 유리하다. 상가나 업무용 건물들이 대부분 노후한 지역에서는 신축개발을 통한 상가나 업무시설의 공급도 고려할 수 있다. 임차수요 연령층도 매우 중요하다. 학교, 직장, 병원, 대형마트나 백화점 등 모든 시설이 입지해 있다면 임차수요가 풍부한 지역이다. 이러한 지역에서도 지역을 세분화해 살펴보면 건물이 노후하고 주변이 슬럼화된 지역이 있다.

최근 우리는 종로구 숭인동에 위치한 6개층 규모의 소형 오피스빌딩을 리모델링했다. 이 지역은 1호선, 2호선, 6호선과 함께 우이 신경전철역까지 개통돼 4개의 역이 지나가는 역세권이다. 그럼에도 불구하고 우리가 처음 매입을 실행한 2019년만 해도 해당 블록 일대가 심각하게 슬럼화되어 있었다. 매입한 건물의 건너편에는 동묘벼룩시장과 동묘옛장터 등 단층건물과 좁은 골목으로 상가가 밀집해 있었는데, 우리는 당시 3종 준주거지역의 이 상가 및 업무용 건물을 평당 3,200만원대로 매입했다. 폭 4m 도로에 접하고 북도로 코너에 위치한 건물로서 4개 역을 도보 15분 내외로 이용할 수 있었다. 리모델링을 기획하고 수익률을 분석했더니 연 수익률 5% 이상이 가능했다.

종로구 4평(약 13㎡) 규모의 소호오피스

공유와 독립이 공존하는
소호 오피스 임대공간

기존 임대유형을 그대로 유지한 채 리모델링을 실행했다. 준공연도는 1991년이었지만, 골조가 매우 튼튼했고 신축한다고 해도 용적률이 현재보다 약 30~40% 증가하는 상황이었다. 매입시점에는 건물 가격이 인정되지 않았기에 토지 가격만으로 매입할 수 있었다. 우리는 건물 골조를 그대로 사용해 리모델링함으로써 비용과 시간을 절약해 꼬마빌딩의 가치증식을 실현할 수 있었다. 숭인동은 동대문과 인접해서 예전부터 원단이나 의류 관련 파생업체들이 오랜 기간 임차해 사용하던 곳이다. 지역분석을 한 뒤 우리는 한 호실당 4평(약 13㎡) 미만 소형 오피스 임대공간의 수요자로 젊은 의류 관련 임차사업자를 예상하고 리모델링을 기획했다.

인근에 재봉공장과 원단공장 임대오피스와 소형 오피스 공간 현황을 현장에 나가 우리 예상이 맞는지 직접 확인했다. 그 결과 리모델링을 실행했을 때 충분히 경쟁력이 있었다. 결과적으로 우리가 예상한 대로 20~30대의 젊은 1인 사업장 임차인들로 구성된 꼬마빌딩이 만들어졌고, 현재 건물주도 만족할 만큼 안정적으로 임대사업을 운영 중이다. 물론 리모델링부터 임대관리를 진행하는 동안에도 지가는 꾸준히 상승하고 있다.

작은 단위로 쪼개어 확대하기

막상 임대수요를 파악하려고 하면 굉장히 광범위해 보이겠지만, 시작은 작게 해도 좋다. 예를 들어 강남구 논현동을 지도에서 찾아보면, 블록이 6개나 된다는 것을 발견하게 된다. 6개 블록은 주거밀집지역과 상가 밀집지역으로 나누어지고, 주거와 상가가 혼합되어 있는 특징을 보인다. 이런 방식으로 세분화해 임대수요층과 임대수요자를 분석하고 그 지역 특성을 이해하면 해당 지역의 꼬마빌딩 접근방법이 보일 것이다.

지도를 보면 학교(초등학교 2곳, 중학교 1곳, 대학교 1곳), 호텔, 병원, 웨딩홀, 가구거리에서 파생된 철물, 조명, 도기, 타일 등의 업체와 과거 가수 이효리도 거주했던 고급 주택가 블록(학동 근린공원 중심), 논현동 먹자골목 등 복합적인 핵심상권과 주거공간이 혼합되어 있다. 강남대로를 끼고 있는 먹자골목 라인은 권리금이 매우 높을 만큼 누구나 인정하는 상권이다. 논현동 먹자골목 쪽으로 입지를 선택했다면, 논현초등학교와 주민센터가 있는 먹자골목 라인을 한 블록 걸어보자. 지도상으로는 마냥 비싸 보일 수도 있지만 잘 찾아보면 슬럼화된 건물과 입지가 존재한다.

안쪽으로 이면 상권에는 골목이 좁고 노후한 건물들이 언덕으로 이어지는 곳에 분포

논현동 6블록

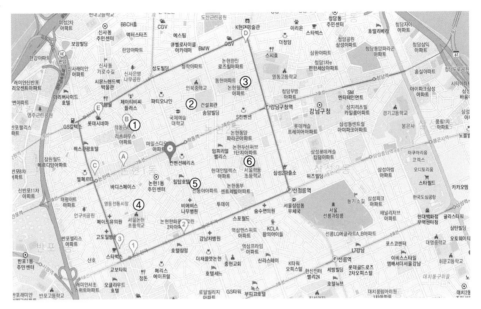

출처: 다음 카카오맵

해 있다. 슬럼화된 지역에서는 입지가 인정된 지역을 기준으로 찾아야 한다. 각 구를 중심으로 동으로 접근해 세분화하면 역세권을 중심으로 임차수요가 풍부한 지역에서 선택할 수 있는 입지가 보일 것이다. 건물은 감가상각되고 시장은 수요와 공급의 법칙으로 움직인다. 신도시도 서서히 노후하고 신축건물도 일정 시점이 지나면 노후해 슬럼화된다. 신사동과 논현동 일대가 가장 먼저 강남구에서 개발을 마친 점을 고려할 때, 가장 먼저 슬럼화되어 소형 건물을 중심으로 신축공급이 증가한 이유가 바로 이것이다.

이처럼 9개층 이하의 주택과 상가, 오피스를 섞어서 30여 개 미만 호실로 개발하는 경우에는 지역을 축소해 사업지를 분석해도 전혀 문제가 되지 않는다. 이 방법은 기반시설과 상권이 자리 잡은 지역에서 개발하는 방법이므로 노후한 주택이나 건물을 중심으로 검토해야 한다. 문제의 해결방법만 찾을 수 있다면 도로폭이 좁을수록, 언덕이 심할

수록 개발 후의 가치는 높아진다. 이런 방식을 세분화하면 원하는 입지에서 임대사업을 위한 꼬마빌딩을 매입할 수 있다.

또한, 부동산의 상대적 가치를 따지는 게 무엇보다 중요하다. 학군과 거주가 목적인지, 불안정한 노후와 불안정한 수입을 완충하기 위한 투자가 목적인지를 구분해야 한다. 내 삶의 패턴과 투자성향에 따라 그 가치를 명확하게 정립해 투자목적이 사업인지 거주인지를 판단하고 개발에 목적을 두어야 한다. 부동산이 위험하다고는 해도 주식으로 손해 본 사람보다 부동산으로 손해 본 사람이 훨씬 적을 것이다.

• 논현동 •
막다른 길의 단독주택,
6층 건물로 대변신

역세권 예정지의 가치를 알아보는 눈

2008년 당시 제2의 금융위기가 왔다지만 우리는 한창 바쁘게 지냈다. 그때 만난 한 투자자가 도곡동 타워 팰리스를 매각하고 수익형 부동산을 매입하기 위해 우리를 방문했다. 우리는 투자자에게 2015년 이전까지 완공될 예정인 9호선 연장선 개통계획을 설명했다. 9호선 언주역 주변에 관한 내용이 철도기본계획으로 발표되었음에도, 그 시점에 미래 모습을 판단하기는 어려웠다. 공사구간도 지금의 신논현역 인근까지 진행 중이었고, 논현동 차병원 사거리(지금의 언주로) 대로변에도 5층 이하의 낮은 건물이 즐비할 때였다.

꼬마빌딩 투자를 위해 방문한 투자자는 목적이 분명했다. 아파트는 부동산의 정책적 요인과 금리의 영향 때문에 가격 등락폭이 심하니 임대수입을 얻기 위한 꼬마빌딩을 찾고 싶다고 했다. 그래서 타워팰리스를 매각하고 수익형 부동산으로 전략을 바꾸기 위해 우리를 찾아온 것이었다.

투자자는 기존에 부동산 자산이 아파트에만 편중된 것을 재구성하기 위해 임대사업용 꼬마빌딩 매입을 원했다. 투자자가 부동산 자산에서 꼬마빌딩을 구입하는 것은 이번이 처음이었다. 최우선 순위는 입지였으며, 토지매입 평당 가격이 낮으면서 처음 매입하는 만큼 안정적인 소규모 부동산 투자를 원했다.

우리는 이 투자자에게 9호선 연장선 초입, 3종 일반주거지역의 막다른 도로에 접한 단독주택을 제안했다. 당시에도 막다른 도로에 접한 부지는 일반 투자자들에게는 전혀 매력 없는 부동산이었다. 막다른 도로에 접한 집은 우리나라의 정서상 답답하고, 일도 잘 안 풀린다는 논리적 명분 없는 말이나 듣기 일쑤였다. 그런데도 우리가 이 단독주택을 권한 이유는 역세권 예정지역이었고, 대로변과 100m 이내로 접근성이 뛰어난 입지였기 때문이다. 대지평수 50평대(약 165㎡)로 매입가격 또는 평수가 적어서 상대적으로 투자 부담이 덜했다.

3종 일반주거지역의 경우 대로와 가까워 지리적 접근성이 높은 것은 물론, 서울에서는 용적률이 최대 250%로 2종일반주거지역보다 높게 건축이 가능하다. 그 당시만 해도 인터넷이 지금처럼 활성화되지 않았을 때라 인근 거래사례를 찾아보기가 쉽지 않았다. 공인중개사무소에 일일이 방문해 단독주택의 매매물건을 찾아 비교해야 했다. 그러던 중 마침 막힌 도로라는 이유로 1년 이상 매매가 성사되지 않았던 단독주택을 발견했다.

우리는 이 부동산의 사업타당성을 분석하기 위해 사업성 검토를 통한 신축 시뮬레이션을 활용해 수익률을 분석했다. 가격이 싸다는 이유만으로 좋은 투자상품이 되는 것은 아니므로, 모든 투자자가 이성적이라는 전제하에 합리적으로 의사결정을 할 수 있도록 제안을 다듬어야 한다.

당시 우리는 단독주택을 매입하자마자 신축개발을 진행하지 않고 충분히 인근 시장조사부터 시작했다. 시장조사를 해보니 대로변 접근성이 뛰어남에도 불구하고, 대로변에는 노후한 5개층 이하의 오피스 건물이 그리고 이면에는 노후한 주택이 즐비해 일대가 슬럼화된 입지였다.

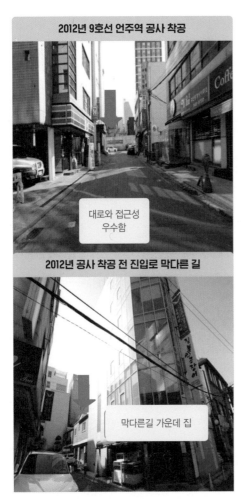

2012년 9호선 언주역 공사 착공

대로와 접근성
우수함

2012년 공사 착공 전 진입로 막다른 길

막다른길 가운데 집

2008년 매입 시점 모습

2012년 개발 완료 모습

지하 1층, 지상 5층,
총 6층 규모

　우리는 임대사업 유형(업무, 상업, 주거, 오피스텔)을 결정하기 위해 고민하며 어떻게 하면 50평대(약 165㎡)의 대지에서 임대수입의 수익률 극대화에 접근할 수 있을지 검토했다. 첫째, 초소형으로 콤팩트한 원룸 수요가 있는가? 둘째, 이면도로에서 업무용 건물개발을 공급할 경우 임대수익률이 어떻게 되는가? 셋째, 업무용과 주거용의 임대수익률을 비교할 때 어떤가?

　시장임대료 분석은 투자자도 우리도 잘 알고 있는 입지라서 개발고민 대상에서 제외했다. 다만, 지금이야 보편화된 주택 공급 유형이지만 5평(16.5㎡) 미만 초소형 원룸의 수요가 있을지에 대해서는 기존에 공급된 임대주택 유형만으로는 판단이 어려웠다. 그 당시만 해도 실평수 10평(약 33㎡) 미만의 원룸이 대부분이었다.

이미 임대시장에 조성된 임대공간의 평수를 거의 50%로 줄이는 주택임대공급의 실행 여부를 앞두고 개발기획 시점에서 고민이 필요했다. 우리가 임대유형을 고민할 때, 인근 도로변에서는 이미 역 개통 호재로 인해 오피스 빌딩과 호텔 개발 공급이 진행되고 있었다. 인근에는 대형 병원도 있었다.

이 지역의 오피스 빌딩과 병원에서 근무하는 30대 미만의 임차수요층을 겨냥한다면, 초소형 원룸의 공급을 시도해 볼 만했다. 소형인 만큼 젊은 수요자층의 수입을 고려해 신축이면서 인근보다 임대료가 낮고 보안이 철저한 원룸으로 콘셉트를 잡았다. 그리고 역세권 예정지라 근린생활시설과 업무용 공간에서 건축법에서 허용하는 주차 대수를 확보할 수 있다면 개발 및 공급하는 방향으로 검토했다.

그 결과 지하 1층과 지상 1층은 업무용 임대공간, 2층부터 5층까지는 소형 원룸 임대 공간인 근린생활시설 및 주거용 총 6층 건물로 개발기획을 실행한 결과, 지하 1층과 지상 1층의 사무실을 건축주가 직접 사용하더라도 연수익률 5%대의 성공적인 결과를 얻었다.

논현동 주상복합개발 실행 결과

주소	서울 강남구 논현동		단위: 천원 작성: 2012년	
용도지역	3종 일반거주지역	부동산 매입	매입가	1,470,000
대지면적	약 52평		소유권이전	55,860
건축면적	약 26평		중개수수료	13,230
연면적(지상)	약 94평	건축 비용	설계감리비	15,000
건폐율	49.68%		건축공사비	650,000
용적률	179.35%		기타지출	70,000
규모(층수)	지하1층/지상5층		건축비 합계	735,000
구조/승강기	철근콘크리트/없음	임대	중개수수료	11,080
주차	자주식 5대	연간 예상 손익	총투자금액	2,285,170
건물 운용 비용 (연간)	관리비용		14,400		대출금	43%	985,170

건물 운용 비용 (연간)	관리비용		14,400	연간 예상 손익	총투자금액		2,285,170
	공실률	3%	3,740		대출금	43%	985,170
					실투자금액		1,300,000
	이자비용	4.00%	39,407		연간총수입		124,680
					연간순이익		67,133
	합계		57,547		세전수익률		5.16%

층별 내용

층구분		용도	면적(㎡)	보증금	임대료	관리비
지층	B01호	사무소	114.87	직접사용		
1층		주차장				
	101호	주거용	38.70	직접사용		
2층	201호	주거용	21.01	1,000	750	80
	202호	주거용	19.41	1,000	700	80
	203호	주거용	19.41	1,000	750	80
	204호	주거용	21.01	1,000	850	80
	205호	주거용	16.30	1,000	700	80
3층	301호	주거용	21.01	1,000	800	80
	302호	주거용	19.41	1,000	700	80
	303호	주거용	19.41	1,000	720	80
	304호	주거용	21.01	1,000	800	80
	305호	주거용	16.30	1,000	700	80
4층	401호	주거용	24.84	100,000	200	80
	402호	주거용	24.84	1,000	800	80
5층	501호	주거용	17.86	30,000	500	80
	502호	주거용	17.86	40,000	300	80
합계			433.25	181,000	9,270	1,120

참고 사항	◆ 보증금 이자소득 무시함. ◆ 재산세 및 사업소득세 등의 지방세/국세 고려되지 않음. ◆ 근린생활시설은 부가세 10% 별도임. ◆ 대출금리 4.0% 적용 ◆ 위의 규모는 실제 허가기준에 따라 변경될 수 있음. ◆ 위의 매출과 비용은 예상값이며 실제 상황에 따라 변동될 수 있음.

부동산의 가치가 저평가된 물건은 시장에 반드시 존재한다. 냉철한 분석력으로 가치가 저평가된 원인을 해결할 수 있는 솔루션을 발견한다면, 수익형 부동산의 개발 실행을 통해 가치상승을 도모할 기회이므로 반드시 붙잡아야 한다.

📍 **원룸 14세대 지하와 1층 근린생활시설까지 총 16실로 개발 완료된 막다른 도로 주택 개발사례 정리**

- 지적도와 토지이용계획확인원을 검토하고 신축개발허가가 나오는지 사전에 확인한다.
- 막다른 도로지만 3종 일반주거지역의 용적률과 건폐율을 어느 정도 활용할 수 있는지 체크한다.
- 막다른 도로라는 단점이 매매가격에 충분히 반영되었는지 확인한다.
- 사업지 반경 6블록 내의 주거현황과 기반시설을 검토한다.
- 추후 초역세권 예정 지역으로서 최소한의 근린생활시설 공급도 기획한다. 초역세권의 경우 근린생활시설의 임대수요가 풍부하다.

공동투자계약서 작성 샘플

(건물주소작성) 공동투자 사업 계약서

투자자 (이름 기재) 상호간에 다음과 같이 수익형 부동산의
공동투자 사업 계약을 체결한다. 공동투자사업 부동산의 표시는 아래와 같다.

제 1조【목적】

본 계약은 투자자 4인이 부동산 임대사업을 경영할 목적으로 토지소유권을 이전하지 아니하고 토지에 대한 사용권을 출자하여 건물을 리모델링하고 이와 관련된 투자관계 및 수익분배의 제반 사항의 규율을 목적으로 한다.

제 2조【출자금】

1. (각 투자자 이름과 지분비율 기재)

2. 당해 토지 공시지가에 해당하는 지분에 따라 임대소득을 (n : n : n : n)의 비율로 분배하기로 한다.

제 3조【수익형 주택부동산 건물】

제 4조【임대사업】

1. 본 계약에 따른 임대사업의 총괄 자금 관리는 (대표자 작성) 담당한다. 다만, 매월 임대수입의 현황에 대한 서면 통지를 투자자 4인이 협의하여 임명한 1인을 임대수입의 자금관리 업무에 배치하기로 한다.

2. 임대소득의 배분은 매월 말일을 기준으로 하여 매월 1회 각자의 지정된 은행계좌로 현금을 입금한다.

제 5조【계약기간 및 업무 추진비】

본 계약은 (2017년 3월 23일부터 2025년 3월 24일까지 유효)한 것으로 하며, 이후는 투자자 4인이 논의하여 연장 또는 수정할 수 있다. 임대사업에 따른 업무 추진비는 투자비율과 동일하게 (n : n : n : n)의 비율로 부담하기로 한다.

제 6조【사업의 이탈】

투자자 중 일방이 본 임대사업으로부터 이탈하고자 하는 경우 일방의 지분을 다른 투자자 3인이 협의하여 전액 인수하여 사업을 할 수 있으며, 그렇지 아니한 경우에는 다른 투자자 3인의 승인이 있어야 제3자의 공동투자자 선출이 가능하다. 이탈하고자 하는 일방은 사전에 6개월의 여유를 두고 이를 다른 투자자 전원에게 통지하여야 한다. 투자자 중 2인 이상이 본 임대사업에서 이탈하고자 할 경우에도 이를 다른 투자자 전원에게 통지하여야 하며 만장일치로 사업이탈에 관한 의견이 조율되지 않는 한 원칙적으로 사업에서 이탈할 수 없다.

제 7조【양도금지】

　　일방은 본 계약상의 지위 및 권리의무를 상대방(투자자 전원)의 서면동의가 없는 한 본 계약상의 권리의무를 제3자에게 양도, 담보제공, 처분할 수 없다. 이에 위반한 경우 위반한 일방의 본 부동산의 지분으로 부족할 때에는 제3의 재산까지 압류/가압류하여 투자 지분에 상응하는 금액을 청구할 수 있다.

제 8조【사업종료와 분배】

　　투자자 4인이 전원 합의한 경우 본 부동산을 제3자에게 매매처분하고 이로 인하여 생기는 수익은 본 계약에 따른 지분의 비율로 상호 분배하도록 한다.

제 9조【분쟁해결】

　　1. 본 계약과 관련하여 당사자(들)간의 분쟁이 발생한 경우, 원칙적으로 투자자 4인 상호간의 합의에 의해 해결한다.

　　2. 제1항에도 불구하고 분쟁이 해결되지 않을 경우 투자자 대표 김지현의 관할 지방법원을 그 관할로 하여 재판함으로써 해결한다.

제 10조【특약사항】

　　상기 계약 일반사항 이외에 아래 내용을 특약사항으로 정하며, 일반사항과 특약사항이 상충되는 경우에는 특약사항을 우선하여 적용하도록 한다.

　　1. 향후 투자자 4인은 본 부동산 명의의 대출은 오직 본 임대사업을 경영할 목적으로만 허용하고 대출원금 및 이자는 제2조의 투자자 4인의 소득분배비율대로 상환의무를 진다.

　　2. 향후 투자자 4인 중 당사자의 사망으로 인한 상속, 기타 일반적인 의사결정을 할 수 없는 상황(피한정후견 또는 알츠하이머 등)이 발생될 때, 법정대리인의 상속이나 권한의 위임 등은 상기 공동사업투자계약의 내용을 그대로 승계하여 운영할 경우만 투자자들은 승인하며, 이에 대한 이의 제기 또는 분쟁이 발생되면 공동사업 투자자들은 문제 발생일로부터 6개월 내 본 부동산을 매각하고 지분비율만큼 나누어 현금으로 정산하며 본 공동투자 사업은 종료하기로 한다.

제 11조【기타사항】

　　1. 계약의 당사자는 본 계약의 내용을 신의성실에 의거하여 준수하여야 한다.

　　2. 계약 기간 중 계약의 변경은 당사자의 서면 합의에 의해서만 변경될 수 있으며 서면 날인된 문서를 본 계약서의 말미에 첨부한다.

　　3. 본 계약서에서 명시되지 않은 부분에 대하여는 관련 법규 및 상관습에 따르기로 한다.

위와 같이 계약을 체결하고 계약서 4통을 작성, 서명 날인 후 투자자 4인이 각 1통씩 보관한다.

계약일자: (계약일자 기재)

사도(개인 도로)를 접한 부지와 주택을 매입한 후 리모델링한 사례를 소개한다. 이 사례에서 우리를 찾아온 투자자는 투자현금이 적어서 지인 세 명이 공동으로 투자하는 경우라 의사결정 과정도 복잡했다. 앞에서 나온 막다른 도로 사례와 마찬가지로, 사도를 접한 부지라는 점은 임대수입을 얻기 위한 수익형 부동산 투자로서 부동산을 매입하는 데는 문제가 되지 않았다.

개인 소유의 도로, 즉 사도에 접한 부지라는 단점으로 인해 매입시점에 대치동 인근시세보다 현저하게 낮은 금액으로 부지와 주택을 매입할 수 있었다. 매입가격이 낮은 만큼 다른 수익형 부동산보다 상대적으로 임대수익률이 훨씬 높아졌고 이를 지속적으로 유지할 수 있었다. 누가 봐도 성공한 투자개발 사례였지만 단점이 한 가지 있었다. 바로 공동투자였다.

매입 후 리모델링을 완료한 시점에는 공실, 관리비용, 기타 비용 등을 차감해도 순수익률 10% 가까이로 운영 및 유지 중이었다. 그럼에도 불구하고 공동투자인 만큼 배당금액이 3분의 1로 줄어드니 만족도가 낮을 수밖에 없었다. 공동투자의 경우 무엇보다 대표자 선임이 필요하다. 이 세 명은 각 지역의 공인중개사무소에 매각가격을 서로 달리해서 매물을 의뢰했다. 매수자 입장에서는 정보의 신뢰성이 중요한데, 3명의 투자자가 서로 다른 의견을 기반으로 매각을 진행할 경우 매각실행확률이 현저하게 낮아진다.

공동투자의 경우, 요즘처럼 부동산 정책이 강화되는 시점에는 3명이 매각시점을 협의하는 것 자체도 어렵다. 특히, 꼬마빌딩은 장기적으로 임대사업을 통한 현금흐름 창출에 목적을 두고 투자해야 하는 상품이다. 소소한 분란과 문제점들을 미연에 해결하고 방지하기 위해 공동투자 계약서를 작성하고, 합의와 계획을 먼저 세운 뒤 접근해야 한다.

매입시점에 인근 거래시세보다 낮게 매입한 만큼 매각시점에도 그 정도의 차이를 감수하는 것은 당연하다. 10년이라는 기간 동안 임대수입과 자본이득을 동시에 누릴 수 있다면, 매매시점에도 합리적으로 판단해야 한다. 그런데 이런 것이 잘되지 않는 것이 공동투자의 대표적인 단점이다. 의사결정이 쉽게 번복되고 소통이 합리적으로 이루어지지 않는다.

결과적으로 이 세 명은 매도타이밍을 놓쳤고, 대치동이 토지거래허가구역으로 지정되어 여전히 3분의 1씩 임대수입을 유지하고 있다. 물론 지가는 지금도 꾸준히 상승하고 있다. 언젠가는 매각타이밍이 올 것이다. 그 기회를 놓치지 않으려면 공동투자자들의 의견이 만장일치로 맞아야 할 것이다. 모든 투자도 인생이 그렇듯 타이밍이다. 올바른 목적을 갖고 적절한 타이밍을 선택해야 올바른 방향으로 마무리할 수 있다. 매각타이밍도 매번 찾아오지는 않는다.

◎ 공동투자를 하고 싶다면 이렇게!

1. 공동투자 계약서를 작성한다.

2. 매입시점에 매각시점과 매각방법을 구체적으로 계획하자.

3. 건물의 시설이나 입주자의 민원 이외 임대관리와 관련해 비용이 발생할 경우 비용 처리 방법을 구체적으로 논의한다.

4. 임대사업을 유지하기 위한 제반 세금비용을 고려해 공동투자를 준비한다.

5. 임대사업관리 대표자에게 일정 금액의 비용을 지불하더라도 책임감 있게 임대관리를 운영하자.

· 역삼동 ·
1종 일반주거지역 건물에
이런 반전이!

1종 일반주거지역의 가치를 찾아라

대부분의 투자자들은 투자자금에 여유가 있더라도 시장 가격보다 낮게 부동산을 매입하고 싶어 한다. 그러려면 누구나 선호하는 땅 대신 가치가 저평가된 토지를 찾아내야한다. 저평가된 부동산을 분석하는 방법에는 여러 가지 있지만, 그중에서도 1종 일반주거지역의 부동산 매입을 통한 꼬마빌딩의 개발 이론과 사례를 정리해 보자.

수익형 부동산의 대지는 용도지역별로 용적률과 건폐율에 제한을 받는다. 건폐율이란 대지면적에 대한 건축물의 건축면적 비율이다. 내가 가진 대지면적이 아무리 넓어도건축물을 짓기 위해 바닥면적을 전부 사용하지 못하고 허용된 건폐율 범위에서만 건축할 수 있다. 용적률이란 대지면적에 대한 건축물의 연면적 합계비율이며 일반적으로 지하면적은 용적률 산정 시 제외된다. 용도지역별 용적률과 건폐율은 내가 개발하고자 하는 지역의 시, 군, 구청 건축과 사이트 또는 인터넷에서 검색하면 쉽게 찾을 수 있다.

■ 도시지역의 용도지역별 건폐율과 용적률

(단위: %)

용도지역				국토계획법 시행령		서울시 조례		
구분			세분	건폐율	용적률	건폐율	용적률	
도시지역	주거	전용	제1종	50	100	50	100	
			제2종	50	150	40	120	
		일반	제1종	60	200	60	150	
			제2종	60	250	60	200	
			제3종	50	300	50	250	
		준주거		70	500	60	400	
	상업	근린상업		70	900	60	1000	600
		유통상업		80	1100	60	800	600
		일반상업		80	1300	60	600	500
		중심상업		90	1500	60	600	500
	공업	전용공업		70	300	60	200	
		일반공업		70	350	60	200	
		준공업		70	400	60	400	

나는 개인적으로 1종 일반주거지역을 좋아한다. 강남구 전체 지도를 놓고 보면 1종 일반주거지역과 1종 전용주거지역의 분포도가 적다. 그만큼 토지의 희소가치가 높음을 알 수 있다. 적어도 1종 전용주거지역과 일반주거지역 내에는 유흥시설이나 근린생활시설이 들어설 수 없기 때문에 프라이빗한 주거환경을 누릴 수 있다는 게 장점이다. 물론 이러한 희소가치는 도시지역에서 높게 평가하는 것일 뿐, 전 지역에 적용되는 것은 아니다.

도심지의 1종 일반주거지역이나 1종 전용주거지역은 꼬마빌딩용 토지를 매입할 때는 선호 대상이 아니다. 1종 일반주거지역이나 전용주거지역에서는 꼬마빌딩의 개발 시 중요하게 생각하는 용적률 극대화, 임대공간 공급을 위한 최유효 활용이 제한되기 때문이다. 예를 들어 100평(약 330㎡)의 2종 일반주거지역에서 개발을 진행할 경우 최대 200평(약 660㎡)의 임대공간을 개발할 수 있지만, 1종에서는 150평(약 496㎡)의 임대공간만 확보가 가능하다. 그만큼 임대료를 받기 위한 임대공간이 줄어들기 때문에 임대공간의 극대화보다는 임대공간의 질적인 가치를 극대화해야 사업 분석 타당성을 예측할 수 있다. 그렇다고 해서 이 지역을 꼬마빌딩의 개발을 위한 매입 대상에서 무조건 배제해야 하는 것은 아니다.

지금부터 소개할 개발사례는 1종 일반주거지역임에도 불구하고 용적률 최유효 활용 방안을 통해 임대수익률 극대화를 창출하여 꼬마빌딩에서 성공적으로 임대사업을 운영한 사례다.

2011년 토지매입을 실행해 2013년 준공한 역삼동 인근 1종 일반주거지역의 개발사례를 살펴보자. 다음 페이지의 지도에 표시한 부분을 보면, 주거환경 밀집지역임에도 불구하고 도로폭이 넓고 역 접근성이 우수하다. 테헤란로 이면 상업지역에서 주거지역으로 넘어가는 경계의 약간 비탈길에 위치하고, 남쪽과 동쪽에 폭 6m 도로를 접한 코너 건물이었다.

언덕을 활용해 1층처럼 활용할 수 있도록 지하를 구성하고, 지하면적은 용적률에 포함되지 않는다는 점을 이용해 계획한다면 어떨까? 지하면적을 포함해 2종 일반주거지역의 용적률을 확보하면서 매입가격은 1종 일반주거지역에 맞출 수 있다면 어떨까?

게다가 위치가 테헤란로 중심상업지역 이면이었다. 1종 일반주거지역이지만, 2호선과 분당선이 만나는 더블역세권에서 도보 10분 이내로 입지가 우수하고, 코너 건물로서 노출도와 접근성도 우수했다. 2012년 매입시점에 인근 2종 일반주거지역에서 비슷한 조건을 지닌 물건의 매입가격과 비교하면 평당(3.3㎡당) 약 300만~500만원 낮게 매입할

서울 강남구 역삼동 1종 일반주거지역 개발지

자료 : 네이버 지도

수 있었다. 주거전용지역의 한가운데가 아니라 끝부분이었고, 근린생활시설의 시작점이라는 장점까지 지닌 물건이었다.

인근 지역에 이미 건축된 5개층 이하의 건물 중에서 준공 10년 미만의 2종 일반 주거지역의 꼬마빌딩 평당 매입가격이 이 시점에 평당 3,500만~4,000만원이었다. 단순하게 계산해 봐도 대지 98.31평(324.99㎡)을 평당 2,800만원도 안 되는 금액으로 매입해 2종 일반주거지역의 임대공간 수준으로 연면적을 확보할 수 있다면 검토해 볼 만한 가치가 있는 것으로 보였다. 즉, 지하 포함 215.48평(715.64㎡)에 건축할 수 있다면 지하를 포함해 용적률 220%가량으로 개발이 가능하고, 주거용으로 개발할 경우 발코니확장 서비스 면적까지 더한다면 그 이상의 연면적으로 개발이 가능하다는 결론에 도달했다. 결론적으로 최대한의 용적률과 최적화된 개발계획을 통해, 테헤란로 이면의 역세권이라는 입지에서 폭 6m 도로와 접한 코너에 위치해 수익률을 약 10% 이상 달성한 훌륭한 꼬마빌딩이 탄생할 수 있었다.

2011년 1종 일반주거지역 개발 전

2013년 1종 일반주거지역 개발 완료 후

이 사례는 우선 입지가 우수했다. 1종 일반주거지역이지만, 약간의 경사면을 활용해 임대수입을 얻기 위한 연면적을 확보하기가 용이했다. 매입가격도 인근 거래사례와 비교하면 알맞았다. 구체적인 기획설계와 수익률 분석을 위한 시뮬레이션을 실행하고, 기획설계를 통해 용적률과 건폐율이 어느 정도 나오는지 검토했다. 그런 다음 임대수입을 얻기 위한 활용방안을 연구해 주거용과 근린생활시설의 유무를 선택했다. 1종 일반주거지역인 이 지역은 주거지역의 시작점인 동시에 인근 편의시설의 시작점이기도 했다. 따라서 사업성이 충분히 나올 만큼 가치가 저평가된 부동산임이 확실했다.

우리는 기획설계를 통해 산출한 수익률 분석을 토대로 매수할 투자자를 찾았고 2012년 공사에 들어갔다. 다음은 2013년 준공 완료된 표제부와 층별 현황이다.

■ 표제부(집합건축물)

용도지역	1종 일반주거지역	용도지구		구역	
대지면적	325㎡	연면적	715.64㎡	명칭 및 번호	
건축면적	177.08㎡	용적률 산정용 연면적	486.36㎡	건축물 수	동
건폐율	54.49%	용적률	149.65%	총 호수	19세대(호)/0가구
주 용도	도시형생활주택	주 구조 지붕구조	철근콘크리트구조 (철근) 콘크리트	부속 건축물	0동 0㎡
허가일자	2012-12-17	착공일자	2013-01-03	사용승인	2013-11-13
특이사항					

■ 층별 현황

구분	층별	구조	용도	면적
지하	지1층	철근콘크리트구조	제2종 근린생활시설(사무소)	183.88㎡
지하	지1층	철근콘크리트구조	주차장	45.4㎡
지상	1층	철근콘크리트구조	도시형생활주택(원룸형 5세대)	127.08㎡
지상	2층	철근콘크리트구조	도시형생활주택(원룸형 6세대)	124.63㎡
지상	3층	철근콘크리트구조	도시형생활주택(원룸형 5세대)	124.63㎡
지상	4층	철근콘크리트구조	도시형생활주택(원룸형 3세대)	110.02㎡

1종 일반주거지역 지하 사무실과 도로 접근성

1종 일반주거지역 지하 사무실 내부

건축물대장상 지하라는 단점을 보완하기 위해 입구를 도로와 같은 경사면에 맞춰 실제로는 1층 같은 반지하로 구성했다.

건축물 대장상 지하지만 사무실 임대공간을 단독으로 사용할 수 있다는 장점을 어필하기 위해 사무실 출입구와 주거용 19세대의 출입구를 완전히 분리했다. 주거용은 1인 거주가구를 위해 콤팩트한 원룸 위주로 구성했다.

주거비율이 높으므로, 지하에 음식점이나 근린생활시설 임대를 피하기 위해 사무실 입주자들이 추구하는 요구사항들을 사전조사해 건축시점에 공간 인테리어를 완성했다. 도시가스로 바닥에 난방을 설치했고, 천장에 시스템 냉난방기도 미리 설치했다. 화장실은 남녀 구분해 설치했으며, 지하라는 밀폐감을 최소화하기 위해 측면 전체를 통유리로 시공하고, 공조시설도 갖춰 쾌적한 업무공간을 만들어냈다.

주거용 출입문 외관

1인 거주가구를 위한 콤팩트한 원룸

　　그런데 사업지를 매입하기 전 예비 투자자들이 막연하게 부정적인 의견을 냈다. 1종 일반주거지역이니 부동산 매입가격이 더 낮아야 한다는 것이었다. 왜 매입가격이 더 낮아야 하는지에 대한 타당한 이유는 없었다. 이런 식으로 그저 주변에서 1종 일반주거지역에서는 신축하기 어렵다고 했다는 식으로 명확하지 않은 의견을 내세우며 의사결정을 방해해서는 안 된다.

　　어떤 종류의 부동산에 투자하더라도 목적에 맞게 합리적으로 의사결정을 해야 한다. 우리가 개발하려고 검토하는 사업부지는 임대수익을 얻기 위한 꼬마빌딩을 건축하려는 용도이며, 부동산 자산이 저평가된 물건을 대상으로 검토해 개발을 기획하고 실행해 부동산 가치를 높이는 것이 목적이다. 이 사례의 사업지 역시 1종 일반주거지역임에도 불구하고 개발 실행 시 보다 우수한 수익형 부동산의 신축이 가능한 대지였다.

　　또한, 테헤란로 이면의 역세권 입지로 다른 지역보다 임대수요가 풍부해서 임대수익을 안정적으로 확실하게 얻을 수 있었다. 물론 토지가치를 평가할 경우 명확한 자료를 놓고 검토하는 것을 우선시해야 한다. 명확한 자료라는 것은 앞서 설명한 기획설계를 통해 임대공간을 얼마나 뽑을 수 있는지, 투자비용 대비 임대수익이 얼마나 될지 분석한 것을 말한다.

안정적인 임대수입과 노후대비를 위한 꼬마빌딩 개발에 접근할 때는 시세차익에 목적을 두지 말자. 시세차익을 전혀 기대하지 말라는 의미가 아니라 양도차익에 초점을 맞추지 말라는 얘기다. 꼬마빌딩 개발은 투자하는 현금 대비 비교적 높은 비율로 임대수익을 얻을 수 있는 건축물을 소유하기 위한 방법일 뿐이고, 진짜 개발 목적은 임대수입이다. 매각차익으로 접근해서 개발하는 것이 목적이 아님을 잊지 말자. 물론 그렇게 노력하다 보면 시간이 흘러서 건물의 매각을 결정할 시점에는 수도권 중에서도 역세권 인근에 입지가 인정된 지역이라면 당연히 시세차익도 실현될 것이다.

이 사례에서는 2012년 개발시점 당시 투자자가 지닌 현금으로는 강남 지역에서 이미 건축되어 임대수입이 유지되는 꼬마빌딩을 매입할 경우 50평(약 165㎡) 정도를 매입할 수 있었다. 우리는 같은 현금으로 대출이라는 레버리지를 활용해 100평(약 330㎡) 규모의 대지에서 신축개발을 진행했다. 결과적으로 부동산 가치증식과 임대수입을 동시에 얻을 수 있었다.

준공이 완료됨과 동시에 신축 꼬마빌딩의 매매가격은 마치 신축비용과 1년 이상 멈춰 있던 자금압박감에 대한 보상처럼 상승한다. 임대사업을 안정적으로 유지 및 관리만 하면 자금을 탄력적으로 활용할 수 있고 임대수입도 안정적으로 유지할 수 있다. 이로써 추후 재매각 시점에 자본이득까지 기대할 수 있는 꼬마빌딩 개발이 완료되었다.

보통 개인 투자자들은 꼬마빌딩을 매입하려고 접근할 때 역세권 대로변 이면의 주거지역을 검토한다. 도심지역 중 상권이 잘 발달된 역세권에서 이미 임대수입이 유지되는 꼬마빌딩을 매입한다고 가정하면 수익률이 높을 가능성이 매우 낮기 때문이다. 이렇듯 임대수입을 높이고 부동산의 자산 가치를 높이기 위해서는 끊임없이 연구해야 한다.

• 성북동 •
가파른 언덕 위의
비벌리 힐스

대학가 인근의 비탈길 위 주택, 괜찮을까?

이번 투자자는 12년 전 아파트를 매도하고 은행금리가 약 7~8%였던 시절 적은 현금으로 꼬마빌딩 개발을 실행했다. 처음 개발한 대지는 대치동 2종 일반주거지역에 위치한 52평(약 172㎡)의 소규모 4층 다가구주택이었다. 건축주는 완공 후 직접 4층에 거주하며 10년이라는 기간 동안 자녀들의 학비와 생활비를 모두 임대수입으로 충당했다. 4층은 마지막 층으로 실제 평수가 20평(약 66㎡) 남짓해 좁은 공간에 거주하는 답답함을 감수해야 했지만 임대수입은 잘 유지되었다. 투자자는 조금 더 큰 규모로 수익형 부동산을 개발하기로 의사결정을 하고, 강남의 수익형 부동산을 매도하기로 결정했다.

안정적인 현금흐름을 창출해 얻은 수익으로 자산을 늘리기 위해 부동산을 추가로 매입하는 것에는 동의한다. 하지만 사실 우리는 기존에 보유한 부동산을 매각하고 다른 부동산을 매입하는 것은 추천하지 않는다. 부동산은 가능하면 오래 보유하고 팔지 않는 것이 훨씬 좋다고 판단하기 때문이다. 다만, 이번 경우에는 투자자의 목적이 워낙 분명했다. 투자자는 보다 넓은 평수에 직접 거주하면서 임대수입을 얻기 위한 꼬마빌딩의 개발을 원했다. 단순히 매매가격이 상승해서, 투자자금을 회수해서, 건물이 노후해서 매도하려는 것이 아니었기에 이미 충분히 고민하고 매도타이밍을 고려했으리라 생각했다.

우리는 기존 대치동의 다가구건물 매매를 빠르게 진행했다. 투자자는 매매하기로 의사결정을 하자마자 즉시 자신이 원하는 부동산을 찾기 위해 물건을 분석했다. 서울 전지역에서도 평당 매입가격이 낮은 부동산 위주로 검색했다. 요즘은 인터넷을 통해 자신이 확보한 자본금으로 어느 지역을 선택할 수 있는지 쉽게 확인할 수 있다. 투자자는 역세권을 중심으로 개발이 필요한 단독주택을 검토했다. 강남구에서만 오랜 기간 거주했기에 다른 지역으로 선뜻 이동하기가 쉽지는 않았지만, 대지가 넓고 역세권 이면에 위치하며, 평당 매입가격이 저평가된 노후 부동산이라는 투자자의 요구분석은 명확했다.

투자자는 이미 한 번 개발한 경험이 있다 보니, 신축만 할 수 있다면 도로폭이나 그 외 기반여건에는 크게 개의치 않았다. 평당 매입가격이 낮을수록 개발에 따른 임대수익과 시세차익이 높아지기 때문이다. 투자자가 평당 매입가격을 비교해 우리에게 사업지 분석을 의뢰한 물건을 보니, 역세권에 평당 매입가격이 낮았지만 유효임대수요와 임대료가 문제였다. 투자자가 의뢰한 물건이 있는 지역은 안정적인 주거지역으로서 50대 이상 인구 분포가 유난히 높은 곳이었다. 50대 이상 인구분포도가 높다는 것은 안정적인 주거지역이라는 의미다. 새로운 인구 유입이 적고 주거이동이 자주 발생하지 않는 지역을 의미한다. 꼬마빌딩을 개발할 때 반드시 체크해야 하는 것은 역세권 위주로 30대 전후 인구의 유입 가능성이 높은 지역인지 여부다.

우리는 투자자가 무엇을 원하는지 충분한 상담을 통해 파악한 뒤 적합한 사업부지를 물색하던 중 정말 우연하게도 상당히 근접한 부지를 찾을 수 있었다. 성북구 한성대입구역 부근의 대지가 두 필지 합쳐서 98.01평(324㎡)인 오래된 단독주택이었다. 한성대입구역과 인접한 대학과 중·고등학교들을 비롯해 인근에 노후 주택과 근린생활시설이 밀집해 있어 상대적으로 주택 공급이 부족한 곳이었다. 우리가 개발하는 꼬마빌딩 중 주거용은 30대 전후 연령층의 임대수요자를 확보할 수 있어야 사업부지로서 적합하다고 판단한다.

이곳은 꼬마빌딩으로 개발할 경우 안정적으로 임대사업을 운영할 수 있는 곳이었다. 우리는 무엇보다 역세권이면서도 임대료 또한 평균 원룸 월세가 50만~60만원인 것을 고려할 때, 신축개발에 따른 임대시장의 경쟁우위 확보는 물론 임대수입도 확실할 것으로 평가했다. 불안정한 수입과 일자리에 대한 완충으로 임대사업을 위한 꼬마빌딩 개발을 선택해 임대사업을 운영하고, 현금흐름을 유지하다 보면 시간의 흐름에 따라 인근 지역의 도로 여건과 지역시설이 점점 좋아진다. 그러면서 내 부동산 가치도 함께 올라간다. 나는 이 점이 참 재미있고 흥미롭다. 남보다 앞장서서 투자자들과 함께 실행하고, 그 가치를 누리는 모습을 볼 때 내가 하는 일에서 성취감과 보람을 느낀다.

2019년 성북동 비탈진 언덕길의 꼬마빌딩이 드디어 준공되었다. 다음은 건물 현황이다.

■ **표제부(집합건축물)**

용도지역	1종 일반주거지역	용도지구		구역	
대지면적	296.08㎡	연면적	443.92㎡	명칭 및 번호	
건축면적	165.54㎡	용적률 산정용 연면적	443.92㎡	건축물 수	동
건폐율	55.91%	용적률	149.93%	총 호수	13세대(호)/0가구
주 용도	공동주택 (단지형다세대)	주 구조 지붕구조	철근콘크리트 구조경사지붕	부속 건축물	0동 0㎡
허가일자	2018-05-15	착공일자	2018-05-30	사용승인	2019-08-12
특이사항					

■ 층별 현황

구분	층별	구조	용도	면적
지상	1층	철근콘크리트구조	계단실, 승강기실	17.38㎡
지상	2층	철근콘크리트구조	공동주택(단지형다세대-4세대)	121.77㎡
지상	3층	철근콘크리트구조	공동주택(단지형다세대-4세대)	121.74㎡
지상	4층	철근콘크리트구조	공동주택(단지형다세대-3세대)	98.24㎡
지상	5층	철근콘크리트구조	공동주택(단지형다세대-2세대)	84.79㎡

위의 표는 건축물대장의 내용을 정리한 것이다. 내용 중 대지면적을 보면 296.08㎡로 되어 있는데, 실제 토지를 구입할 때 두 필지를 합한 면적은 324㎡였다. 실제 토지면적보다 건축물대장의 대지면적이 작은 이유는 크게 두 가지다.

첫 번째는 인접한 도로의 폭이 3m가 되지 않을 경우, 신축허가를 받기 위해 도로폭 3m를 맞추려면 내 대지에서 그 도로와 접한 일정 부분을 도로로 할애해야 한다. 그 도로의 건너편 대지도 마찬가지다. 다음 페이지의 도면에서 북동측과 북측에 빗금 친 부분이 거기에 해당한다.

두 번째는 우리 대지에 접한 도로가 소방도로로 막다른 도로이고, 그 도로의 길이가 35m를 초과할 경우 접한 도로의 폭이 6m가 되도록 내 대지를 일부 할애해 주어야 한다. 동측의 빗금 친 부분이 거기에 해당한다. 사업부지 매입 시에는 이러한 점을 감안하여 평가해야 한다. 이번 프로젝트에서는 그 부분을 감안하더라도 수익성이 확보된다는 결론이 나와 사업에 착수할 수 있었다.

성북동에 개발한 이 단독주택은 도로폭이 좁고 비탈길에 위치한 탓에 당시 인근 시세에 비해 낮은 평당 1,500만원 이하로 매입할 수 있었다. 인근 지역의 노후한 주택 평

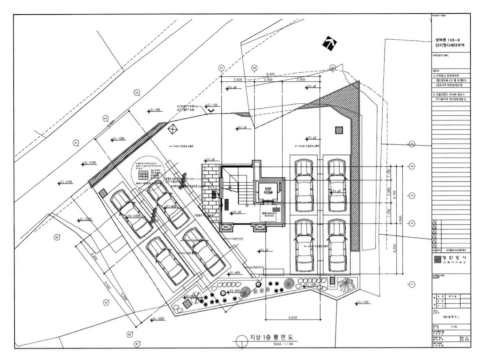

지상 1층 평면도
SCALE : 1 / 100

자료: 정안도시건축사사무소

당 매매가격이 2,500만원 전후인 것을 고려할 때, 꼬마빌딩으로 개발 시 가치증식은 확실했다. 다만, 일반 투자자가 검토한다면 1종 일반주거지역에 경사가 매우 가파른 비탈진 언덕길인 데다 폭이 5m로 좁은 도로와 접해 도로 여건이 열악하기에 매매를 결정하기가 쉽지 않은 물건이었다. 좁은 비탈길에 위험천만하게 비탈진 도로 옆으로 아슬아슬하게 주차한 차량까지 즐비한 상황이었다.

이런 이유로 인해 일반적인 시각으로 매입을 고려한다면 신축이 어렵다고 생각할 수도 있었다. 무엇보다 과연 이 언덕까지 임대수요자가 올라올 것인가 하는 부정적인 면이 두드러지는 부동산이었다. 덕분에 시간이 흐를수록 매수자 우위로 매매가격을 협상할 수 있었다. 우리는 협상하는 동안 보다 가치를 높이기 위한 기획에 전념했다. 하자가 많을수록, 일반 상식을 벗어나 소외된 부동산일수록 해결책만 찾으면 가치가 높아진다. 매도인 또한 그간 부동산을 팔기 위해 들인 고단한 시간과 노력에 지친 상태였다.

투자자는 어떤 물건을 매입해 신축해야 수익이 높아지는지 기존의 신축개발 경험을 통해 이미 충분히 알고 있었다. 그래서 우리가 기획한 설계를 바탕으로 한 시뮬레이션 수익률을 확인한 뒤 즉시 의사결정을 하고 개발을 실행에 옮겼다.

주거용 임대사업을 위한 수익형 부동산은 앞서 설명했듯 쪼갤수록 임대수입이 높아진다. 1인 거주가구 임대수요자의 연령대는 30대 전후인 것을 염두에 두고 신혼부부 입주자까지 고려해 투룸까지 개발하면 더욱 안정적으로 수익형 부동산을 개발할 수 있다. 1인 거주가구는 주거 이동이 빈번하다. 따라서 투룸을 전세로, 원룸을 월세로 기획하면 자금 확보와 동시에 주거 이동에 따른 임대관리를 보다 안정적으로 운영할 수 있다.

2018년 성북동 개발 전

2019년 성북동 개발 후

비탈진 언덕길

꼬마빌딩을 개발할 때는 늘 사고를 염두에 두어야 하고, 이에 대한 안전조치도 미리 계획해 두어야 한다. 이번 성북동 공사현장에서도 결국 우려했던 사건이 일어나고 말았다. 건축물의 기초 콘크리트 타설공사를 위해 레미콘 차량이 현장으로 이동하던 중 가파른 언덕 중간에서 전복되는 사고가 발생한 것이다. 정말 천만다행으로 인사사고는 없었지만, 이로 인해 레미콘업체들이 기피하는 현장으로 낙인찍혀 초반부터 큰 난관에 봉착해야 했다. 하지만 공사를 강행해야 했기에 시공업체가 여기저기 밤낮으로 레미콘을 구하는 데 매달려, 다행스럽게도 근처 학교에서 운동장 사용 승낙을 받았다.

학교 운동장에 펌프카 한 대, 현장 앞에 또 다른 펌프카를 한 대 설치해 두 대의 펌프카로 50m가 넘는 거리에서 레미콘을 타설하는 진기한 모습을 보여주었다. 시공업체, 투자자 그리고 우리는 합심해 방법을 찾아냈고 덕분에 하나씩 문제를 해결할 수 있었다. 시공업체를 비롯한 모든 참여자들이 열심히 노력한 결과였다.

여러 가지 난관으로 인해 공사기간은 상당히 지연되었지만 결과적으로 훌륭한 신축을 만들어냈다. 인근 시세보다 평당 1,000만원 가까이 저렴하게 매입할 수 있는 기회를 선택하고, 개발을 실행해 부동산 가치를 증식했으니 대단한 성공이었다.

막연하게 "언덕이라 싫다. 개발이 힘들다. 임대수요자가 없다."를 우리는 이렇게 정

비탈진 언덕길의 차량 전복 사고

차량전복

콘크리트 타설 차량 공사 진입 도로 현황

리했다. "언덕의 장점을 살려 전망을 확보하자. 개발이 어려운 것을 문제 삼아 매매가격 협상에 활용하자. 1인 거주가구를 위해 감각적인 인테리어를 진행하자." 1인 거주가구 임대수요자들은 젊다. 역세권 도보 10분 이내 거리라면 이들이 걷고 뛰는 데 아무 문제가 없다고 판단했다. 또한, 부동산 매입가격과 설계를 통한 신축비용을 산출해도 임대수익률이 연 9%대로 계산되었다. 약간 보수적인 접근방법으로 계산한 시뮬레이션에서 이렇게 나왔으니, 무조건 실행이었다. 주변 이야기를 듣고 망설이는 사람은 사업가의 그릇

이 아니다. 투자는 투자자 스스로 판단하고 확신이 있을 때 실행하는 것이며 그에 따른 책임도 스스로 져야 한다.

아는 게 너무 많은 전문가들은 개발행위의 의사결정을 내릴 때 매우 보수적으로 접근한다. 이렇듯 지나치게 부정적인 면만 부각해 고민하다 보면 될 일도 안 된다는 것을 우리는 그간 실무에서 종종 체험했다. 꼬마빌딩 개발의 목적과 기준을 분명하게 잡고, 구체적인 기획과 사업성 분석을 토대로 실행하면 실패할 확률이 현저히 낮아진다. 개발 목적이 확실한 투자자의 의사결정은 그 어떤 투자에서도 매우 중요한 포인트다. 이번 투자자는 주거용 임대사업과 실거주를 위한 꼬마빌딩 개발을 목적으로 투자를 실행했다.

성북동 원룸(옵션의 고급화)

성북동 투룸 거실(확 트인 남산 전망)

인근의 주거용 임대시장을 충분히 조사한 뒤 인근 원룸 중 최대한 감각적으로 인테리어를 했고 옵션 구성에도 비용을 아끼지 않았다. 비용을 아끼지 않았다는 의미는 적어도 가장 저렴한 자재들을 대량 구매해 일괄적으로 설치하지 않았다는 뜻이다. 즉, 임대수입을 얻기 위한 꼬마빌딩의 건축에 합리적으로 비용을 지출했다는 의미다. 총 건축비용에서 10%만 높여도 임대수요자들이 계약하는 시점에 그 이상의 가치 차이가 드러난다. 준공이 완료된 후 3개월 만에 총 13세대 중 실거주 호실을 제외하고 우리가 예상한대로 30대 전후 수요층에 의해 월세와 전세 계약이 모두 완료되었다.

그런데 준공이 완료된 시점에 주택정책이 강화되면서 주택 임대사업자의 의무사항들이 많아졌다. 강남 지역에는 다양한 임대관리업체가 있어 건물의 위탁관리가 용이하지만, 그 당시만 해도 성북동에서는 마땅한 업체를 찾기가 쉽지 않았다. 지금은 성북동에서도 여러 관리업체가 운영 중이다. 투자자는 잠시 고민하더니, 자신이 거주하는 세대와 두 세대를 남겨두고 분양하기로 최종 결정했다.

인근에 10년 미만 주택 매매사례가 없었기 때문에 산출한 매매가격에서 10% 높여 매매가격을 제시했다. 그런데도 생각보다 투자자들의 문의가 많았다. 우리는 임대사업을 위한 꼬마빌딩으로 접근했는데, 그 시점에 갑자기 인근에 재개발 바람이 불어왔다. 전혀 예상하지 못한 재개발 바람 덕분에 우리가 기획한 분양가격 이상으로 매각이 일사천리로 진행되었다.

📍 비탈진 언덕길 성북동 비벌리 힐스 수익형 부동산 개발사례 정리

- 역세권이면서 노후한 지역에서 의외로 수익형 부동산 투자 및 개발의 답을 얻을 수 있다.

- 비탈진 언덕길이어도 전망 등의 장점이 있다면 30대 전후 수요자에게 충분히 어필할 수 있다.

- 건축비용과 인테리어비용을 아끼지 말자. 디테일한 감각이 떨어지면 건축업자이지 임대사업자가 아니다.

- 평당 매입가격이 낮을수록 수익형 부동산 개발을 통해 가치가 상승할 가능성이 높아진다. 단, 주변시세에 비해 매입가격이 지나치게 낮은 매물의 경우 우리가 모르는 함정이 있을 수 있으니 항상 조심해야 한다.

- 모두가 매입하기 망설이는 부동산일수록 가까이 접근해서 면밀하게 분석하자.

- 수익형 부동산 유형이 주거용일 경우 주거 이동이 빈번한 수요층이 찾는 원룸과 장기로 거주하는 신혼부부를 위한 투룸 비율을 적절하게 섞어서 공급하면, 안정적으로 임대 운영 및 관리를 유지할 수 있다.

- 부동산 투기가 아닌 부동산 투자 목적을 명확히 잡고 흔들림 없이 실행하다 보면, 가끔 대운이 찾아온다. 인생에 땅 짚고 헤엄치는 것처럼 쉬운 일은 단 하나도 없다. 대운도 실력이다.

· 아산 ·
대학교 인근
오피스텔 건물 리모델링

이번에는 지방으로 가보자. 아산의 한 대학교 인근 대로변 건물에 개발을 실행한 사례다. 해당 건물은 대지 약 74평(245.255㎡), 연면적 약 246평(816.24㎡), 지하 1층부터 지상 5층까지 총 6층 규모의 근린생활시설 및 오피스텔로 구성된 건물이었다. 지하와 1층의 근린생활시설과 2층부터 5층의 원룸 오피스텔 28개 호실 등 근린생활시설을 포함해 총 30개 호실 규모의 노후한 대로변 건물이었는데, 매입시점만 해도 인근에는 건물보다 밭이 더 많았다.

왕복 2차선 대로변에 주인이 다른 오피스텔 3개동만 덩그러니 서 있을 뿐 기반시설도 턱없이 부족했다. 그런데도 우리가 이 건물을 선택한 이유는 단 한 가지였다. 매입가격이 매우 저평가되었다는 점 때문이었다. 임대공간에 리모델링 공사비를 투입하면 높은 임대수익을 기대할 수 있었고, 매도시점에는 시세차익까지도 만들어낼 수 있을 것으로 추정됐다.

나는 꼬마빌딩 투자방법을 다룬 도서들에서 전문가들이 설명한 내용을 모두 실무에

아산 오피스텔 리모델링 예상 시뮬레이션

주소		충남 아산시 배방읍			단위: 천원	
용도지역		2종 일반거주지역	부동산 매입	매입가		350,000
대지면적		약 74평		소유권이전		15,400
건축면적		약 43평		중개수수료		3,150
연면적(지상)		약 210평	건축 비용	설계감리비		10,000
건폐율		58.13%		건축공사비		370,000
용적률		282.67%		기타지출		20,000
규모(층수)		지하 1층/지상 5층		건축비 합계		400,000
구조/승강기		철근콘크리트/없음	임대	중개수수료		6,642
주차		자주식 5대	연간 예상 손익	총투자금액		768,550
건물 운용 비용 (연간)	관리비용		12,000	대출금	33%	250,000
	공실율	5%	2,976	실투자금액		314,350
	이자비용	3.50%	8,750	연간총수입		59,520
	합계		23,726	연간순이익		35,794
				세전수익률		11.39%

층별 내용

층구분		용도	면적(㎡)	보증금	임대료	관리비
지층	B01호	상가	123.00			
1층		주차장				
	101호	상가	123.00	10,000	800	100
2층	201호	오피스텔		30,000		50
	202호	오피스텔		40,000		50
	203호	오피스텔		300	250	
	204호	오피스텔		300	250	
	205호	오피스텔		300	250	
3층	301호	오피스텔		30,000		50
	302호	오피스텔		40,000		50
	303호	오피스텔		300	250	
	304호	오피스텔		300	250	
	305호	오피스텔		300	250	
4층	401호	오피스텔		300	350	
	402호	오피스텔		300	350	
	403호	오피스텔		300	250	
	404호	오피스텔		300	250	
	405호	오피스텔		300	250	
5층	501호	오피스텔		300	350	
	502호	오피스텔		50,000		60
	503호	오피스텔		300	250	
	504호	오피스텔		300	250	
합계				204,200	4,600	360

참고 사항	◆ 보증금 이자소득 무시함. ◆ 재산세 및 사업소득세 등의 제세공과금은 고려되지 않음. ◆ 근린생활시설은 부가세 10% 별도임. ◆ 대출금리 3.5% 적용 ◆ 연간 매입 매출은 운용 결과에 따라 변동될 수 있음.

출처 : (주)알이디자산관리

서 직접 경험했다. 그중에 지방의 꼬마빌딩을 매입해서 높은 임대수익률로 임대사업을 실행할 수는 있지만 매각차익에 대한 기대는 적게 잡는 것이 좋다는 내용이 있었다. 해당 토지와 건물의 매입가격은 3억 5,000만원이었다. 연면적 246평(816.24㎡)을 리모델링 공사하는 데 드는 비용을 평당 150만원으로 계산하면, 약 3억 7,000만원이 투입된다는 것이 매입시점의 예상 시뮬레이션이었다.

임대수입을 통해 건축비용을 회수하기로 하고 예상 재매각 금액은 10억으로 기획했다. 2종 일반주거지역에 지하 면적을 포함해 246평(816.24㎡)이었는데, 단단하게 잘 다져진 기본 골조가 매우 튼튼해서 신축보다는 리모델링으로 접근하는 게 바람직해 보였다. 이미 원룸 28개 호실이 있는 데다 용적률이 지하 면적 제외 282.67%(지하까지 포함하면 용적률이 300%가 넘는다)였고, 무엇보다 현재 시점에 신축 시 건축법상 같은 용적률을 받을 수 없었기 때문에 리모델링으로 접근했다.

20대 대학생에게 어필하는 건물 컨디션

우리가 예상한 임대수요자는 20대 전후 대학생이었기에 이들을 위한 건물로 리모델링을 기획했다. 꼬마빌딩의 가치창출 극대화 프로세스를 사용하기로 하고, 가장 먼저 학교 인근 원룸들을 현장에 나가 직접 확인했다. 내가 봐도 별로 살고 싶지 않은 원룸이 상당수였다. 학교 앞이라는 입지적 장점을 제외하고는 노후하고 기반 생활시설도 열악했다.

다음으로 예상 임대료를 산출했다. 인근 지역 원룸기준 임대료는 25~40만원이었다. 리모델링 후에도 같은 금액조건으로 시뮬레이션 시 임대수익률이 10% 이상 가능했다. 게다가 인근의 공급과 수요를 분석할 이유가 없었다. 주변에 밭이 대부분인 지역에 원룸 28호실을 리모델링하고 단순히 28명의 임차인만 찾으면 되었다. 우리가 예상하고 기획한 리모델링 건물 수준을 놓고 경쟁 상대를 확인하니 아무리 둘러봐도 인근에 경쟁 건물이 없었다. 무조건 실행이었다.

임대수입을 얻기 위한 꼬마빌딩 개발 시에는 단순하고, 명료하며, 객관적으로 판단하고 실행해야 한다. 학교 홈페이지에서 대학교 관련 인구만 확인해도 인근에 주택공급량이 부족해 보였다. 시장조사를 위해 지역 공인중개사무소에 방문했더니 공실 위험 때문에 리모델링을 권유하지 않았다. 그저 현재 인근 원룸 주택이 슬럼화되고 있다는 부정적인 의견들이 대부분이었다. 공실이 왜 증가하는지에 대한 심층 분석 없이 인근 지역 공인중개사들은 그저 수익형 부동산의 매입이나 개발을 회의적인 시각으로 평가할 뿐이었다. 덕분에 우리는 시세에 비해 매우 저렴한 가격으로 용적률이 서울시의 3종 일반 주거지역보다 높고 골조까지 튼튼한 건물을 매입할 수 있는 기회를 얻었다.

■ **표제부(집합건축물)**

용도지역	1종 일반주거지역	용도지구		구역	
대지면적	2XX㎡	연면적	8XX㎡	명칭 및 번호	
건축면적	1XX㎡	용적률 산정용 연면적	6XX㎡	건축물 수	1동
건폐율	58.18%	용적률	282.66%	총 호수	31호실 → 22호실로 변경
주 용도	근린생활시설, 오피스텔	주 구조 지붕구조	철근콘크리트	부속 건축물	
허가일자	1993-06-15	착공일자	1993-10-15	사용승인	1994-07-15

※ 원룸 28개, 근린생활시설 3개 = 31호실 → 원룸 18개, 투룸 1개, 근린생활시설 3개 = 22호실

■ 층별 현황

구분	층별	구조	용도	면적
지하	지1	철근콘크리트구조	일반음식점(식당)	123㎡
지상	1층	철근콘크리트구조	식당	123㎡
지상	2층	철근콘크리트구조	오피스텔(7호실 → 5호실)	142.56㎡
지상	3층	철근콘크리트구조	오피스텔(7호실 → 5호실)	142.56㎡
지상	4층	철근콘크리트구조	오피스텔(7호실 → 5호실)	142.56㎡
지상	5층	철근콘크리트구조	오피스텔(7호실 → 4호실)	142.56㎡

리모델링 공사 전

리모델링 공사 후

　　20대 전후의 임대수요층을 고려해 레몬색과 회색 톤의 색감으로 건물 외관에 포인트 컬러를 넣었다. 대학생들이 등하교를 하려면 건물 앞 2차선 도로를 이용해야 하니 등하교하는 인원 중 19명의 잠재 임대수요자에게 내 건물을 어필하면 된다. 건물 외관만 봐도 리모델링했다는 것이 눈에 잘 띄도록 창호 교체, 외장금속 공사, 엘리베이터 설치 및 구조 보강공사까지 대대적인 리모델링 공사를 완료했다.

임대수입을 얻기 위한 꼬마빌딩의 투자개발 시에는 지방과 수도권에 상관없이 임대수요층을 분석해야 한다. 20대 전후의 임대수요자라면, 임대공간의 질적 가치를 추구하는 경향이 강하다. 이들은 거리가 조금 멀더라도 개인의 라이프스타일과 임대가격을 동시에 충족하기를 바란다. 이런 분석 없이 시장 조사를 통해 회의적이고 부정적인 지역 정보만 습득했다면 투자자는 쉽게 의사결정을 할 수 없었을 것이다. 지금까지 반복해서 설명했듯이 수익형 부동산의 매입 목적과 기준을 명확하게 정리하고 선택하는 것이 중요하다. 실패도 성공도 모두 투자자의 몫이기 때문이다.

리모델링 기획 시 우리는 엘리베이터를 설치하기로 결정했다. 리모델링 비용에서 엘리베이터 관련 공사 비용은 총 리모델링 비용에서 15% 정도를 차지하는 만큼 면밀한 검토분석을 요하는 의사결정이었다. 결국 층마다 원룸 호실 1개를 희생하면서 엘리베이터를 설치하기로 했다. 엘리베이터를 설치할 때는 설치 비용 이외에도 추가로 구조 보강공사 비용이 투입되고, 공사도 까다롭다.

하지만 이번 꼬마빌딩 리모델링 프로젝트에서 우리는 엘리베이터 설치가 필수라고 판단했다. 재매각을 고려해야 하기 때문이다. 수익형 부동산 개발 시 각 층에서 원룸 1개 호실이 사라지면 전체 임대공간에서 14% 정도가 사라지는 셈이 된다. 그러나 임대료에 현저하게 마이너스 요인이 아니라면, 오히려 장기적인 관점에서 재매각 시 건물 가치를 더 높게 인정받을 수 있다는 것을 염두에 두고 엘리베이터 설치로 인한 임대공간의 손실 후 수익률을 검토했다. 추가 공사비가 2억으로 예상되었고, 임대수익률을 최소 10% 가깝게 유지할 수 있었다. 분석 후 우리는 엘리베이터를 설치하기로 결정했다. 공사를 실행하다 보면 건물주(투자자)의 추가공사 의견이 발생할 수 있다. 이때 수익률 분석을 재검토해 투자자가 매월 발생하는 임대수익률에 만족한다면 추가로 개발공사를 실행할 수 있다.

20대 임대수요자들만 고려하면 엘리베이터가 없어도 임대공간의 퀄리티가 높다면 임대하는 데 문제가 없다. 하지만 이곳은 지방이다. 노후에 안정적인 임대수입을 얻기 위해 실거주와 임대수입을 동시에 확보하려는 60대 전후의 투자자들에게 재매각할 것도 고려해야 한다.

투룸의 경우에는 직접 사용하면서 임대관리를 하기에 적합하도록 아파트 구조로 리모델링했다. 재매각 시점에는 매각가격 기준 임대수익률이 10%를 넘는 수익형 부동산으로 만들어냈고, 결국 우리가 예상한 대로 60대 전후의 새로운 투자자가 이 건물을 매입했다. 이 투자자는 5층의 투룸 호실을 직접 사용하면서 관리하겠다고 했다.

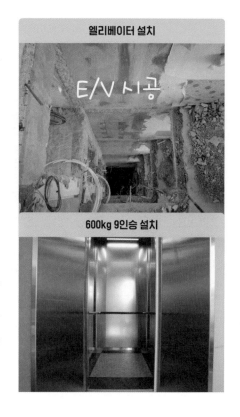

다음 페이지의 표는 리모델링을 완료한 후 실제로 임대를 실행한 결과다. 특히, 지하와 1층은 재매각을 고려해 임대가 보류된 상태의 실제 임대수익률이다.

우리는 임대수입을 얻기 위해 수익형 꼬마빌딩, 원룸 건물 등의 수익형 부동산 매입을 고려할 때, 상대적으로 저평가된 부동산을 찾아서 접근한다. 다양한 이유로 누군가가 선뜻 매입하지 못하는 부동산 자산에 접근하면 그 이상의 가치 차이를 발견할 수 있다.

이번 리모델링 개발사례의 경우 부동산의 입지는 우수했으나, 기존 건물주가 노후한 건물에 직접 리모델링을 선뜻 실행하지 못해 2년 이상 매도하기 위해 다양한 노력을 기울이던 상태였다. 기존 건물주 또한 서울에 거주했기 때문에 지역 특색을 살려 적극적으

아산 오피스텔 리모델링 준공 후 실행

주소		충남 아산시 배방읍				단위: 천원/ 작성: 2016년	
용도지역		2종 일반거주지역		부동산 매입	매입가		350,000
대지면적		약 74평			소유권이전		15,400
건축면적		약 44평			중개수수료		3,150
연면적(지상)		약 210평		건축 비용	설계감리비		10,000
건폐율		58.13%			건축공사비		570,000
용적률		282.67%			기타지출		30,000
규모(층수)		지하 1층/지상 5층			건축비 합계		610,000
구조/승강기		철근콘크리트/없음		임대	중개수수료		6,774
주차		자주식 5대		연간 예상 손익	총투자금액		985,324
건물 운용 비용 (연간)	관리비용		12,000		대출금	28%	280,000
	공실율	5%	2,900		실투자금액		469,924
	이자비용	3.3%	9,240		연간총수입		57,990
	합계		24,140		연간순이익		33,851
					세전수익률		7.20%

층별 내용

층구분		용도	면적 (㎡)	보증금	임대료	관리비
지층	B01호	상가	123.00			공실
1층		주차장				
	101호	상가	123.00			공실
2층	201호	오피스텔		1,200	300	30
	202호	오피스텔		1,000	350	
	203호	오피스텔		30,000		50
	204호	오피스텔		300	267	
	205호	오피스텔		300	267	
3층	301호	오피스텔		40,000		63
	302호	오피스텔		50,000		70
	303호	오피스텔		30,000		70
	304호	오피스텔		1,000	320	
	305호	오피스텔		300	330	
4층	401호	오피스텔		3,000	320	
	402호	오피스텔		400	430	
	403호	오피스텔		2,000	290	30
	404호	오피스텔		2,000	280	
	405호	오피스텔		300	267	
5층	501호	오피스텔		300	433	
	502호	오피스텔		70,000		100
	503호	오피스텔		3,000		
	504호	오피스텔		300		
합계				235,400	4,420	413

참고 사항	◆ 보증금 이자소득 무시함. ◆ 재산세 및 사업소득세 등의 제세공과금은 고려되지 않음. ◆ 근린생활시설은 부가세 10% 별도임 / 매각 시점 근린생활시설은 임대 진행 안 된 상태임. ◆ 대출금리 3.3% 적용 ◆ 위의 매출과 비용은 임대완료 시점 기준이며 변동될 수 있음.

재매각을 고려해 시공한 투룸 1개 호실

로 임대관리를 할 수 있는 상황이 아니었다. 매도인은 결국 10년간 임대를 유지하다가 처음 매입했던 가격보다도 낮은 가격으로 우리에게 매도했다.

　기존 건물주인 매도인이 선뜻 리모델링을 실행하지 못한 이유로는 여러 가지가 있겠으나 그중 첫 번째는 지방이라는 지역 특수성 때문이었다. 서울에 거주하는 매도인이 지역적 특색과 정보가 부족한 상태로 인근 전문가들에게 리모델링을 의뢰했다면, 우리가 조사한 바대로 회의적인 내용만을 들었을 것이다. 공실이 많고, 교통인프라가 구축된 덕분에 수도권과 접근성이 높아짐에 따라 대학교 인근 주택이 슬럼화되고 있다는 정보만을 얻는 데 그쳤을 것이다. 정보는 객관적인 자료를 토대로 분석해야 한다. 객관적인 자료를 찾기 어렵다면, 인근 임대시장에 나온 물건들을 직접 임장해야 한다.

　두 번째는 지방공사를 강행하기가 쉽지 않았기 때문이었다. 무엇보다 서울에 거주하는 사람이 지방에서 공사를 진행한다는 것이 생각처럼 쉽지 않았을 것이다.

예상치 못한 비용 지출에 대비하자

결국 이 꼬마빌딩은 대학교 인근 지역에서 가장 예쁘고 살고 싶은 건물로 20대 전후의 임대수요층에 어필하는 데 성공했다. 지방에서는 연세라고 해서 입주시점에 12개월분 임대료를 한 번에 받는데 임대관리가 수월한 측면이 있는데, 다음 해에 새롭게 입주를 희망하는 신입생들이 소문을 듣고 예약까지 하는 상황이 되었다.

결론적으로 우리의 리모델링 공사는 성공적이었으나 한 가지 문제가 있었다. 공사비용 상승이었다. 그 이유는 두 가지였는데 첫 번째는 리모델링 공사의 성격상 공사 중 현장에서 예기치 못한 변수의 출현으로 비용이 상승한 경우였다. 꼬마빌딩을 개발하다 보면 항상 현장에서 추가로 발생하는 비용이 있다. 공사를 하다 보면 더욱 높은 품질로 구현하려는 욕심으로 인해 비용이 한 번 더 상승하게 마련이다.

두 번째는 지방 공사라는 이유로 또 다른 지출이 생겨 비용이 상승한 경우였다. 결과적으로 처음 계획했던 공사비 4억원보다 훨씬 많게 6억원이 넘는 공사비를 지출하게 되었다. 그러다 보니 초기에 계획했던 만큼 매각차익을 거두지는 못했다. 제3자 입장에서는 이성적 판단이 가능했으나, 투자자가 직접 개발을 실행하다 보니 건축 욕심이 자꾸만 커져 화가 된 셈이었다. 그나마 위로받을 수 있었던 점은 지역에서 가장 인기 좋은 수익형 부동산으로서 인지도를 성공적으로 구축했다는 점이었다.

하마터면 손실로 마감할 수도 있었으나, 공사 계획과 그 지역에서 돋보이는 완성도 높은 결과 덕분에 거의 본전에 매각하게 되었다. 수익을 충분히 거두지 못한 채로 매각하는 점이 못내 아쉬웠지만, 우리의 주 업무지역인 서울에서 발생하는 기회를 놓치는 것보다는 현명한 판단이었다.

지방 리모델링 개발사례에서 검토해야 할 투자 포인트는 다음과 같다. 첫째, 지역적 특색과 정확한 정보를 알 수 있는 지역에 투자해야 한다. 둘째, 적어도 1개월에 3회 이상은 내 건물의 상태를 확인할 수 있을 만큼 거리가 가까워야 한다.

이 사례에서 리모델링 완료 후 모든 호실의 임대를 인기리에 계약할 수 있었던 이유는 임대관리를 위한 관심과 집중이었다. 수익률 10%가 넘는 이 꼬마빌딩을 우리는 리모델링 개발 후 2년 만에 매각했다. 수도권에 거주지와 직장이 있다 보니 장기간 운용 및 관리하며 관심을 쏟을 수 없었기 때문이다. 우리는 저평가된 부동산 매입 후 개발을 직접 실행해 봄으로써 이를 통한 가치 차이를 명확하게 입증하는 결과물을 경험한 것에 만족하기로 했다. 우리가 리모델링을 위해 건물들을 조사한 바에 의하면, 아산 지역 꼬마빌딩 주인의 30% 정도는 수도권에 거주했다. 거리적 제약으로 자주 방문할 수 없는 건물주들은 인근 부동산에 임대관리를 위탁하고 있었다.

이번 아산 지역의 꼬마빌딩 리모델링 개발사례를 통해 알아본 바와 같이, 수도권 이외 지방의 꼬마빌딩에 투자할 때는 다음과 같은 사항에 주의해야 한다. 상대적으로 적은 자본으로 안정적인 임대수입을 얻기 위해 지방에 투자할 때 건물이 노후하면 재매각 시점에 어려움을 겪게 된다. 따라서 재매각 시점의 리모델링이나 신축 여부도 매입 의사결정을 하기 전 고려해 두어야 한다. 매입시점에 임대수익률과 더불어 추후 리모델링 비용도 고려해 미리 분석하는 것이 좋다.

📍 **지방의 대학교 인근 리모델링 개발 사례 정리**

- 지방 공사를 계획할 경우 비용 상승 가능성을 고려해 기획하자.
- 지방에서 부동산 개발이나 리모델링을 경험한 적이 없는 일반 투자자의 경우, 이미 지어진 신축 건물을 매입하는 것이 유리할 수 있다.
- 지방의 꼬마빌딩은 노후하면 건축물의 감가상각 속도가 가파르다. 건물 상태가 노후해 매도가 안 된다면 리모델링 기획도 고려하자.
- 지방의 꼬마빌딩 리모델링 기획 시 재매각을 고려해 주인 거주를 위한 공간도 기획해 볼 만하다.
- 지방의 꼬마빌딩을 투자자가 직접 제어할 수 있다면, 임대시장의 독보적 우위와 임대관리에서 오히려 수도권보다 수월할 수 있다.

· 논현동 ·
위법건축물, 양성화 통해
수익률을 극대화하다!

사업에 위법은 금물이다

이번에 소개할 사례는 깊은 교훈과 의미가 있는 개발사례다. 2009년 열심히 임장활동을 하다가 강남구 학동역 인근의 3종 일반주거지역에서 오래된 단독주택 소유자를 알게 되었다. 그 부지의 장점은 7호선 학동역 초역세권에서 도보 1분 거리에 있는 단독주택이라는 점이었고, 단점은 폭 4m의 막다른 도로에 접한 주택이라는 것이었다. 「국토의 계획 및 이용에 관한 법률」에 따르면 건폐율 50%에 용적률 250%로 건물을 지을 수 있는 토지였지만, 막다른 도로의 단점 때문인지 다른 부동산에 비해 약 10% 이상 평당 매매가격이 낮게 시장에 나와 있었다.

그 당시 사당동에 거주하던 투자자는 재개발로 인해 오래된 단독주택을 매도한 현금으로 학동역 막다른 길의 이 주택을 매입했다. 우리는 즉시 신축개발 기획에 착수했다. 그런데 어째서 평당 매입가격이 인근 시세보다 낮게 나왔는지를 신축 기획 시뮬레이션 시점에서야 알게 되었다. 12년 전에는 꼬마빌딩의 개발을 위한 부지 매입 전에 기획설계를 먼저 의뢰하지는 않았다. 2009년 당시 막다른 서측 도로의 일조권사선과 지금은 폐지된 도로사선 제한에 따라 이 부지에 건물을 지으면 4층부터 5층은 연면적이 현격하게 줄어들어야 했다. 용적률 산정을 위한 연면적에서 지하면적을 제외하니 설계 검토에서 용적률이 200% 미만으로 나왔다. 하는 수 없이 투자자는 한 층에 한 호실을 추가로 확장해서 만들었다. 위법이라는 것은 알았지만 그 당시만 해도 위법 건축 행위를 심각하게 생각하지 않았던 시기였기에 가능한 일이었다. 그때는 우리도 투자자도 초보였던 셈이다.

결과적으로 준공을 완료했으나, 교차점검 시에 위법건축물로 등재되어 이행강제금을 납부해야 했다. 투자자의 요청에 의해 우리는 임대기획 시점에 이행강제금 납부금액과 수익률을 분석했다. 이행강제금을 납부하더라도 임대 수익형 호실을 3개 추가하고 5층에 확장되는 면적을 감안할 때, 임대수입 목적 측면에서는 위법이지만 세대수 증가가 유리했다. 물론 현재는 우리가 개발하는 모든 건축물들에서 위법을 하지 못하도록 투자자에게 충분히 고지한다.

2000년 초반에만 해도 통했던 "옆집도 하고, 다른 동네에서도 모두 하니까 나도 따라서 한다."라는 안일한 꼼수가 이제는 더 이상 통하지 않는다. 우리가 오랜 기간 주의 깊게 둘러보는 이태원역 인근을 중심으로, 예전에는 건축에 대해 조금이라도 아는 사람들이 지나다니며 보면 위법한 건축물이 즐비했다. 그러던 것이 2016년경부터 철거와 원상복구를 반복하더니 도로와 건물들이 제법 깨끗하게 정리되었다. 이제 임대사업을 할 때도 주택이 위법건축물일 경우 전세자금 대출도 까다로워졌을 뿐만 아니라, 위법건축물에 대한 이행강제금도 강력해졌다. 신축개발을 기획하고 있다면 지나친 편법이나 위법을 고려해서는 안 된다.

다음 페이지의 표는 2009년에 기획한 신축예상 분석표다. 그 시기 강남구 논현동의 노후한 단독주택 매입가격은 15억원이었고, 평당 350만원 안팎의 건축비용으로 건축할

논현동 주상복합개발 실행 결과

주소	서울 강남구 논현동			단위: 천원 작성: 2009년	
용도지역	3종 일반거주지역	부동산 매입	매입가		1,500,000
대지면적	약 59평		소유권이전		57,000
건축면적	약 30평		중개수수료		13,500
연면적(지상)	약 112평	건축 비용	설계감리비		20,000
건폐율	49.90%		건축공사비		536,320
용적률	192.07%		기타지출		50,000
규모(층수)	지하 1층/지상 5층		건축비 합계		606,320
구조/승강기	철근콘크리트/없음	임대	중개수수료		15,185
주차	6	연간 예상 손익	총투자금액		2,192,005
건물 운용 비용 (연간)	관리비용		15,600	대출금	36%	800,000
	공실율	5%	7,440	실투자금액		973,505
	이자비용	5.00%	40,000	연간총수입		148,800
	합계		63,040	연간순이익		85,760
				세전수익률		**8.81%**

층별 내용 (예상)

층구분		용도	면적 (㎡)	보증금	임대료	관리비
지층	B01호	사무실	120~140	20,000	1,500	100
1층		주차장		–	–	
	101호	상가	30~35	20,000	1,000	100
2층	201호	주거용	25~30	950	950	100
	202호	주거용	25~30	950	950	100
	203호	주거용	25~30	950	950	100
	204호	주거용	25~30	950	950	100
3층	301호	주거용	25~30	950	950	100
	302호	주거용	25~30	950	950	100
	303호	주거용	25~30	950	950	100
	304호	주거용	25~30	950	950	100
4층	401호	주거용	20~25	90,000		100
	402호	주거용	25~30	130,000		100
	403호	주거용	20~25	900	900	100
5층	501호	주거용	40~50	150,000		100
합계				418,500	11,000	1,400

참고 사항	◆ 보증금과 이자소득은 무시함. ◆ 재산세 및 사업소득세 등의 제세공과금은 고려하지 않음. ◆ 건축공사비 3.3㎡ / 3,500,000원으로 가정 ◆ 대출금리 5% 적용 ◆ 이자비용 외 관리비용은 고려하지 않음. ◆ 위의 매출과 비용은 예상값이며 실제 상황에 따라 변동될 수 있음.

수 있었다. 2009년 매입할 시점에 약 9억원의 현금을 투입해 프로젝트를 수행했고, 약 6년 정도 발생한 임대수익으로 투자금을 상당 부분을 회수할 수 있는 구조였다.

실제 개발을 실행한 결과 이 기획분석표보다 약 1.4%가량 더 높은 수익률을 달성했다. 정말 운이 좋았다. 그런데 기적처럼 더 운이 좋았던 것은 신축 후 3년 정도 경과하는 시점에 정부에서 건축법령에 적합하지 않게 건축하거나 대수선한 소규모 서민 주거용 위법건축물을 양성화하는 「특정건축물 정리에 관한 특별조치법」을 제정, 2014년 1월 17일부터 약 1년여 동안 한시적으로 시행했다는 것이다. 그 덕분에 위법건축물이 양성화를 통해 합법건축물로 전환되었고, 그 덕분에 매각 시 부동산의 자산가치를 적절히 인정받을 수 있었다. 꼬마빌딩 매입을 희망한다면, 총 투자비용(대출금 포함) 약 22억원으로 임대료와 관리비를 합쳐 연간 약 1,350만원이 나오는 꼬마빌딩의 매매가격이 5년 뒤 얼마로 평가될지 한번 계산해 보기 바란다. 임대수익률을 약 연 5% 수준으로 설정해 계산해 보면 짐작할 수 있을 것이다.

이번 개발사례에서 우리가 중요하게 알아두어야 할 것은 무엇보다도 3종 일반주거지역임에도 건축법규 허용 용적률을 충분히 활용할 수 없는 경우가 있다는 것이다. 서울시 기준으로 3종 일반주거지역의 경우 건폐율 50% 이하, 용적률 250% 이하임을 감안할 때, 위법건축물이 양성화한 뒤에도 용적률이 192.7%일 경우 지하 연면적을 제외하고 나면 2종 일반주거지역의 용적률과 비슷한 수준이다. 이 사례에서 그렇게 된 이유는 일조권사선과 도로사선의 제한 때문이었다.

2015년 5월 이전 신축한 건축물에는 지금은 폐지된 도로사선 제한이 적용되었다. 높이 제한 규정인 도로사선 제한은 채광, 시야, 미관을 확보하기 위해 도로와 붙어 있는 건물들의 높이를 건축법에서 규제한 것이다. 길을 걷다 보면 5층 건물이 4층부터 대각선 방향으로 깎이거나 비스듬하게 건축된 경우가 있는데, 이것이 바로 일조권사선제한 또는 도로사선제한(현행폐지)에 따라 250% 이하의 용적률(연면적)을 확보하지 못하고 건축된 경우다.

다음으로 알아야 할 것은 이행강제금을 납부하면서까지 위법건축물로 세대수를 늘렸다는 점이다. 임대수입을 얻기 위한 꼬마빌딩으로서는 임대수익률 분석에 따라 위법건축물의 세대수 증가가 유리했지만, 재매각 시점을 고려하지 않은 것이 문제였다. 위법건축물로 등재된 건축물에는 새로운 매수자들이 보수적으로 접근할 뿐만 아니라 매각 시에도 불리하게 작용한다는 점을 명심해야 한다.

그럼에도 불구하고 이 개발사례에서 긍정적이었던 첫 번째 포인트는 용적률과 건폐율을 건축법규 허용 내에서 최적화할 수 있는 활용방안을 찾는다면 목적을 달성할 수 있다는 점이다. 두 번째 포인트는 비록 법이 허용하는 최고의 용적률을 확보하지는 못하더라도 부동산 입지가 갖는 장점을 최대한 활용한다면 충분히 높은 가치의 부동산을 개발할 수 있다는 것이다.

■ 표제부(집합건축물)

용도지역	3종 일반주거지역 외	용도지구		구역	
대지면적	193.1㎡	연면적	506.56㎡	명칭 및 번호	
건축면적	96.35㎡	용적률 산정용 연면적	370.88㎡	건축물 수	동
건폐율	49.9 %	용적률	(양성화 전) 174.36% (양성화 후) 192.07%	총 호수	12세대(호)/ 0가구
주 용도	다세대주택	주 구조 지붕구조	철근콘크리트구조 평슬라브	부속 건축물	0동 0㎡
허가일자	2009-10-14	착공일자	2009-10-28	사용승인	2010-3-26

■ 층별 현황

구분	층별	구조	용도	면적
지하	지1층	철근콘크리트구조	사무소	135.68㎡
지상	1층	철근콘크리트구조	주차장(연면적 제외)	48.06㎡
지상	1층	철근콘크리트구조	계단실	11.04㎡
지상	1층	철근콘크리트구조	사무소	36.36㎡
지상	2층	철근콘크리트구조	다세대주택 3세대 → 4세대	96.35㎡
지상	3층	철근콘크리트구조	다세대주택 3세대 → 4세대	96.35㎡
지상	4층	철근콘크리트구조	다세대주택 3세대 → 4세대	82.78㎡
지상	5층	철근콘크리트구조	다세대주택(1)	29.76 → 38.16㎡
옥탑	옥탑1층	철근콘크리트구조	계단실(연면적 제외)	9.84㎡

5년간 임대운영한 뒤 투자자는 매각을 희망했다. 매각 희망시점에는 위법건축물에 따른 이행강제금도 계속 납부 중이었다. 재매각 시점에 건물이 위법건축물이면 부동산 가치에 영향을 미친다. 임대수입을 통해 건축투자 비용도 회수했고 부동산 가격도 상승했다. 투자자는 처음의 개발경험을 통해 강남에서 보다 좋은 조건으로 신축개발을 하고 싶어 했다. 우선 시장 매매가격으로 재매각을 진행하려면 위법건축물을 양성화해야 했다. 위법건축물 상태로 매각을 진행하면 시세보다 낮은 가격으로 매각해야 한다. 꼭 그것 때문이 아니더라도 위법건축물을 생산하는 일은 앞으로는 절대 해서는 안 되는 건축행위다.

가끔 「특정건축물 정리에 관한 특별조치법」에 따라 조건이 맞으면, 대수선이나 설계

변경을 통해 위법건축물이 운 좋게 양성화되는 경우도 있다. 이번 건물주에게도 행운이 찾아왔다. 2014년 1월 17일부터 2015년 1월 16일까지 1년간 특정건축물을 정리할 수 있는 양성화 기간이 찾아온 것이다. 물론 매각 의사결정 시점에 특별조치법 시행 기간이 아니거나 조건이 충족되지 않으면 양성화되지 않는 경우도 있다. 이는 특별조치법인 만큼 매번 행운이 찾아오지는 않으며, 보통 5~8년의 주기로 주거용 위반건축물을 적법하게 양성화할 수 있다.

강남구 논현동 3종 일반주거지역 양성화 사용승인 우측면도

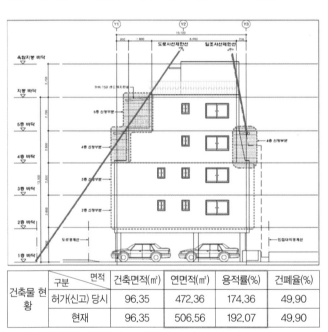

건축물 현황	구분 \ 면적	건축면적(㎡)	연면적(㎡)	용적률(%)	건폐율(%)
	허가(신고) 당시	96.35	472.36	174.36	49.90
	현재	96.35	506.56	192.07	49.90

자료 출처: 정안도시건축사무소

위법건축물의 양성화는 위법건축물로 지어진 주거용 특정건축물을 합법적으로 사용승인 받을 수 있는 기회를 제공해, 국민의 안전과 재산권 보호를 위해 한시적으로 시행된다. 특정건축물의 정의는 건축법 제11조 또는 제14조에서 "건축허가를 받거나 신고하는 건축물을 허가나 신고를 하지 아니하고 건축하거나 대수선하는 건축물 또는 허가 신고를 하고 제22조 규정에 따라 사용승인을 받지 못한 건축물"로 정의하고 있다. 주거용 특정건축물은 건축물의 해당 연면적 중 100분의 50 이상이 주거용이어야 한다.

이때 주거형태에 따라 양성화가 가능한 면적을 제한한다. 단독주택은 연면적이 약 50평(165㎡) 이하, 다가구주택은 연면적이 약 100평(330㎡) 이하, 다세대주택은 세대당 전용면적이 약 25.7평(85㎡) 이하인 주택이다. 기준요건을 충족한다면 건축사를 선정해 설계도서와 현장조사서, 신고서를 제출하고 건축위원회 심의를 거친다. 승인이 나면 사용승인서가 교부되고, 이에 대한 건축물대장이 신규로 생성된다. 2019년 4월 23일부터 정부는 이행강제금 감경대상 건축물의 범위를 축소하고 부과횟수 제한 규정을 삭제했다. 이행강제금 부과기준이 점점 강화되는 만큼, 꼬마빌딩의 개발 시 위법건축물은 처음부터 계획하지 않는 것이 좋다.

위법건축물이 있는 건축물들의 경우 양성화 기준에 적합한 부분이 있는지, 원상복구가 가능한지 검토하고 합법화하도록 노력함으로써 자산가치의 상승을 유도하는 방법도 있다. 임대수입을 얻기 위한 꼬마빌딩의 개발은 장기전이다. 일반적으로 임대사업자가 현재 가치로 미래를 예측하는 데는 한계가 있다. 꼬마빌딩 개발을 위해 접근할 때, 외면당하고 소외된 인기 없는 부동산들에서 장점을 발견할 수 있다면 이것이 곧 성공으로 가는 지름길이 될 수도 있다.

2008년경 미숙하게 진행했던 이 꼬마빌딩 개발사례는 우리가 꼬마빌딩 개발에서 시행착오를 줄이고 개발 시스템을 정립하는 데 충분한 경험이 되었다. 이를 계기로 우리는 부동산의 매입 전 기획설계를 통해 가치를 평가하고 예상 수익을 분석하는 과정을 좀 더 면밀하게 검토하게 되었다.

📍 3종 일반주거지역의 꼬마빌딩 위법건축물 양성화 사례 정리

- 3종 일반주거지역이라고 해서 신축 시 무조건 2종 일반주거지역보다 더 크게 건축할 수 있는 것은 아니다. 가끔은 2종 일반주거지역보다 부지의 활용도가 낮은 부동산도 존재한다.

- 신축 시 부지의 활용도가 낮더라도 부동산의 입지가 갖는 장점을 최대한 활용한다면 충분히 높은 가치의 부동산 개발이 가능하다.

- 위법건축물이 있다고 해서 반드시 매입 검토대상에서 제외되는 것은 아니다. 해결방안만 있다면 그만큼 부동산 자산 가치를 높일 수 있다.

- 주거용 위법건축물의 경우 양성화 기간이 있다 하더라도 이행강제금의 부과횟수 제한이 삭제되고 이행강제금 기준이 강화되었다.

- 꼬마빌딩 투자개발의 핵심은 부동산의 이질성을 이해하고, 내 건축물에 최적화된 활용방법을 찾아내서 실행하는 것이다. 이를 찾아내 실행한 만큼 부동산의 가치는 높아진다.

- 역세권 등 좋은 위치인데도 외면당하고 소외되는 부동산을 발견했다면 면밀히 검토해 보자. 그중 단점을 보완하고 장점을 발견할 수 있다면 이는 그 부동산의 가치를 상승시키는 뛰어난 방법 중 하나가 되어줄 것이다.

• 역삼동 •
빠른 판단으로
입지를 선정한 신축개발

이번에 소개할 투자자와의 인연은 2012년이다. 이 투자자는 우리가 역삼동에 리모델링으로 기획한 건물을 마음에 들어해서 지인의 소개로 우리 사무실을 방문했다. 왜소한 체격의 여성으로 험난한 일은 전혀 모르고 살 것만 같은 분이었다. 첫 방문 시에는 꼬마빌딩의 개발 프로세스와 정보를 접하고 선뜻 의사결정을 하지 못하더니, 결국 의정부 지역에 있는 5층 규모의 오피스텔 건물을 매입했다.

투자자가 의정부에서 꼬마빌딩을 매입한 이유는 간단했다. 적은 투자자금으로 가능했고 개발에 대한 부담감이 없기 때문이었다. 다만, 의정부 지역을 잘 몰랐고 임대관리 노하우도 없었다. 임대수요가 풍부한 강남지역과는 다른 지역적 특성을 파악하지 못하고 매입한 탓이었다. 어린 시절부터 현재까지 강남에 거주한 투자자 입장에서는 전혀 모르는 지역이라 더욱 낯설었던 것 같다.

상대적으로 적은 투자자금과 신축건물에 매료되어 생소한 지역에 투자할 때는 신중한 의사결정이 필요하다. 투자자는 낮은 임대료와 공실문제 그리고 입주자 민원관리 문제로 어려움을 겪다가, 꼬마빌딩을 충분히 경험했다는 생각으로 위안을 삼고 매각했다고 한다. 개발에 따른 시세차익은 없었지만 그나마 다행스럽게도 기존 매입금액 수준으로 매각할 수 있었다.

투자자가 의정부의 꼬마빌딩을 매각하고 다시 우리 사무실에 방문했을 때는 깊이 있는 학습과 경험을 쌓은 뒤라 의사소통이 매우 잘되었다. 투자자는 의정부 오피스텔 건물을 매입하고 나서 3개월 뒤부터 고민을 시작했다고 한다. 이미 건축된 꼬마빌딩을 매입했기 때문에 더 이상 가치를 높일 수 있는 요소가 없었다. 사실 이는 건물의 가치를 높이기 위해 선뜻 현금을 추가로 투입하기를 망설였기 때문이었다. 낮은 임대료와 빈번한 공실에 대한 스트레스로 추가 투입한 자금을 회수할 수 있다는 확신이 투자자에게 없었던 것이다.

다른 사람은 정보를 잘 알고 당사자는 모르는 '정보의 비대칭성'은 부동산 시장에서도 중요한 체크포인트다. 부동산의 개별성과 지역성 또한 부동산 투자에서 매우 중요한 요소다. 예를 들어, 한 동네에서 일어난 일들을 다른 동네에서는 알기 어렵다. 이런 상황에서 그나마 정보의 비대칭성에 따른 불이익을 피하는 방법은 많이 알려진 부동산을 사는 것이다. 누구나 선호하는 지역일수록 잘 몰라서 당하는 위험을 줄일 수 있다. 임대사업을 위해 수익형 부동산을 매입한 투자자가 잘 모르는 지역에 접근해 직접 임대관리를 하기는 더욱 어렵다. 개발에 따른 부담감 때문에 이미 지어진 건물을 매입한다면 지역적 특성을 잘 아는 지역에 투자해야 한다.

다시 찾아온 투자자는 이번에는 꼬마빌딩을 직접 개발하기 원했다. 이미 지어 놓은 건물을 매입해 임대사업을 운영해 보니, 개발에 따른 부동산 가치증식을 실현하고 싶어졌다고 했다. 투자자는 개발을 위한 부동산 매입에 1년 정도 충분히 학습도 마친 상태였다. 우리는 3종 일반주거지역에 위치한 평당 3,500만원인 약 80평 규모의 부동산을 제안했다. 이면도로에 위치했지만 북동 코너 건물이면서 왕복 8차선 대로와 접근성도 우

공사 전 주택(지하 1층~지상 3층 다가구주택)

계단으로 내려가면 오른쪽 사진 대로변임

철거 후 대로변과 7m 이상 높은 옹벽의 경사면 차이

공사현장

3층

높은 옹벽으로 인한 가파른 계단

대로변 접근성

공사현장

계단

수한 다가구주택이었다. 우리는 대로변 접근성과 관련해 미묘한 잠재적 문제가 해결되면, 개발과 동시에 이 부동산의 가치는 두 배로 높아질 것이라 확신했다.

투자자는 이 물건을 제안 받고, 바로 다음 날 매입 의사결정을 내렸다. 이 투자자는 7m 이상 높이인 옹벽의 가치를 직감적으로 알았다. 물론 확신한 것은 아니었지만, 이미 의정부 건물매입 후 발품을 팔아 개발을 위한 부동산 물건들을 사전에 충분히 검토한 상태였기 때문에 의사결정 또한 신속했다.

하지만 이번 개발은 지하 2층 높이의 옹벽을 잘라내는 고난이도의 공사였다. 작은 규모의 개발에 인지도 높은 시공업체를 선택하기는 어렵다. 바로 이 부분에서 PM (Project Management) 업무 대행업체가 필요하다.

우리는 개발 가능 부지에 대한 매도물건을 접수받은 시점에 사업지 검토를 통해 신축 시뮬레이션 기획을 이미 마친 상태였다. 10년 전 3종 일반주거지역에서 최대 용적률로 개발하지 못한 경험이 있었기에, 그에 비하면 이번 대지는 월등히 개발가치가 높다는 것을 예감하고 있었다. 그렇다고 해서 무턱대고 모든 토지의 규모를 검토해 기획서를 만들어 검토하지는 않는다. 개발 가능부지에 대한 의뢰를 받은 뒤 인근 거래사례 가격 대비 매도 가격이 적절하다고 판단한 물건들 위주로 사전에 충분히 검토한다. 투자자는 사업지 규모 검토와 신축 시뮬레이션을 통해 투자제안서가 만들어지면 최종적으로 선별한 개발이 필요한 물건들을 볼 수 있다. 그 과정에서 입지를 충분히 파악하고 검토하는 고단하고 긴 시간의 개발검토 과정을 거친다. 준비된 투자자가 준비된 물건을 검토할 수 있다. 이것도 운이 따라줘야 한다. 이 사례에서는 우리에게도 투자자에게도 적기 타이밍에 매수 운이 맞아떨어졌다.

매매제안 시점에 우리는 지하 2층을 대로변에서 진입하는 근린생활시설로 이용하기 위한 방안을 연구 중이었다. 투자자는 매입 의사결정 전에 옹벽을 절단해 지하 2층까지 공사할 수 있을지 문의해 왔다. 기획설계 시점에 시공업체와 건축사무소 측과 검토한 결과 가능할 것으로 예측됐다. 더불어 건축사가 계단을 활용해 지하 2층과 지하 1층에 대로변에서 진·출입이 가능하도록 시도해 볼 만하다는 의견을 제시했다. 용적률 확보는 사업지 규모 검토를 통해 이미 확인했기에 투자자는 신속하게 의사결정을 내렸다. 추후 보완은 기획설계를 바탕으로 신축허가를 받기 위해 본격적으로 설계를 진행하면서 해도 되기 때문이다. 개발 경험이 전혀 없는 투자자라도 내 부동산의 자산가치 증식을 위해 조금만 집중하면 새로운 무언가를 발견할 수 있다. 그러므로 무작정 남에게 맡기기보다는 개발과정에 요소요소 직접 참여하는 것도 매우 중요하다.

우리는 소규모 시공업체와 공사를 진행할 때 개인 투자자가 두려워하는 것들을 사전에 방지한다. 시공업체 측의 부도 확률이나 하청업체들에 돈을 주지 않고 공사기간을 지연시키는 행위 등이 없는지 먼저 확인한다. 하청업체 측에 결제가 원활하게 이루어지는지도 확인한다. 현장에서 바뀔 수 있는 부분들에 즉각적으로 대처하는 PM의 역할은 소형 개발일수록 그 빛을 발휘한다. 또한, 소규모 수익형 부동산의 개발에 임하는 투자자들은 대부분 자금규모가 여유롭지 않다. 개발을 위한 사업부지 매입에 거의 모든 자본이 투입되고, 건축비용은 은행 대출로 실행되는 경우도 비일비재하다.

이번 투자자는 부동산의 매입을 위한 자금의 일부와 건축비까지도 일부는 은행 대출로 진행한 만큼 투자위험이 매우 높았으나 과감히 개발을 실행했다. 강남의 부동산을 매입하다 보니, 자금계획에 차질이 생기면 최후에는 재매각할 수도 있다는 것까지 염두에 두고 실행했다. 의정부의 꼬마빌딩 매입 경험을 발판 삼아 과감히 투자를 실행할 수 있었던 것이다. 투자자는 3종일반 주거지역에 지하 2층부터 지상 7층까지 총 9개층 규모의 꼬마빌딩을 예상했다.

이 꼬마빌딩은 대로변 접근성이 매우 좋았다. 대로변과 경사면 차이를 이용해 옹벽 문제를 해결하면, 준주거지역에 가까운 용적률로 건축할 수 있었다. 경사면 차이는 쉽게 설명하면 건물이 접하는 면이 4면이라고 가정할 때, 도로를 접하는 전면과 후면부의 높낮이가 다른 것을 말한다. 건물 정면에서 진입했을 경우는 1층인데 후면부에서 진입할 경우 지하일 때 경사면 차이가 난다고 한다. 우리는 주거용 위주의 임대공간을 만들기보다는 근린생활시설의 업무 공간 74%와 주거임대 공간 26%로 만들기로 결정했다. 바닥면적이 40평(약 132㎡) 정도로 건축되는 것을 고려할 때, 중소형 규모의 오피스 공간 임대는 내외부 인테리어만 신경 쓰면 진행하는 데 문제가 없었다. 특히, 임차수요가 풍부한 강남구라는 입지의 장점이 있다 보니 테헤란로와 언주로를 이용할 수 있는 입지에서 공실 염려는 문제가 되지 않았다.

공사 시점(노후하고 가파른 계단)

건축물 대장상 지하 2층인 지상 진입로

대로변 오피스 상권의 공실률은 지속적으로 증가하고 있지만, 우리가 추구하는 개발공급은 9개층 이하의 꼬마빌딩이다. 따라서 우리가 현장에서 체험하는 것은 언론이나 미디어에 나오는 내용과 분명히 차이가 난다. 그 이유는 주택의 경우 대규모 아파트 기준으로 분석하고, 오피스의 경우 대형 오피스 상권 기준으로 분석하기 때문일 것으로 생각된다. 우리가 개발하는 것은 9개층 이하, 사업부지 200평(660㎡) 이하의 꼬마빌딩이다. 누구나 인정하는 안정적인 입지에서 개발을 실행하면 투자위험요소가 훨씬 줄어든다. 쉽게 말하면, 어디서든 먹고사는 데 지장이 없다는 의미이기도 하다. 물론 하나의 호실 오피스텔, 하나의 상가 매입 시에는 건물을 통째로 개발하는 것과는 다른 분석방법으로 접근해야 한다.

3종 일반주거지역의 다가구주택을 매입할 때만 해도 이 정도의 가치 차이를 예상하지는 못했다. 고민과 검토를 반복한 끝에, 높은 도로와의 경사면 차이와 연면적에서 제외되는 지하면적을 충분히 활용해 임대수익을 극대화했다. 아래 사진에서 보면 지하 2층, 지하 1층, 지상 1층에 총 3개 출입구가 생겨 진·출입이 용이하고 도로와의 접근성도 뛰어나다. 이번 꼬마빌딩 개발은 토지가치 또한 결정적으로 상승하는 계기가 되었다. 물론 부동산을 개발하면 그에 따라 가치가 대부분 상승한다. 이것이 보다 높은 가치증식을 위해 연구하고 검토하는 과정이 필요한 이유다.

역삼동 3종 일반주거지역에서 공사 완료

완공된 모습(지하 2층~지상 7층)

대로변 건물

자금이 있다고 해서 누구나 꼬마빌딩을 개발할 수 있는 것은 아니다. 이번 투자자에게서 배울 점은 과감한 실행능력이었다. 처음 투자를 실행한 지역은 의정부였지만, 결과적으로 강남에서 개발 사업을 추진할 수 있었던 것도 한 번 꼬마빌딩 투자를 경험한 덕분이었다. 따라서 이 투자자에게 소자본으로 접근한 경기도 지역의 투자는 성공적이었다고 볼 수 있다. 첫 번째 투자에서 쌓은 경험을 바탕으로 개발에 대해 연구와 검토를 충분히 시뮬레이션할 수 있었기 때문이다.

하지만 이 투자자에게도 개발 경험은 없었다. 개발에서 중요한 것은 제한된 부동자산으로 활용의 극대화를 이루어 낼 수 있느냐는 점이다. 부동산 자산가치의 극대화와 최적화에 도달하기 위해서는 건축사무소(건축설계), 인테리어 설계업체, 시공업체 그리고 지역적 특성을 잘 알고 다양한 현장 경험이 있는 PM의 역할이 중요하다. 이번 프로젝트에서는 건축설계를 담당한 건축사무소와 인테리어디자인 설계를 담당한 설계업체와의 협업이 상당히 중요했으며, 결과적으로 매우 성공적이었다.

■ 표제부(집합건축물)

용도지역	제3종일반주거지역	용도지구	대공방어협조구역	구역	
대지면적	2XX㎡	연면적	9XX㎡	명칭 및 번호	
건축면적	1XX㎡	용적률 산정용 연면적	6XX㎡	건축물 수	동
건폐율	49.73%	용적률	249.87%	총 호수	X가구
주 용도	근린생활시설, 다가구주택	주 구조 지붕구조	철근콘크리트구조 평슬라브	부속 건축물	0동 0㎡
허가일자	2015-4-24	착공일자	2015-6-18	사용승인	2017-4-25

■ 층별 현황

구분	층별	구조	용도	면적
지하	지1층	철근콘크리트구조	제2종 근린생활시설	155.09㎡
지하	지2층	철근콘크리트구조	제2종 근린생활시설	167.38㎡
지상	1층	철근콘크리트구조	제2종 근린생활시설	91.86㎡
지상	2층	철근콘크리트구조	제2종 근린생활시설	119.94㎡

지상	3층	철근콘크리트구조	제2종 근린생활시설	100.58㎡
지상	4층	철근콘크리트구조	제2종 근린생활시설	100.58㎡
지상	5층	철근콘크리트구조	다가구주택(2가구)	89.22㎡
지상	6층	철근콘크리트구조	다가구주택(2가구)	83.91㎡
지상	7층	철근콘크리트구조	다가구주택(2가구)	85.32㎡
옥탑	옥탑1층	철근콘크리트구조	계단 탑(연면적 제외)	16.46㎡

이번 개발사례에서 주목할 것은 3종 일반주거지역의 가파른 계단을 활용해 지상 같은 느낌의 지하 공간을 만들어냈다는 점이다.

처음 기획에서 오피스 공간을 70% 이상으로 기획한 것도 결과적으로 성공적이었다. 인근 7층 규모의 건물을 전부 주거용으로 준공한 건물과 비교했을 때, 현재 임대시장을 놓고 미래를 예상한 기획이 적절했다고 판단된다. 우리가 이 꼬마빌딩을 개발할 시점에는 대로변 오피스 빌딩에 공실이 증가하고 있었고, 이에 대한 보완책으로 공유오피스 인기가 꾸준히 높아지고 있었다. '위워크'나 '패스트파이브' 등의 업체에서 대로변 공실 오피스의 일정 부분을 임대해 소규모로 분할해 인테리어를 하고, 재임대하는 전대사업을 통해 임대사업을 벌이고 있었다. 이는 곧 대규모 오피스 빌딩의 수요는 제한적이지만, 반대로 1인 사업자 수가 증가하고 있음을 의미했다. 우리는 이를 다양한 산업군이 확산됨에 따라 반드시 대로변 오피스빌딩을 임대할 필요성이 줄어들고 있다는 의미로 해석했다.

역세권과 접근성이 좋다면 이면도로에서도 얼마든지 업무용 공간을 임대할 수 있다. 또한, 재매각을 고려하면 9개층 규모의 수익형 부동산을 전부 주거용으로 기획하는 데 신중한 검토가 필요하다. 오피스 빌딩으로 접근하면 매각을 위한 투자수익률 검토 시에도 더 유리하다. 오피스빌딩의 경우 주거용 건물에 비해 수익률이 높지 않아도 그 입지의 가치를 높이 평가해 준다. 따라서 강남의 경우 수익률이 2~3% 수준이어도 매각이 성사된다.

지상층 오피스 임대 공간

지하층 오피스 임대공간

이 꼬마빌딩을 100% 오피스 빌딩으로 기획하지 않은 것도 임대사업의 위험을 상쇄하기 위해서였다. 강남에서는 주거용 임대의 공실 회전율이 일반 오피스 임대보다 빠르다. 이번에 개발한 수익형 부동산에서는 업무용과 주거용 모두 인기가 좋았다. 주거용 임대 입주자들이 가장 선호하는 강남의 확 트인 전망과 넓은 테라스 공간을 제공했고, 업무용의 경우에는 임차인이 별도로 인테리어 비용을 쓰지 않아도 되도록 만들었다.

6개층의 오피스 공간은 안정적으로 운영 및 유지 중이고, 3개층의 주거용 공간은 강남에서도 경쟁우위를 확보한 인테리어와 전망 덕분에 호실별 임대료가 월 250만~300만원으로 높은 데도 불구하고 공실 없이 회전되고 있다. 앞에서도 언급한 부분이지만, 장점을 부각할 수 있는 부분이 있다면 여기에 공격적으로 투자해 경쟁우위를 확보하자.

확 트인 강남 테헤란로의 파노라마 전망

나만의 프라이빗한 외부 테라스 공간

수익형 부동산의 경우 공급에 대한 시간적·공간적 제약이 높아서 시장이 원한다고 해서 언제든지, 얼마든지 공급이 이루어지기는 힘들다. 따라서 반 발짝만 앞서간다면 수익형 부동산 임대공간의 경쟁우위를 장기간 확보할 수 있다.

통계적 데이터는 의사결정을 할 때 매우 유용한 방법이다. 입지가 매우 안정적인 지역에서는 수많은 주거용 임대건물에서 20세대(호) 미만의 임대수요를 찾기가 그리 어렵지 않다. 주거용 임대공간인 원룸 또는 투룸은 임대료가 월 250만~300만원으로 고가에 속하지만 공급세대수가 많은 편이 아니다. 따라서 강남 전 지역을 놓고 봐도 그 정도면 상위군에 속한다고 볼 수 있다. 상위군을 사용하는 임대수요는 제한적이지만, 강남은 타 지역에 비해 임대수요가 풍부한 곳이라고 할 수 있다. 현재 모두 성공적으로 임대가 완료되었고, 공실 없이 안정적으로 임대관리를 운영 중이다.

🔍 9개층 규모의 꼬마빌딩으로 신축개발의 첫걸음을 뗀 사례 정리

- 소규모 수익형 부동산 개발일수록 PM(프로젝트 매니저)의 역할은 매우 중요하다.

- 꼬마빌딩 개발에서 설계는 굉장히 중요한 역할을 한다. 기획단계에서 설계 시 꼬마빌딩 건물의 건축을 위한 최유효 활용방안을 찾기 위해 끊임없이 연구하고 솔루션을 개발해야 한다.

- 개발 경험이 전무한 건축주라도 내 부동산의 가치를 높일 수 있는 방법을 찾아낼 수 있다. 무작정 남에게 맡기기보다 개발과정에 요소요소 직접 참여하는 것도 매우 중요하다.

- 부동산의 개별성과 지역성이 강하게 작용하는 꼬마빌딩의 개발을 위한 입지를 선택할 때, 투자자는 정보의 비대칭성을 최소화할 수 있는 지역을 선택해야 한다.

- 임대수요가 풍부한 지역에서 주거공간의 고급화는 성공적인 임대수입을 창출하는 지름길이다.

- 부동산의 공급은 시간의 제약을 받는다. 토지에는 공급의 부증성이 존재하고, 건물에는 각 부동산의 입지에 따라 서로 다른 개성이 존재한다. 따라서 누구나 똑같은 물건을 공급할 수는 없다. 나만의 차별화된 수익형 부동산 개발에 따른 고급화 전략은 장기간 경쟁우위에서 임대수입을 유지할 수 있게 해준다.

- 개발 진행 과정에서 건축주의 지나친 욕심은 자칫 준공 후 아쉬움으로 이어진다. 공사 기간의 고단함과 집중력은 보다 안정적인 임대수입을 얻기 위한 꼬마빌딩의 가치증식을 위해 꼭 필요한 작업이다. 하지만 이러한 작업들의 목적은 언제까지나 임대사업에 있다는 사실을 명심하고 그에 걸맞게 투자가 이루어져야 한다. 과도한 투자로 이어질 경우 후회가 뒤따를 수 있다는 것을 명심해야 한다.

· 논현동 ·
상식을 뒤집은
낡은 주택의 반란

2008년 강남구청역 인근에 평당 2,000만원대의 매도물건이 접수되었다. 청담동과 압구정동의 접근성이 우수한 지역으로 인근 거래사례 대비 매매가격이 낮았다. 우리는 현장을 확인하기 위해 즉시 물건지로 향했다. 인근 거래사례보다 평당 매매가격이 300만~500만원이나 낮은 원인이 무엇인지 파악하기 위해서였다.

현장을 방문해 보니, 주택과 접한 도로폭이 3m 미만으로 좁은 골목길이었다. 게다가 대문 앞은 비탈길을 이유로 차량이 진입하지 못하도록 말뚝도 멋지게 박혀 있었다. 대지 약 35평으로 노후한 두 집이 사이좋게 딱 붙어 있었는데, 그전의 히스토리를 들어보니 형제가 한 필지를 둘로 나누어서 집을 짓고 월세를 받으며 살았다고 한다. 시간이 흘러 주인이 바뀌고, 집은 노후해 매도해야 하는 상황이었다.

두 집의 주인들은 근 2년 동안 매도가 되지 않아 힘든 시간을 견디고 있었다. 우리는 설계 검토를 선행했다. 두 건물을 일괄 매입하는 금액이면 번듯한 다른 부동산을 매입할 수 있다 보니, 두 부동산이 나란히 매도물건으로 나와 있어도 쉽게 매도가 성사되지 않았다. 결국에는 각각 개발할 방법을 찾아야 했다.

가장 먼저 두 필지를 일괄 매입하지 않더라도 신축이 가능한지부터 확인해야 했다. 이를 위해 첫 번째로 알아야 하는 것이 신축이 가능한지 여부였다. 놀랍게도 설계를 의뢰한 결과 용도지역별 용적률 이상으로 면적 확보가 가능했다. 북도로의 경사면을 활용하면 지하 임대 공간 확보가 가능했고, 개발시점에 완화된 도시형 생활주택 주차장 설치 기준을 이용할 수 있었기 때문이다. 2종 일반주거지역에서 지하 1층부터 지상 6층까지 총 7층 규모로 개발할 수 있는 물건이었다. 그런데도 이 땅의 가치를 설명하고 적합한 매수자를 찾는 데만 1년이라는 시간을 보내야 했다.

이때만 해도 민간주택 임대사업자가 신축개발을 하는 행위가 드물었다. 강남에서는 상대적으로 소자본으로 수익형 부동산을 개발할 수 있는 기회가 있는데도, 땅이 워낙 협소하다 보니 개발업자들에게 외면받는 경우가 흔했다. 말뚝이 박힌 현장에서 미래가치를 보기란 쉽지 않다. 신축에 대해서 잘 아는 사람들은 오히려 잘 알기 때문에 이 토지를 선뜻 선택하지 못하는 모습도 보였다. 세 곳 이상의 시공업체와 회의한 끝에 어렵지만 건축할 수 있다는 다짐도 받았다.

결국 이 땅의 가치를 이해하고 최종적으로 개발하겠다고 의사결정을 내린 것은 대한민국 최고의 명문대학교 건축학과에 다니는 자녀를 둔 투자자였다. 투자자는 꼬마빌딩 개발 검토시점에 은퇴를 앞두고 있었다. 강남이라는 안정적인 입지를 선택했지만, 적은 투자현금으로 선택할 수 있는 부동산은 제한적이었다. 기획설계와 수익률 분석 결과, 투자자에게는 다른 선택의 여지가 없었다. 실행과 포기 중 하나를 선택해야 했다. 투자자는 땅의 문제점을 해결하고 개발하기로 선택했다. 은퇴자금의 대부분을 이 땅에 투자했는데, 개발시점에 제1금융권 은행 대출금리는 무려 4%대 중반이었다.

투자결정의 계기가 된 것은 투자자의 자녀였다. 투자자는 건축학과에 다니는 자녀에게 수익형 부동산의 기획부터 준공까지 모든 의사결정을 전적으로 위임했다. 게다가 우리가 만들어낸 수익형 부동산의 기획을 발전시키기까지 했다. 투자자 자녀의 공격적인 건축기획과 유연한 사고방식 덕분에 우리가 첫 기획시점에 시뮬레이션한 것보다 훨씬 높은 수익률로 개발을 진행할 수 있었다.

우리가 예상한 임대수요층은 압구정동과 청담동, 신사동으로 출퇴근하는 30대 미만의 젊은이들이었다. 이들은 최소한의 콤팩트한 주거공간이면 되는, 엘리베이터가 없어도 문제가 되지 않는 젊은 수요층이다. 그리고 신사동, 압구정동, 청담동은 상대적으로 원룸공급이 희소하고 강남구에서 상대적으로 임대료가 높은 지역이다. 강남구청역과 가까운 입지의 특성상 30대 미만을 대상으로 근린생활시설 포함 총 14세대(호)의 개발을 진행하는 것은 그리 어렵지 않았다. 이들을 대상으로 프라이빗하면서도 편안한 주거공간을 개발하면 되었다.

작은 땅의 효용 극대화를 위해 "어떻게 개발할 것인가?"를 집중적으로 연구해서 가치를 극대화하는 것이 해당 사업부지 개발의 숙제였다. 개발이 어려워 소외된 데다 개발행위에 따른 최소한의 면적확보도 안 되는 땅이었다. 도로로 일부를 내어주고 나니 건물 폭이 5m밖에 되지 않았다. 도로로 내어준 만큼 최대 건축선 높이 그대로 기획설계에서 검토한 면적을 모두 확보하기 위해 연구했다. 대안으로 투자자의 자녀는 공간의 부피를 입체적으로 만드는 스킵플로어 방식을 대입했다. 공간의 부피를 입체적으로 만들어내는 ㄴ자 모양에 ㄱ자로 합체하는 테트리스 방식을 접목해 공간을 최유효로 활용하는 방식이다. 건물 외관을 네 가지 모양으로 나누어 임대수요자들의 호기심을 자극했으며, 주택 공간 유닛도 네 가지 타입으로 나누어 재미있게 구성했다.

스킵플로어를 볼 수 있는 단면

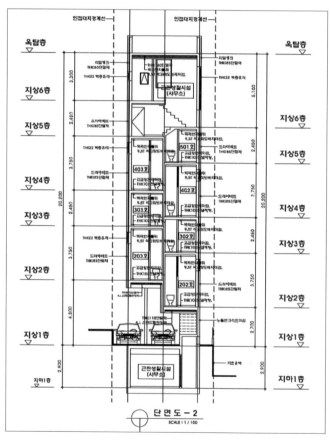

자료: 정안도시건축사사무소, 경계없는작업실

착공시점인 2012년에는 엘리베이터가 없어도 6층 근린생활시설 신축이 가능했다. 우리는 임대수요가 풍부한 강남지역에 맞춰 디자인, 광고기획, 인테리어 등 오피스로 공간을 기획했다. 2개 호실의 오피스 임대를 맞추기에 어렵지 않은 입지였다. 엘리베이터가 없는 6층 오피스 임대를 위해 단독 루프 탑을 이용할 수 있도록 설계했다. 또한, 밤샘 작업에도 편안하게 작업할 수 있도록 쉼과 업무의 복합 공간으로 기획했다. 지하 오피스 임대 공간은 지하라는 느낌이 들지 않도록 채광을 최대한 확보했고, 모던하면서도 깔끔한 디자인으로 건축했다.

2012년 준공 완료 시 건물 외관

ㄱ, ㄴ 모양 스킵플로어

재미있는 주거공간

6층 쉼과 업무의 복합공간 개발

6층 사무실 옥상에서 바라본 전망

주거공간(유닛 1)

콤팩트한 원룸(유닛 2)

투자자는 은퇴자금과 4% 중반대의 제1금융권 대출금리를 감수하면서 난생처음 꼬마빌딩 개발을 실행하느라 매우 불안했을 것이다. 대부분의 투자자들이 우리를 손가락질하면서 말도 안 되는 토지를 신축할 수 있다고 소개한다며 뒷말을 하고 다녔다. 그럴수록 우리는 더욱 이 사업부지 개발에 집중했다. 시공업체 측에 준공완료까지 책임지겠다는 다짐을 단단히 받고, 1년이라는 시간을 오롯이 투자했다.

결과적으로 우리는 2011년 슬럼화되고 노후한 건물과 토지 두 필지를 나란히 매매해 개발하는 과정까지 참여할 수 있었다. 개발 후 9년이 지난 지금 투자자의 자녀는 건축사이자 최고경영자로서 성장했고, 우리는 지금도 이 꼬마빌딩의 자산관리를 운영 중이다.

개발 후 실제 투입된 비용과 임대수입을 살펴본 결과, 감사하게도 우리가 예상했던 임대수익률보다 높은 연 13%대의 임대수익률을 지금까지 유지하고 있다. 물론 9년이라는 보유기간 동안 지가도 상승했다. 현재 이 골목은 신축개발이 70% 완료되어 9년 전과는 전혀 다르게 깨끗하고 정돈된 건물들로 구성되어 있다.

■ 표제부(집합건축물)

용도지역	제2종 일반주거지역 외 1	용도지구		구역	
대지면적	1XX㎡	연면적	2XX㎡	명칭 및 번호	
건축면적	6X㎡	용적률 산정용 연면적	2XX㎡	건축물 수	
건폐율	58.31%	용적률	199.88%	총 호수	11세대
주 용도	공동주택	주 구조 지붕구조	철근콘크리트구조 평슬라브	부속 건축물	0동 0㎡
허가일자	2011-12-20	착공일자	2012-01-11	사용승인	2012-08-27

■ 층별 현황

구분	층별	구조	용도	면적
지하	지1층	철근콘크리트구조	제2종 근린생활시설(사무소)	52.84㎡
지상	1층	철근콘크리트구조	주차장, 계단실	4.8㎡
지상	2층	철근콘크리트구조	도시형생활주택(원룸형) 3세대	46.45㎡
지상	3층	철근콘크리트구조	도시형생활주택(원룸형) 3세대	52㎡
지상	4층	철근콘크리트구조	도시형생활주택(원룸형) 3세대	49.25㎡
지상	5층	철근콘크리트구조	도시형생활주택(원룸형) 2세대	39.5㎡
지상	6층	철근콘크리트구조	제2종 근린생활시설(사무소)	34.5㎡

논현동 주상복합개발 실행 결과					
주소	서울 강남구 논현동			단위: 천원 작성: 2012년	
용도지역	2종 일반거주지역	부동산 매입	매입가		830,000
대지면적	약 35평		소유권이전		31,540
건축면적	약 20평		중개수수료		7,470
연면적(지상)	약 69평	건축 비용	설계감리비		20,000
건폐율	56.38%		건축공사비		530,000
용적률	199.88%		기타지출		72,000
규모(층수)	지하 1층/지상 6층		건축비 합계		622,000
구조/승강기	철근콘크리트/없음	임대	중개수수료		11,750
주차	자주식 4대	연간 예상 손익	총투자금액		1,502,760
건물 운용 비용 (연간)	관리비용		15,600		대출금	44%	660,000
	공실율	3%	3,492		실투자금액		**517,760**
	이자비용	4.50%	29,700		연간총수입		116,400
	합계		48,792		연간순이익		67,608
					세전수익률		**13.06%**

층별 내용 (예상)						
층구분		용도	면적 (㎡)	보증금	임대료	관리비
지층	B01호	사무실	52.84			
1층		주차장				
2층	201호	주거용	17.97			
	202호	주거용	15.86			
	203호	주거용	15.86			
3층	301호	주거용	19.83			
	302호	주거용	15.86			
	303호	주거용	15.86			
4층	401호	주거용	16.20			
	402호	주거용	15.86			
	403호	주거용	15.86			
5층	501호	주거용	15.86			
	502호	주거용	15.86			
6층	601호	사무실	45.62			
합계			279.34	325,000	8,500	1,200

참고 사항	◆ 보증금 이자소득 무시함. ◆ 재산세 및 사업소득세 등의 지방세/국세 고려되지 않음. ◆ 근린생활시설은 부가세 10% 별도임. ◆ 대출금리 4.5% 적용 ◆ 위의 규모는 실제 허가 및 사용승인 결과에 따라 작성됨. ◆ 위의 매출과 비용은 사용승인 후 임대완료 시점 기준이며 변동될 수 있음.

📍 **꼬마빌딩 개발을 위한 최소한의 요구조건 상식을 깬 대지 약 35평(117.2㎡), 총 7개층 건물의 개발사례 정리**

- 부동산 개발에 따른 가치를 평가하기 위해서는 현장검토와 기획설계가 선행되어야 한다.

- 현장검토에서 개발이 불가능해 보여도 지리적 입지가 누구나 선호하는 지역이라면, 다양한 각도에서 해결방법을 찾아내자.

- 임대수요가 풍부한 입지에서 꼬마빌딩의 개발가치를 극대화하는 투자포인트는 남들이 외면하는 슬럼화된 부동산 개발을 검토하는 것이다.

- 북쪽 도로 경사면의 토지는 개발 시 활용가치가 높다.

- 규모가 작고 어려운 조건의 꼬마빌딩 개발에서 건축사무소와 시공업체를 선택할 때는 대규모 오피스빌딩을 설계하고 시공한 전문가보다는 맹지에 신축하거나, 비탈길에 하얀 집을 짓거나, 막힌 도로에 예쁜 집을 지은 현장경험 풍부한 전문가를 선택하자. 이들이야말로 독창적인 가치를 발휘한다.

- 임대수입을 얻기 위한 꼬마빌딩 개발의 핵심은 제한된 토지면적에서 임대공간을 최대한 창출하는 것이다.

- 꼬마빌딩은 내가 사는 곳이 아니라, 내가 살아가기 위해 필요한 자본을 창출하기 위한 곳이라는 점을 염두에 둔 채 기획하고 개발해야 한다.

- 꼬마빌딩 개발의 최소 요건을 충족하지 못할 만큼 작은 토지에 30대 미만 임대수요층이 풍부한 입지라면, 엘리베이터는 과감히 포기해도 된다.

- 개발자금이 부족한 상황에서는 투자자의 합리적인 선택과 포기가 중요하다.

- 임대수입을 얻기 위한 꼬마빌딩 개발 투자는 간단하다. 실행과 포기 중 하나를 선택하면 된다.

6부

마음이 편해지는
건물주 팁

그 집은
당신의 집이 아니다

요즘은 어느 지역이든 한 블록만 걸어 다녀도 건축주의 정성과 애착이 듬뿍 담긴 꼬마빌딩을 쉽게 찾아볼 수 있다. 최근에는 건물 외장에 주로 징크, 세라믹사이딩, 뉘른, 외장타일 등을 쓴다. 선택이 매우 제한적인데도 불구하고 엄청난 고민과 연구가 돋보이는 건물들이 증가했다. 우리는 강남 지역에서 일하면서 임대사업을 위한 꼬마빌딩 개발에 참여하는 투자자들이 점점 더 세련되어지는 것을 현장에서 체감하곤 한다.

2010년에는 꼬마빌딩 유형을 크게 두 가지로 나눌 수 있었다. 첫 번째 유형은 건축주의 성향을 건물에 그대로 반영한 건축물이다. 이 경우에는 건축주의 성향이 건축된 모습에 그대로 나타난다. 고가의 자재를 사용했음에도 전체적인 통일감이나 세련된 감각이 떨어지는 등 일반인들은 잘 모르겠지만 우리가 볼 때 안타까워 보이는 건물을 종종 찾아볼 수 있다. 이 경우 분명 비싼 자재인데 마감이나 정리가 안 되고 전문가의 디테일이 현저하게 떨어지는 건물로 완공된다.

다음 페이지의 사진에서 왼쪽은 임대사업을 위한 꼬마빌딩 개발 시 건축주의 의견을 그대로 반영해 완공한 건물이다. 2009년 개인 투자자가 소규모 시공업체를 선택해서 도

(왼쪽) 2010년 준공한 논현동 소재(외장: 고흥석)
(오른쪽) 2019년 준공한 신사동 소재(외장: 화강석)
(건축사: 김진휴 건축사사무소 김남)

급공사(일에 대한 기간과 비용을 약정하고 시공업체에 모든 일을 위임하는 것) 형태로 건축했다. 오른쪽은 2019년 건축주의 의견보다는 건축사가 주도해 완공한 꼬마빌딩이다. 꼬마빌딩을 개발할 경우 사용할 수 있는 외장재는 제한적이다. 크게 보면 건물 외장으로 사용하는 자재는 석재, 유리, 벽돌이고 요즘엔 노출콘크리트도 많이 사용한다. 건축비용을 생각하다 보면 사실상 선택의 폭이 그리 넓지 못한 것이 현실이다.

두 건물 모두 외장재를 석재로 사용했고 단가도 오른쪽 화강석이 왼쪽의 고흥석보다 재료단가는 낮지만 오히려 고급스러워 보이는 것은 오른쪽이다. 사실 외장 석재 중 저렴하게 널리 사용되는 외장재 중 하나가 화강석이다. 그런데도 건축된 건물의 느낌은 전혀 다르다. 같은 석재를 사용해도 확실한 차이가 난다. 소규모 개발에서도 전문가의 의견 반영이 건물의 가치 차이에 얼마나 큰 영향을 미치는지를 확연하게 보여준다.

이때 건축주가 의견을 내는 방식은 개발행위의 목적에 따라 참여 또는 경청으로 나눌 수 있다. 물론 자신이 거주할 집이나 직접 운영할 사옥을 짓는 경우에는 건축주 의견이 중요하다. 하지만 수익형 부동산은 임대형태, 임차인 연령층을 고려해서 개발해야 한다. 또한, 인근지역에서의 경쟁우위를 위해 같은 비용을 투입해 건물 가치를 최대로 창출해야 한다. 수익형 부동산 개발 시에 건축주는 전문가들의 의견을 경청하는 쪽을 선택하는 것이 바람직하다. 건축사와 시공업체 그리고 개발을 대리하는 프로젝트 매니지먼트(PM: Project Management) 업체가 있다면 그 개발의 성공확률은 매우 높아진다.

내 집이 아닌 모두의 집으로 만들어라

내부 임대 공간의 인테리어에 건축주가 과도하게 개입해 망쳐버린 예를 살펴보자. 오래전 준공된 주거용 원룸 꼬마빌딩 개발 시의 일이다. 건축주의 애착과 노력으로 드디어 원룸 건물이 준공되었다. 모든 가구와 몰딩 조명, 욕실이나 붙박이장이 올 화이트톤으로 콤팩트한 원룸이었다. 미니원룸의 수요자는 30대 미만의 젊은 임차인이었다.

그런데 내부 인테리어를 마무리하는 과정에서 깔끔한 화이트 마감과 간접조명으로 모던한 느낌의 미니 원룸에 갈색의 포인트 벽지를 시공하고, 파란색과 주황색의 꽃무늬 커버를 씌웠다. 지극히 개인적인 건축주 성향을 원룸에 반영한 것이다. 신축건물의 모던함과 깔끔함이 한순간에 사라져 버렸다. 너무나 아쉬웠지만, 차마 사실대로 말하기가 어려웠다. 건축주가 취향대로 꾸며놓은 원룸을 보고 너무나도 만족스러워했기 때문이다. 비싼 명품 커버에 실크벽지도 공들여 선택했다며 매우 만족해했다.

이때 우리는 건축사의 어려움을 간접적으로나마 알게 되었다. 아무리 뛰어나고 훌륭한 건축사를 선택하더라도 건축주의 과도한 개입은 수익형 부동산 개발에 마이너스로 작용할 수 있다. 그렇다고 해서 건축사가 건축주의 성향과 의견을 무시할 수도 없으니 참으로 안타까운 일이다.

건축주의 애착과 참여하고 싶은 마음은 충분히 이해한다. 하지만 우리가 기대하는 임대료를 받기 위해 임대시장에서 다른 꼬마빌딩들과 경쟁해야 한다. 내 건물이 가장 먼저 임대될 수 있도록 수요자 눈높이에 맞추어야 한다. 물론 건축주가 감각이 좋고 센스가 있다면 전혀 상관없는 문제다. 오히려 긍정적으로 작용하는 경우도 있다. 다만, 애착이 너무 과도해지면 주변 전문가 의견을 놓치는 경우가 발생한다. 우리가 개발하는 것은 임대수입을 얻기 위한 꼬마빌딩이다. 임대료를 받기 위해서는 수요자의 니즈를 파악해야 하며, 건축주가 원하는 스타일을 고집하는 것이 아니라 임대료를 지불하는 입주자의 요구를 반영해야 한다.

시공업체의 역할은 추후 관리의 편리함까지 고려해 튼튼하고 하자 없이 시공하는 것이다. 그리고 건축사의 역할은 제한된 토지 면적에서 건축 목적에 맞는 임대공간의 효용가치 극대화와 최유효 활용방안을 모색하는 것이다. 만약 개발부터 임대관리 대행까지 전문인력인 PM과 함께 일한다면, 건축주는 PM의 의견을 경청하는 것이 좋다. PM은 다양한 개발사례의 경험을 통해 실행한 결과를 바탕으로 각 유형에 맞는 수익형 부동산의 개발과 임대공간의 최적화된 디자인을 추천할 수 있는 노하우를 지니고 있다. 시공업체, 건축사, PM의 의견이 다를 경우, 건축주가 PM의 의견을 경청해야 보다 합리적인 의사결정을 도출해낼 수 있다. PM은 시공도, 설계도 아닌 제3자의 입장에서 객관적으로 판단하기 때문이다. 시공과 설계가 제대로 이루어져야 현금흐름 창출이 목적인 꼬마빌딩의 임대관리를 보다 수월하게 진행할 수 있다는 기본을 꼭 명심하자.

내 꼬마빌딩
차별화하는 방법

아파트가 밀집된 지역 이면의 주택 블록의 경우에는 이미 아파트가 대규모로 공급되어 있기 때문에, 주택으로 개발을 실행할 경우에는 1인 거주가구를 위한 임대사업으로 접근해 원룸으로 구성하면 된다. 제한된 토지에서 주차나 다른 건축 법규로 인해 문제가 된다면 아파트에 접근하지 못하는 임차 가구를 위해 투룸이나 쓰리룸을 혼합하는 것도 가능하다.

어느 사업이든지 시장은 수요와 공급의 법칙에 의해서 움직인다. 꼬마빌딩의 개발과 임대관리가 위험부담이 적은 이유는 소규모이기 때문이다. 그렇기 때문에 내 꼬마빌딩의 용도에 맞는 입주자 모집 또한 소규모로 이루어진다. 대규모 분양이나 임대가 아니므로 임대사업가로서 역량과 자질만 갖추면 안정적으로 사업을 운영 및 유지할 수 있다.

개인 투자자가 직접 신축을 개발하는 이유도 건물주가 되기 위해 자신의 조건에 딱 맞는 꼬마빌딩을 찾기가 쉽지 않기 때문이다. 가끔 보면 욕심이 너무 과해 사업성을 놓치고, 건물의 개발에만 집중해 수익률을 떨어뜨리는 투자자가 종종 있다. 매입시점에 노후되어 내외부 컨디션이 투자자에게 맞지 않는 건물일수록 관심 있게 분석할 필요가 있다.

나만의 프라이빗한
원룸의 고급화.
(강남구 역삼동)

공유와 독립이 공존하는
소호 오피스 임대공간

소규모 수익형 부동산인
공유오피스.
(종로구 숭인동)

1인 거주가구를
위한 미니원룸.
(강남구 논현동)

앞의 세 곳 모두 개인 투자자가 건물의 신축과 임대수익을 위해 우리와 함께 토지 매입부터 직접 개발을 실행한 꼬마빌딩이다. 예전과 다른 점은 비용을 지불하더라도 전문인력을 고용해 건물을 특색 있고, 경쟁력을 갖춘 부동산으로 개발하려는 개인 투자자들의 욕구가 강해지고 있다는 것이다. 직접 꼬마빌딩의 개발부터 임대관리까지 진행하려는 개인 투자자라면 전문 인력과 함께 작업할 것을 추천한다. 짓다 만 느낌의 안타까운 신축 꼬마빌딩이 주변에 너무 많다.

효용가치로 꼬마빌딩의 차별화를 추구

디자인과 인테리어는 얼마든지 수정 및 보완이 가능하다. 꼬마빌딩의 개발에서는 효용가치 높은 임대공간을 설계하는 것이 무엇보다 중요하다. 이를 위해 요즘에는 일반 개인 투자자들의 확인하기 어려운 건축설계 검토 분야에서 AI기술을 이용한 건축설계 프로그램도 개발되고 있다. 임대수입의 지속화를 위해 꼬마빌딩 개발 시 건물의 차별화, 임대공간의 개성, 임대수요층 다양화를 추구해야 한다. 특히, 임대사업을 하려는 건축주는 미래를 볼 수 있는 통찰력과 더불어 임대사업에 대해 명확한 목표와 기준을 잡고 실행에 돌입해야 한다.

건물의 차별화는 인근 지역에서 경쟁우위에 설 수 있을 정도면 된다. 옆집, 뒷집과 같은 식으로 짓지 말자는 말이다. 슬럼화된 지역일수록 개발가치가 빛을 발휘한다. 건물의 가치는 투자자에게 달려 있다. 비싼 자재를 사용해도 적절한 비율과 조합이 이루어지지 않으면 결과적으로 조잡한 건물이 만들어진다. 정해진 건축비용에서 최대의 효과를 이루기 위해서는 전문가 고용비용을 투자하는 것이 이롭다. 수많은 경험과 데이터를 적은 비용으로 활용할 수 있기 때문이다. 동일한 비용이 투입되는 외장재를 선택하더라도 시공의 차이, 설계의 차이는 결과물에서 확연하게 나타난다.

전문가의 손길을 거친 건물은 확실히 차이가 난다. 무조건 신축이라고 해서 임대사업이 잘 유지될 거라는 생각을 버려야 한다. 설계와 시공 그리고 인테리어비용을 지불하더라도 전문가들과 함께 자문을 구하고 반영할 것을 추천한다.

임대공간의 개성이란 특별한 것이 아니다. 최근에 초역세권 150세대 규모 원룸 도시형 오피스텔의 임대관리 제안이 들어와 방문한 적이 있다. 안타까운 결과물이었다. 이미 신축이 끝난 데다 사용승인 완료 직전이었는데, 규모도 150세대라 수정 및 보완이 불가능했다. 그런데 요즘은 신축이라고 해서 임대가 바로 이루어지는 시대가 아니다. 원룸 도시형 생활주택의 임차수요자를 고려했을 때, 어떤 점을 이들에게 어필할 수 있는지에 대한 연구가 부족한 결과물이었다.

이 오피스텔은 초역세권이라는 장점을 제외하면, 100세대 이상임을 감안할 때 임대공간의 개성을 살리기 위한 연구가 부족해 보였다. 젊은 수요자층이 가장 많이 문의하는 것 중 하나가 택배 보관이다. 관리인이 상주해도 개인의 프라이버시를 중요하게 생각하는 이들을 대상으로 개인 택배함만 설치해도 임대공간에 차별성과 개성을 부여할 수 있다. 작더라도 개인 테라스를 제공할 수도 있고, 일반 도배보다는 젊은 층이 선호하는 페인트로 시공할 수도 있다. 작은 원룸의 협소한 수납공간의 문제점을 적극 개선해 완벽한 드레스룸 공간을 만들어 줄 수도 있다. 간접조명과 조명을 활용해 아늑한 임대공간을 조성할 수도 있다. 애완동물을 위한 입주자 전용 애견놀이터와 애완동물과 함께 거주할 수 있도록 임대공간을 설계하는 것도 방법이다. 입주자들을 위한 코인빨래방과 스터디 카페를 지하에 입점시킬 수도 있다. 이외에 청소와 빨래를 대행해 주는 서비스를 임대료에 반영하는 등등 임대공간의 개성은 특별한 것이 아니다. 임대사업자가 선택한 건물의 임차수요자의 니즈를 연구하면 얼마든지 개성 있는 임대공간을 제공할 수 있다.

소형 업무공간의 경우에는 입주자들을 위한 옥상 야외 테라스 쉼터를 제공한다. 임대공간에 개인 미디어 영상을 만들기 위한 오디오부스를 제공하고, 24시간 편하게 업무를 할 수 있도록 내부 호실에 샤워공간을 만들어 준다. 공용으로 사용할 수 있는 주방과 탕비실도 제공한다. 물론 건축비용은 올라가지만, 임대사업을 장기적으로 유지하기 위해서는 어느 정도 투자가 필요하다. 이러한 부분이 재매각시점에도 어필할 수 있는 매각 포인트가 될 수 있다. 꼬마빌딩에서 제공하고 실행할 수 있는 개성적인 아이템과 임대공간 관련 콘텐츠는 그야말로 무궁무진하다.

준공 후 1년은
기록의 시간이다

신축건물의 하자 체크를 하는 이유는 무엇일까? 궁극적으로는 임차인들이 편하게 임대 공간을 사용할 수 있도록 하기 위해서다. 부동산을 맨 처음 개발할 때는 임대사업을 위해 준공된 건물에서 어떤 것이 하자인지 알 수 없다. 신축이니 눈에 보이는 것은 깔끔한 건물이기 때문이다. 따라서 내부 호실을 직접 사용해 봐야 하는데, 가장 쉬운 방법이 청소다. 쓸고, 닦고, 물도 내려보고, 온수도 사용해 보고, 에어컨도 계속 틀어놓는다. 같은 일을 하는 동료들이나 제3자가 보면 미련해 보일 수도 있지만, 지난 10년 동안 건물의 준공 이후 하자 체크 시 이만큼 확실한 방법은 아직 찾지 못했다.

물론 임대사업자(건물주)는 청소 업체에 맡기고 현장에서 호실마다 특이사항들을 체크한 내용을 전달만 받아도 된다. 그런데 여기서 간과하면 안 되는 것이 청소 업체 업무의 본질은 청소라는 것이다. 이들은 하수구가 막혔거나 물이 안 나오거나 등 청소에 필요한 기본적인 사항들만 체크할 수 있을 뿐이다. 게다가 청소하면서 이상 유무 호실 전체의 하자를 명확히 알려주기란 쉽지 않다. 이들이 바닥 타일의 매지 보완이나 휴지걸이 미설치, 전기스위치 불량 등의 소소한 하자까지 찾아주지는 않는다.

준공 청소까지는 일반적으로 시공업체 견적서에 포함되어 있다. 간단한 청소세제와 막대걸레, 고무장갑, 양동이, 수세미를 갖고 가서 쓱쓱 닦고, 뿌리고, 틀고, 사용하면서 직접 확인하자. 추후 직접 임대관리를 하게 될 경우 필요한 전체 호실의 구조와 특이사항이 단 한 번의 청소로 머릿속에 기억된다. 뿐만 아니라 하자문제를 보다 명확하게 작성해 시공업체 측에 전달할 수 있다. 이런 과정을 마치면 임대를 시작한 이후 보다 수월하게 수익형 부동산 임대사업을 관리할 수 있다.

하자 체크리스트를 건축주(투자자)가 직접 작성할 경우, 내 건물의 사용설명서의 기록을 처음부터 저장할 수 있다. 처음에는 문제가 없어도 임대가 완료되고 임차인이 거주하는 도중 문제가 발생할 수 있는데, 이때 준공 후 만든 하자 체크리스트 문서를 유용하게 활용할 수 있다. 내외부 건물 하자 체크리스트를 참고하면 문제점을 찾아내기 쉽다. 문제가 발생했을 때 시공업체만 의지하고 기다린다면, 문제가 해결되기 전까지 임차인의 민원을 감당해야 하는데 그것도 스트레스다. 이때는 빠른 해결이 중요하다. 기억이 날 듯 말 듯한 것들도 기록들을 찾아보면 확인할 수 있어 문제의 원인을 효과적으로 파악할 수 있다.

그렇게 문제를 해결한 뒤에는 문제발생 호실, 문제점, 결과 등을 날짜별, 호실별로 기록해 둔다. 예를 들어 준공 완료 후 엘리베이터, 보일러, 에어컨 등에 대해서는 무상 AS 기간이 제공된다. 특히, 보일러나 엘리베이터의 메인보드는 수리비용이 많이 드는데, 대량 구매로 설치하는 경우 메인보드가 가끔 불량일 때가 있다. 이때 각 업체에 AS를 요청한 사실을 기록으로 남겨야 한다. 이렇듯 소소한 무상비품 수리 기록을 작성해 두면 제품의 하자에 대한 수리 요청 시 책임 소재가 명확해진다.

엘리베이터 메인보드는 사용자 과실이 아닐 경우 통상적으로 2~3년 이내는 무상으로 수리해 준다. 무상 수리 기간 동안 엘리베이터에서 원인 모를 고장이 빈번하게 접수된 건물이 있었다. 매번 입주자들의 불평불만을 감수하고 교체했으나, 본질적인 문제가 해결되지 않아 결국 4년 정도 사용한 시점에서 메인보드 교체 수선 견적을 냈더니 100만원 이상 청구되는 것으로 나왔다. 관리인 입장에서는 기가 막혔다.

게다가 수리업체에서 망가진 메인보드를 회수해 가야 한다고 하기에 소소한 언쟁이 발생한 적이 있다. 설치된 엘리베이터 비용이 5,000만원인 데다 고장난 것은 그 엘리베이터 내부에 부속된 부품이다. 그걸 왜 수리업체에서 가지고 가야 하는지 이해가 되지 않았다. 아니, 겨우 5년 사용한 엘리베이터 수리비용을 100만원 이상 지불해야 하는 것에도 화가 났다. 일반적으로 소규모 수익형 부동산의 엘리베이터 설치비용은 4,000만~6,000만원 가량이다. 겨우 5개층 정도를 오르내릴 뿐인데 인지도 있는 회사의 엘리베이터 메인보드가 이렇게 금방 망가진다니 말이 되지 않았다. 결국 수리업체에서는 메인보드를 두고 갔고, 이것은 아직도 우리 사무실에 박스째로 있다. 우리는 이렇게 망가진 비품들을 회수해 각 건물에 보관해 둔다. 시간이 흘러 노후된 비품을 구매할 수 없을 때, 보관해 둔 것으로 대체해 활용할 수 있는 경우가 종종 발생하기 때문이다.

무상 AS 기간에 무엇을 수리했는지, 어떤 증상이 있었는지 건물기록일지에 날짜와

엘리베이터 메인 보드

엘리베이터 메인 보드 교체

함께 작성해 보관해 두면, 무상 AS 기간이 끝나더라도 조금이나마 수리비용 절감을 주장할 수 있다.

매월 발행되는 엘리베이터 안전점검일지도 꼼꼼하게 확인해야 한다. 사실 엘리베이터가 고장 났을 때 사용자 과실이 아니더라도 무상으로 AS를 받기란 보통 어려운 일이 아니다. 고장 원인은 설치 과정의 문제일 수도 있고, 시공업체의 잘못일 수도 있다. 보통 사용 초기에 고장수리 AS를 요청하면 설치업체에서 현장을 방문해 시공업체 문제로 넘겨버리는 경우가 자주 발생하곤 한다. 그래서 건축주는 초기부터 엘리베이터에 조금이라도 문제가 있다면 세세하게 기록해 두어야 한다. 특히, 준공한 지 얼마 안 돼서 빈번한 고장이 접수되어 수리한 기록이 있다면, 그 내용을 근거로 무상수리 요구 또는 수리비 절감을 주장해야 한다. 메인보드 불량은 종종 발생하는 고장이자, 수리비용이 가장 높은 종목 중 하나다. 계약시점에 무상 수리기간을 협의할 때 최대한 길게 할 수 있도록 시도해 보자. 여러 수익형 부동산에서 엘리베이터를 운행해 본 결과 한국 제품으로 설치하기를 권장한다. 부품조달도 쉽고 수리비용도 저렴하다. 대표적인 수리비용 사례를 엘리베이터로 들었지만 다른 비품들도 마찬가지로 한국 제품이 좋다. TV, 에어컨, 보일러 모두 메인보드 고장이 수리비용에서 높은 비중을 차지한다.

이렇듯 건물 현황들을 기록으로 남겨 두면 수리비용을 최소화할 수 있는 것은 물론, 발견하기 어려운 문제점을 기록한 자료를 근거로 해결할 수 있다. 준공시점의 하자 체크를 시작으로 적어도 1년 정도는 임대공간의 호실별, 층별, 외관과 공용으로 나누어 건물 현황 일지를 작성한다. 이게 습관이 되면 내 건물의 일지를 기록으로 보관하면서 지속적으로 운영 및 관리할 수 있게 된다. 건물기록일지는 시간이 흐를수록 유용하게 활용할 수 있다. 보통 8년에서 10년 정도 보유하면 매각을 준비하게 되는데, 보유기간 동안 건물과 관련한 일지를 작성해 두었다면 재매각 시점에 새로운 매수인에게 내 건물의 사용 설명서와 함께 자신 있게 내밀며 건물을 매각할 수 있다.

전문가와 함께하면
심신이 건강해진다

꼬마빌딩 개발에 관심이 높은 투자자들에게 개발업무부터 시작해서 임대관리까지 전반적인 업무를 대행해 주는 대리인은 천군만마와 같다.

꼬마빌딩 개발은 토지매입은 공인중개사무소에서, 개발은 건축사무소와 시공업체가, 관리는 건축주(투자자)가 직접 하거나 관리인을 고용하는 구조로 되어 있다. 이 중에서 투자자가 가장 어렵게 생각하는 것이 개발 부분이다. 이미 꼬마빌딩의 개발을 완료하고 운영하는 지인에게 도움을 받는 경우도 있고, 규모가 인정된 시공업체를 대리인으로 삼아 개발하는 경우도 있다. 그런데 지인이나 인맥의 도움으로 개발할 경우 임대시장에서의 경쟁우위나 흐름을 읽지 않고, 이미 공급된 것이 가장 안정적이라는 오류를 범하기 쉽다. 즉, 비슷한 개발비용으로 일반적인 개발에 그치게 된다.

임대수입을 얻기 위한 꼬마빌딩 투자에서 가장 좋은 방법은 투자자가 원하는 타입으로 건축된 기존 부동산을 매입하는 것이다. 하지만 투자현금이나 매입목적, 투자규모에 딱 맞는 꼬마빌딩을 매입하기는 현실적으로 어렵다. 이것이 생애 첫 건물을 직접 짓는다는 부담감과 더불어 이전에 해보지 않아서 대부분이 매우 어렵다고 여김에도 불구하고 투자자가 신축개발을 선택하는 이유다.

우리에게 개발을 위임하는 투자자들 대부분이 대부분 고학력, 고연봉자다. 이들은 바쁘고 시간이 없다. 그렇다 보니 한 번도 해 보지 않은 개발을 수행하거나 임차인들을 상대할 여유나 능력이 되지 않는다. 여기서 능력이란 임차인들과 협상하거나 민원을 해결하는 것을 의미한다. 그런데도 이들은 임대사업을 위한 주택, 상가주택, 근린생활건물을 건축하고 임대료를 받는다. 이것이 어떻게 가능할까? 비결은 바로 대리인의 선정에 있다.

우리가 경험한 투자자들은 적재적소에 인재를 활용하는 능력이 탁월했다. 이 부분은 내가 빨리 배우고 싶은 부분이기도 하다. 내 경우에는 아직 직접하고 확인하는 것이 나의 정신건강과 육체건강에 이롭다. 처음에는 우리도 개발에 대해 아는 것이 전무했다. 기획단계에서 하나씩 아이디어를 추가하는 것이 전부였다. 그런데 별것 아닌 것 같던 우리의 아이디어가 설계에 반영되어 강남에 공급되기 시작했고, 그 별것 아닌 아이디어를 옆집에서, 건너편 동에서 활용해 신축하기 시작했다.

예를 들면, 우리가 개발을 시작했던 2008년만 해도 도시형생활주택이라는 초소형 미니원룸이 생소했다. 그때만 해도 1인 거주가구, 인구고령화, 저성장, 저금리라는 단어들이 요즘처럼 누구나 아는 이슈가 아니었다. 그러다 보니 미니원룸 공급을 위한 설계기획을 하는 시점에 원룸 크기가 너무 작다는 의견이 나왔다. 하지만 우리는 수익형 부동산으로 접근했기 때문에 주차장 설치 기준이 허용하는 선에서 무조건 호실이 많아야 했다. 그 시점에 원룸 크기에 관한 결정을 투자자(건축주)가 혼자서 내렸다면 아마도 일반적인 설계와 기획으로 실행되었을 것이다.

이때 우리는 이미 강남 지역의 수요자들이 무엇을 원하는지 알았기에 방 크기는 작아도 된다고 확신했다. 임대시장의 흐름이 가장 먼저 시작되어 공급되는 지역이 강남이다. 우리는 초역세권에 주차공간이 매우 협소한 수익형 부동산을 개발했다. 지하도 과 감하게 공사했다. 건축사무소와 시공업체는 공사 실무 부분에 치중하는 경향이 높기 때문에 지대가 낮다는 이유로 지하 공사를 반대했다. 하지만 우리는 지하를 반드시 공사해야 한다고 주장했다. 곧 9호선 언주역이 개통될 초역세권이었기 때문에 어떤 형태로든 임대수요는 분명히 있는 입지였다. 지대가 낮아 물의 흐름이 문제라면, 그건 시공업체와 건축사무소가 해결할 일이었다. 우리는 꼬마빌딩의 개발을 위한 기획과 설계에 집중하면 되었다. 이 사례에서 우리와 같은 대리인이 없었다면, 이변이 없는 한 30년 넘게 움직이지 못할 부동자산이 지하 없이 개발되어 공급되었을 것이다.

이곳은 3종 일반주거지역으로서 실평수 26평(약 86㎡)으로 임대공간이 나오고 건물을 매우 높게 지을 수 있는 부지였다. 초역세권에 최소 평당 10만원으로 산출해도 보증금 2,000만원에 임대료 180만원이 예상되었다. 낮은 지대의 물길을 잡고 25평(약 83㎡) 규모의 지하 공사비로 8,000만원이 추가로 투입된다고 가정하더라도 임대 4년 만에 공사비 회수가 가능했다. 그 이후의 임대료는 전부 임대수익이 된다는 계산이 나왔다. 결과적으로 12년이 지난 지금은 더 높은 임대료를 받고 있다. 추후 재매각 시에는 지하까지 있다는 가치도 반영될 것이며, 재매각 시점은 15~20년 전후가 될 것이다. 그 시점에 매입하는 투자자는 간단한 리모델링만으로도 안정적인 임대수익이 유지되는 초역세권 수익형 부동산을 소유하게 되는 것이다.

건축주(투자자)의 대리 업무를 맡은 전문업체는 건축법이 허용하는 테두리 안에서 수익형 부동산에 최적화된 기획을 통해 개발공사를 진행한다. 그러다 보면 항상 선택과 포기를 해야 한다. 물론 누구나 하루에 수십 번씩, 아니 수백 번씩 선택과 포기를 거듭하면서 일상생활을 한다. 이렇듯 오늘은 그냥 집으로 갈지, 운동을 하고 갈지처럼 일상의 소소한 선택과 포기도 스트레스인데, 세상에 태어나 처음 부동산 개발을 하며 선택과 포기를 하기가 얼마나 어려울까? 건축주(투자자) 입장에서는 엄청난 스트레스일 것이다.

지금까지 우리는 다양한 형태의 수익형 부동산 개발을 진행했다. 대리뿐만 아니라 우리가 직접 개발도 해 보았다. 그 과정에서 자금압박과 불확실한 다양성을 놓고 선택과 포기를 충분히 경험했고, 이는 지금도 진행 중이다. 다양한 문제점과 해결방안들을 검토하다 보면 정작 우리가 실행 중인 본질을 놓쳐서 공사가 지연되고 번복되는 일들이 발생하곤 한다. 우리가 개발하는 부동산의 본질은 임대사업을 위한 꼬마빌딩 개발이다. 그간 개발의 본질에 충실한 의사결정과 실행을 하기 위해 노력한 결과는 다행히도 지금까지는 성공적이었다.

욕심에 불과한지, 부동산 자산가치를 추구하는 것인지를 현명하게 구분하고, 꼬마빌딩의 개발에 따른 선택과 포기를 합리적으로 결정하자. 이를 위해 비용을 지불하더라도 개발기획부터 준공까지 충분한 경험과 객관적인 데이터들을 토대로 함께 평가해 줄 대리인을 선정하기를 추천한다. 요즘에는 감각적이고 임대시장의 흐름을 잘 읽는 유능한 건축사들이 많다. 각 지역의 특색에 맞는 꼬마빌딩의 개발 공급을 위해 전문가들을 만나서 학습하고, 함께 일할 것을 추천한다.

전문적인 대리인을 어떻게 선택해야 할까?

첫째, 감각적이고 젊은 건축사를 찾는다. 연륜이 느껴지는 건축사는 대규모 빌딩에 적합하다. 이들은 숙련된 솜씨로 문제없이 모든 과정을 진행한다. 하지만 우리가 해야 할 것은 총 20세대(호) 미만의 꼬마빌딩 개발이다. 디자인을 좀 더 중시하면서 비교적 높지 않은 비용으로 진행하고자 한다면 젊고 감각있는 건축사를 섭외하는 것도 하나의 방법이다. 이들은 기발한 아이디어와 공격적인 열정으로 임대수익을 높이는 데 좀 더 기여하며, 같은 공사비로도 보다 감각적이고 디테일하며 세밀한 건축설계 아이디어를 추가한다. 또한, 이들은 임대시장의 흐름을 빠르게 알아내는 능력도 갖추고 있다.

하지만 그런 반면에 경험 부족과 미숙한 대관업무로 공기를 지체하거나, 원하는 목표물을 완성할 수 없어 약간 돌아가야 할 때도 있다는 것을 염두에 두어야 한다. 이때 그러한 부분을 보완하고자 숙련된 시공업체와 함께한다면 도움이 된다. 숙련된 시공업체는 현장에서 생기는 변수들에 능수능란하게 대처하며 어려움을 극복해 나간다. 이런 미숙함이 싫다면 경험이 풍부한 건축사를 파트너로 지정하는 것도 좋다. 그들은 일단 프로젝트 시작부터 마음을 편안하게 해주는 마력을 지니고 있으며 준공까지 무난하게 프로젝트를 마무리할 수 있도록 도와준다.

우리가 다양한 신축개발 현장을 경험하면서 느낀 평가이니, 옳고 그름은 없다. 감각적이고 젊은 건축사와 일한다면 한편으로는 대관업무의 미숙함이나 현장경험 부족에서 오는 공사지연 리스크를 감수해야 할 수도 있다. 다만, 우리는 소형(9개층 이하) 꼬마빌딩(수익형 부동산)의 개발인 만큼 참신하고 획기적인 아이디어를 건축물에 반영하는 경우가 많아 감각적이고 젊은 건축사를 선택하는 일이 많다. 그러니 반드시 건축사들의 장단점을 확인해야 한다. 물론, 선택은 건축주의 몫이다.

둘째, 프로젝트 매니지먼트(PM: Project Management) 업체를 선정한다. PM은 대규모 오피스공간의 리모델링이나 건축에 주로 활용되는 개념이다 보니 우리나라에서는 아직까지 생소하게 느껴질 것이다. 예를 들어 카페개업을 위해 인테리어를 할 때 목공, 페인트, 간판, 싱크대, 가구, 타일 등을 점주가 직접 발주해 공사하는 경우는 드물다. 보통 인테리어 업체 한 곳을 선택해 전체 인테리어 공정을 일괄적으로 진행한다. 점주는 인테리어 업체 사장이나 실장과 협의과정을 거쳐서 리모델링 인테리어 공사를 완성하는데, PM은 이 경우에 인테리어 업체 사장의 이윤이 공사비용에 투입되는 것과 비슷하다고 생각하면 된다.

PM 업무는 사업지 규모 검토, 사업지 수익률 분석, 현금흐름계획을 통해 투자자의 자금과 사업성을 검토하는 것으로 시작한다. 이후 개발공사가 시작되면 공사기간 동안의 하자 및 현장에서 변경되는 문제점을 해결하고, 중간에 변동되는 문제들이 발생할 때 건물주의 의사결정에 함께한다. 전문적 지식과 경험을 마음껏 활용할 수 있는 소규모 개발 프로젝트에서 PM 업무는 매우 중요한 포지션을 차지한다. 결과적으로 전문업체에 PM 업무를 맡긴 건축주(투자자)들은 직영 형태로 직접 공사하는 것에 비하면 정신적, 육체적으로 이롭다. 임대사업을 위한 꼬마빌딩의 개발에서는 특히 필요한 업무일 것이다.

셋째, 투자자가 직접 개발을 실행한다. 요즘은 원하는 정보를 수집하고자 마음만 먹으면 얼마든지 내 것으로 습득할 수 있는 시대다. 건물주(투자자)의 성향은 다양하다. 직접 개발하고 싶은 투자자들도 있을 것이다. 이때 사업성 규모 검토에 자신이 있다면 직접 실행해도 된다.

막상 해 보면 별것 아니다. 어느 분은 자신이 매입한 부지에 꼬마빌딩 한 채를 건축하고 책도 발간했다. 나는 건물 하나를 지으면서 저렇게 많은 것들을 알아내고 책까지 발간할 수 있는 시대가 되었음에 놀랐다. 투자자가 지역의 특징과 임대시장을 파악하고 있다면 직접 개발도 충분히 가능하다. 투자목표와 방향을 잡고 실행하기 위해 우리를 찾아온 투자자의 80%가 개발 경험이 전무한 주부들이었다.

건물만 멋지게 건축한다고 해서 개발 목적인 임대사업을 위한 꼬마빌딩의 운영 및 관리까지 성공한다는 보장은 없다. 지역의 임대시장을 파악하고 있어야 한다. 지역적 특성과 미래수요까지 예상할 때 투자자가 개발 공급할 임대형태가 적절한가부터 분석해야 한다. 물론 주거용의 경우에는 그 분석이 조금 수월하다.

누누이 말하듯 한번 건축하고 나면 30년 넘게 변경할 수 없는 것이 부동산이다. 지금 부동산 임대시장은 "내가 직접 지었다!"에 만족하는 시대가 아니다. 내가 직접 지었는데, 부지의 사업성 검토 시점보다 더욱 만족하게 지었다. "내가 직접 지었는데, 임대수익률이 이만큼 높게 나왔다. 게다가 관리까지 잘해서 재매각 시점에 이만큼의 자본이득까지 실현했다."라고 말할 수 있어야 꼬마빌딩 개발에 진정으로 성공했다고 할 수 있을 것이다.

56

관리는 전문가에게
맡기는 것도 방법이다

거주 형태가 다양해질수록 관리의 중요성이 커진다

임대사업의 첫 단계는 저평가된 토지를 매입해 개발을 통해 임대공간을 만들어내는 것이다. 한발 더 나아가 특화된 주거용 꼬마빌딩을 개발하면 안정적인 현금흐름을 창출할수 있다. 임대관리가 어렵고 시설 민원관리에 경험이 없는 투자자들의 경우 선뜻 선택하기 어려워하는데, 이를 해소해 주는 임대관리 전문회사도 증가하는 추세다.

이미 수도권 중 역세권에서는 가구 분리에 따라 임차수요가 세분화되고 있고, 1인 거주가구가 지속적으로 증가하고 있다. KB금융지주연구소와 통계청 전망에 따르면 1인 거주가구 비중은 2030년 이후에는 30%를 넘어설 것으로 전망된다. 1인 거주가구의 연령도 주목할 만하다. 60세 이상의 1인 거주가구도 지속적으로 증가할 것으로 예상된다. 더불어 앞으로 주택임대관리를 전문으로 하는 직업군과 회사도 더욱 증가할 것으로 보인다. 특히, 1인 거주가구의 주택 임차수요자에서 30세 미만뿐만 아니라 고령인구도 증가하는 만큼 임차인들은 보다 전문적인 관리를 요구할 것이다.

요즘은 임대사업자도 전문적인 사업가의 마인드를 갖추어야 한다. 직접 운영할 경우

1인 거주가구의 규모 및 성장전망

(단위: 만 가구, 만 명, %)

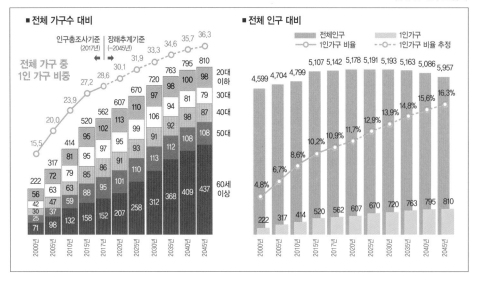

자료: 통계청(인구총조사 2018, 장래가구추계 2015, 장례인구특별추계 2019, 총인구규모예상은 중위추계 기준)

아무리 규모가 작더라도 운영하는 건물의 특성과 기준을 정해 시스템을 구축하고, 입주자들에게 안내하고 교육하는 것이 중요하다. 건물주가 직접 임대관리를 할 때 가장 어려워하는 것이 입주자와 분쟁으로 인한 감정싸움이다. 잘못하면 건물주의 갑질 횡포로 둔갑하는 난감한 상황들이 종종 발생하곤 한다. 이 문제 때문에 선뜻 임대사업을 시작하지 못하는 투자자들도 많다. 지금부터 감정싸움과 객관적인 판단의 경계가 명확한 임대관리 방법을 상세하게 설명할 것이다.

직접 관리하기 VS 맡기기

임대계약만 잘 체결해 주면 나머지는 운영 및 관리할 수 있는 건물주의 경우에는 가까운 공인중개사무소와 연계해 직접 운영하면 된다. 건물주가 임대관리에 대한 전반적인 프로세스를 이해하고 있다면, 각 분야에 맞는 적절한 인재를 활용해 임대사업을 운영할 수 있다.

먼저 임대계약은 인근 공인중개사무소에 의뢰하면 된다. 임대공간의 청결과 청소는 청소대행 업체를 선정해 맡긴다. 매입한 건물 주변의 청소업체들을 유심히 살펴보자. 주변 건물 대부분 직접 건물주가 청소하는 경우는 드물기 때문에 청소업체를 찾는 것은 어렵지 않다. 또한, 건물에 시설문제가 발생할 경우를 대비해 주변에 가까운 설비업체나 철물점 사장님과의 친분을 쌓아둔다. 빈번하게 발생하는 간단한 전등 교체나 펌업 교체, 하수구 막힘 정도는 건물주가 직접 할 수 있으면 한결 편해진다. 요즘 각종 미디어 채널에서 방법들도 자세하게 알려주니 배워두자. 현실에서는 이보다 입주자와 시간을 맞추거나 업체와 연락이 두절되는 것에 대한 스트레스가 더 크다.

골치 아픈 민원응대와 누수와 같은 시설문제가 발생할 경우, 이를 직접 해결하지 못하는 건물주들은 비용을 지불하더라도 관리업체에 맡기고 싶어 한다. 강남을 중심으로 소규모 수익형 부동산의 관리업체가 증가하는 이유다. 그러나 수도권 이외의 지역에서는 믿을 만한 관리업체를 찾기가 쉽지 않다. 관리업체도 건물주(투자자)의 성향에 따라 선정하는 방법이 달라질 수 있다.

만약 건물주가 아무것도 신경 쓰고 싶지 않다면 임대차관리, 입주자 민원관리, 임대료수금 관리, 시설관리 모든 것들을 운용 및 관리할 수 있는 업체를 찾아야 한다. 인근의 비슷한 규모의 건물들을 쭉 둘러보면 관리업체 연락처가 건물에 붙어있을 것이다. 또는 주변에 공인중개사무소에 문의하는 것도 방법이다. 임대계약, 시설관리, 입주자 민원관리, 임대수입관리 전부를 대행하는 업체가 있는 지역은 수도권을 중심으로 서서히 증가하고 있다.

주택이라면 전문 관리업체에 맡겨라!

이 중에서도 특히 주택건물의 관리는 전문 관리업체에 의뢰할 것을 추천한다. 상가나 사무실 임대관리의 경우 임차인이 대표자이기 때문에 임대인 입장에서는 시설과 건물의 청소관리만 잘해 주면 문제가 발생할 소지가 작다. 반면에 주택의 경우에는 연휴, 휴일 그리고 늦은 밤 시간에 관리문제가 발생하고 소소하게 신경 쓸 일도 많다. 상가, 사무실, 주택 유형의 임대관리 전체를 놓고 볼 때, 주거용에서 손이 많이 가고 번잡스러운 일들이 가장 빈번하게 발생한다.

임대수입을 위한 꼬마빌딩의 임대관리업 대행 방법은 크게 자기관리형과 위탁관리형으로 분류할 수 있다. 주거용, 업무용, 상업용 모두 관리 개념은 크게 다르지 않다. 주거용 관리를 예를 들어 설명해보자.

자기관리형은 다음 표와 같이 주택임대관리업자가 일정액의 임대료를 소유자(임대인)에게 보장해 지급하고, 임대한 주택을 임차인에게 합법적으로 재임대(전대)하는 형태의 관리다. 임대인과 임차인 보호를 위한 임대료 지급보증(3개월 상당) 및 임차인의 보증금 지급 가입의무가 있다.

자기관리형

자료 : 국토부 보도자료(2016.1.13)

임대인 입장에서는 시장 임대료보다 수익률은 낮지만(통상 시장 임대료의 70~80% 수준 보장) 고정적인 임대수익을 유지할 수 있고, 각 호실에서 발생하는 민원 관련 업무처리로 인한 시간적·경제적 손실이 적은 장점이 있다. 또한, 공실로 인한 수익 감소에 대한 리스크를 임대관리업자에게 전가할 수 있고, 주택임대관리 계약 내용에 따라 주택 시설물 유지비용을 최소화할 수 있는 장점도 있다. 소유와 경영(부동산임대사업)을 분리해 전문

인력이 주택관리를 운영함으로써, 새로운 정책이나 환경의 변화에 능동적으로 대처할 수 있는 것도 장점이다.

위탁관리형은 실제 임대료의 일정 비율의 위탁수수료를 받고 건물의 임대료 징수, 임차인 관리 및 시설물 유지관리 등을 대행하는 업무다. 임대인과 주택임대관리업자의 상호 유기적인 관계에 따라 관리업무를 행하므로 임대인 입장에서는 임대수익이 자기관리형보다 높을 수 있지만 임대차 계약, 미납임대료 책임 징수, 공실로 인한 수익률 감소에 대한 리스크는 어느 정도 감수해야 한다.

위탁관리형

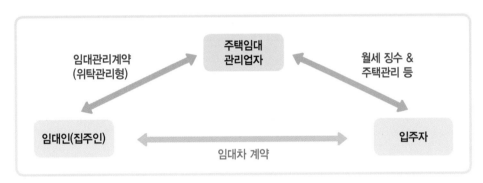

자료: 국토부 보도자료(2016.1.13)

마치 베이비부머 세대가 다가구주택을 짓고 직접 거주하면서 임대관리를 했던 시절의 문화가 그대로 이어진 느낌이다. 건물주 입장에서는 꼬마빌딩의 임대관리를 하면서 일정금액을 관리회사에 지불해야 하는 비용이 부담스러울 수 있다. 하지만 주택임대관리업자 입장에서는 사업을 운영하려면 규모의 경제를 이루어야 운영 및 유지할 수 있다. 복잡하고 다양한 문제가 빈번하게 발생하는 주택의 경우, 관리업자가 적은 관리비로 전문적인 관리를 하기는 힘든 만큼 아직 현실적으로 개선할 점이 많아 보인다.

건물주 입장에서는 위탁관리 형태가 수익률이 높다. 위탁관리비용은 지역과 건물의 규모에 따라 다양한데, 강남의 꼬마빌딩들의 경우 보통 건물의 고정비용과 제반 세금을 차감하지 않은 순수 임대료의 10~15%를 관리비용으로 받는다. 우리가 받는 관리비도 대략 그 정도 수준이다. 개인적인 생각으로는 벌써 10년이 넘어가는 시점에 관리비를 올릴 수도 없지만 한 달 내내 관리를 위한 필요인력과 그에 사용되는 시간, 집중력과 노동력에 비하면 금액이 적은 것이 사실이다. 건물주와의 신뢰 그리고 회사의 열정이 없다면, 아직은 일정한 비용을 받고 전문 인력을 채용해 위탁관리로 운영하기가 현실적으로 어렵다.

MEMO

MEMO